中国式现代化的
河南实践

THE PRACTICE
OF CHINESE MODERNIZATION
IN HENAN

李庚香 主编

社会科学文献出版社
SOCIAL SCIENCES ACADEMIC PRESS (CHINA)

《中国式现代化的河南实践》编委会

主　　编　李庚香
执行主编　喻新安　李新年
副 主 编　宋淑芳　于广超　王中亚
撰　　稿　(以撰稿章节为序)
　　　　　　喻新安　金　东　温佳楠　喻晓雯　王中亚
　　　　　　王一乔　安晓明　郭志远　李　斌　武文超
　　　　　　杨梦洁　韩　鹏　宋彦峰　刘晓萍　田文富
　　　　　　赵中华　马　欣

目　录

前　言 ……………………………………………………… 1

第一章　世界现代化的历史演进 ………………………… 4
　第一节　现代化的内涵和标准 …………………………… 4
　第二节　世界现代化的历史进程 ………………………… 9
　第三节　世界现代化的不同模式 ………………………… 12
　第四节　世界现代化的重要启示 ………………………… 17

第二章　中国式现代化的演变进程 ……………………… 20
　第一节　中国现代化的初步探索 ………………………… 20
　第二节　"中国式的现代化"概念的提出及推进 ……… 23
　第三节　中国式现代化开创了中国现代化的新境界 …… 28

第三章　中国式现代化的根本遵循 ……………………… 36
　第一节　中国式现代化的中国特色 ……………………… 36
　第二节　中国式现代化的本质要求 ……………………… 41
　第三节　中国式现代化的重大原则 ……………………… 49
　第四节　中国式现代化要处理好的重大关系 …………… 53

第四章　中国式现代化的世界影响 ……………………… 57
　第一节　中国改写世界现代化版图 ……………………… 57
　第二节　打破了"现代化=西方化"的迷思 …………… 59
　第三节　拓展了发展中国家走向现代化的路径 ………… 61
　第四节　为人类对更好社会制度的探索提供了中国方案 … 64
　第五节　中国式现代化创造人类文明新形态 …………… 68

第五章　中国现代化的区域战略与实践 ········· 71
第一节　国家区域发展战略 ················ 71
第二节　我国东部省份的现代化实践与探索 ········ 88
第三节　我国中西部省份的现代化实践与探索 ······· 92
第四节　我国东北地区的现代化实践与探索 ········ 98
第五节　经验与启示 ··················· 102

第六章　河南在服务全国大局中的现代化探索 ······· 107
第一节　河南探索实现现代化的历程 ············ 107
第二节　河南探索实现现代化的成就 ············ 114
第三节　河南与有关省份现代化水平的比较 ········ 116

第七章　河南践行中国式现代化的机遇与挑战 ······· 123
第一节　河南践行中国式现代化的重要意义 ········ 123
第二节　河南践行中国式现代化的有利条件 ········ 126
第三节　河南践行中国式现代化的不利因素 ········ 132
第四节　河南抓住机遇迎接挑战的应对策略 ········ 136

第八章　河南实现现代化的愿景与布局 ·········· 142
第一节　河南实现现代化的两个阶段 ············ 142
第二节　河南实现现代化的愿景 ·············· 145
第三节　河南实现现代化的指标测算 ············ 147
第四节　河南实现现代化的战略布局 ············ 157

第九章　河南实现现代化的主要任务 ············ 163
第一节　建成五个强省 ·················· 163
第二节　建成国家创新高地 ················ 172
第三节　实现碳达峰碳中和 ················ 174
第四节　实现治理体系和治理能力现代化 ········· 175
第五节　基本实现共同富裕 ················ 177

第十章　走出人口大省高质量发展新路子 ········· 179
第一节　主动服务和融入新发展格局 ············ 179

第二节	推动人力资源大省向人才强省转变	185
第三节	构建高能级创新和产业体系	189
第四节	形成有利于高质量发展的空间形态	195
第五节	把比较优势转化为高质量发展胜势	201

第十一章 走出农业大省统筹城乡新路子 ……… 205
第一节	始终把"三农"工作作为重中之重	205
第二节	加快推进以人为核心的新型城镇化	210
第三节	深入实施乡村振兴战略	215
第四节	构建新型工农城乡关系	220

第十二章 走出文化大省以文兴业新路子 ……… 225
第一节	充分利用和发挥文化资源优势	225
第二节	推动文旅文创高能级发展	229
第三节	塑造"老家河南""行走河南·读懂中国"知名品牌	233
第四节	做好传承弘扬中华优秀传统文化、提升国家文化软实力大文章	236

第十三章 走出生态大省绿色发展新路子 ……… 242
第一节	强化生态空间一体化保护	242
第二节	建设黄河流域绿色发展示范区	246
第三节	持续改善生态环境质量	252
第四节	统筹有序推进碳达峰碳中和	256

第十四章 走出内陆大省开放带动新路子 ……… 262
第一节	深化高水平制度型开放	262
第二节	持续提升开放平台载体能级	267
第三节	提高"四条丝路"链接度和影响力	272
第四节	推动河南外经外贸高质量发展	274
第五节	加快建设更具竞争力的开放强省	277

第十五章 确保中国式现代化河南实践落地见效 ……… 281
| 第一节 | 坚持和改善党的领导 | 281 |

第二节	保持战略清醒和战略主动	283
第三节	相信和依靠广大人民群众	284
第四节	鼓励市县和基层大胆创新	286
第五节	坚持统筹兼顾和协调发展	287
第六节	深化改革释放社会活力	289
第七节	深化能力和作风建设	290
第八节	注重营造良好发展环境	291

参考文献 …… 294

后　记 …… 301

前　言

概括提出并深入阐述中国式现代化理论，是党的二十大的一个重大理论创新，是科学社会主义的最新重大成果。

事实证明，一个国家走向现代化，既要遵循现代化的一般规律，更要符合本国实际，具有本国特色。推进中国式现代化，必须既集中各国现代化的共同特征，又要有基于自己国情的鲜明特色。

2023 年 2 月 7 日，习近平总书记在新进中央委员会的委员、候补委员和省部级主要领导干部学习贯彻习近平新时代中国特色社会主义思想和党的二十大精神研讨班开班式上发表重要讲话时指出，推进中国式现代化是一个系统工程，需要统筹兼顾、系统谋划、整体推进，正确处理好顶层设计与实践探索、战略与策略、守正与创新、效率与公平、活力与秩序、自立自强与对外开放等一系列重大关系。

2023 年 3 月 13 日，习近平总书记在第十四届全国人民代表大会第一次会议上发表重要讲话时指出，从现在起到 21 世纪中叶，全面建成社会主义现代化强国、全面推进中华民族伟大复兴，是全党全国人民的中心任务。

中国式现代化在"顶层设计"方面，党的二十大做出了系统分析、论述和安排，其要点如下。

其一，中国式现代化是中国共产党领导的社会主义现代化，具有五个鲜明的特征：是人口规模巨大的现代化，是全体人民共同富裕的现代化，是物质文明和精神文明相协调的现代化，是人与自然和谐共生的现代化，是走和平发展道路的现代化。

其二，中国式现代化的本质要求是，坚持中国共产党的领导，坚持中国特色社会主义，实现高质量发展，发展全过程人民民主，丰富人民精神世界，实现全体人民共同富裕，促进人与自然和谐共生，推动构建人类命运共同体，创造人类文明新形态。

其三，全面建成社会主义现代化强国，总的战略安排是分两步走：从2020年到2035年基本实现社会主义现代化，从2035年到21世纪中叶把我国建成富强民主文明和谐美丽的社会主义现代化强国。

其四，未来五年是全面建设社会主义现代化国家开局起步的关键时期，主要目标任务是，经济高质量发展取得新突破，改革开放迈出新步伐，全过程人民民主制度化、规范化、程序化水平进一步提高，居民收入增长和经济增长基本同步，城乡人居环境明显改善，国家安全更为巩固，中国国际地位和影响进一步提高。

其五，推进中国式现代化，必须牢牢把握以下重大原则：坚持和加强党的全面领导，坚持中国特色社会主义道路，坚持以人民为中心的发展思想，坚持深化改革开放，坚持发扬斗争精神。

中国式现代化在"实践探索"方面，党中央也提出了原则性要求，包括党的领导决定中国式现代化的根本性质，只有毫不动摇坚持党的领导，中国式现代化才能前景光明、繁荣兴盛，否则就会偏离航向、丧失灵魂，甚至犯颠覆性错误；推进中国式现代化，是一项前无古人的开创性事业，必须增强忧患意识，坚持底线思维，居安思危、未雨绸缪，敢于斗争、善于斗争，通过顽强斗争打开事业发展新天地。

中国是一个发展中的大国，发展不充分不平衡是基本国情，践行中国式现代化，全国各地不能齐步走、一刀切，而应立足省情市情县情，把中央的要求与本地的实际结合起来，创造性地开展工作，探索中国式现代化的不同路径、不同模式。

河南是经济大省、人口大省、文化大省，中国式现代化的重要特征在河南有着更为集中的体现，河南的现代化建设在全国现代化建设"一盘棋"中具有重要的典型意义。当前，河南发展到了由大到强、实现更大发展的重要关口，站上了可以大有作为，为全国大局作出更大贡献的新起点。河南省委顺应时代要求，把河南放在全国大局中来谋划，放在实现"两个一百年"奋斗目标和实现中华民族伟大复兴中国梦中来定位，作出了锚定"两个确保"、实施"十大战略"，大力推进中国式现代化河南实践的决策，正带领一亿河南人民奋发努力，在现代化强国建设的历史进程中作出河南的独特贡献。

2023年2月12日，河南省委召开省级党员领导干部会议，传达学习习近平总书记在新进中央委员会的委员、候补委员和省部级主要领导干部学习贯彻习近平新时代中国特色社会主义思想和党的二十大精神研讨班开班式上的重要讲话精神，研究部署贯彻落实工作。会议指出，要切实把思想和行动统一到习近平总书记重要讲话精神上来，深刻领悟"两个确立"的决定性意义，深刻理解把握中国式现代化的中国特色、本质要求、重大原则等，增强历史主动，铸牢政治忠诚，坚定道路选择，强化系统观念，砥砺斗争精神，团结带领全省上下在推进中国式现代化的新征程上奋勇争先、更加出彩。

河南省委要求，深入结合转化，坚定扛牢现代化河南建设的历史重任，锚定"两个确保"、深入实施"十大战略"，更加奋发有为地推进中国式现代化的河南实践。一要立足中国式现代化是人口规模巨大的现代化，努力走出人口大省高质量发展的新路子。二要立足中国式现代化是全体人民共同富裕的现代化，努力走出农业大省统筹城乡的新路子。三要立足中国式现代化是物质文明和精神文明相协调的现代化，努力走出文化大省以文兴业的新路子。四要立足中国式现代化是人与自然和谐共生的现代化，努力走出生态大省绿色发展的新路子。五要立足中国式现代化是走和平发展道路的现代化，努力走出内陆大省开放带动的新路子。

中国式现代化的河南实践是一篇大文章，需要统筹谋划，分步实施，不畏艰险，大胆探索。要努力取得中国式现代化河南实践开局之年的新成效。各级党委、政府和党员干部，要以时时放心不下的责任感、更加奋发有为的精气神，只争朝夕，真抓实干，全力拼经济抓发展，盯紧抓牢安全生产，积极稳慎防化风险，实现经济发展质量更高、效益更好、速度更快，确保全年目标如期实现、顺利实现、超额实现。

第一章　世界现代化的历史演进

从世界历史发展进程来看，现代化与全球化相伴相生，成为深刻改变国家和世界面貌的大事。现代化首先在西方国家发生，借助于传统生存方式难以比拟的竞争优势，又以各种方式不断扩散到全世界，许多国家相继被卷入现代化大潮。作为一个历史过程，现代化潮流方兴未艾，在广大发展中国家，现代化依然是人们孜孜以求的最为迫切的目标。现代化涉及社会各个领域、各个方面的改变，是人类社会从低级到高级、从落后到先进的一个必然的发展进程，然而在看到其进步一面的同时，也应看到其种种负面影响。现代化是一个具体的历史的范畴，世界上不存在定于一尊的现代化模式，对于不同国家和地区而言，推进现代化没有简单套用的模式，唯有立足于自身条件进行理性探索。

第一节　现代化的内涵和标准

在许多国家和地区，"现代化"一词已经成为耳熟能详的大众化词语。如果从字面上理解，现代化就是"现在的时代发生的变化"，事实上，现代化体现为人类社会向现代方向发展的状态和趋势，是人类文明的一种深刻变化，其内涵和特征也较为复杂。

一　现代化的科学内涵

"现代"（Modern）一词，按字面的含义是作为一个时间的概念，指当今的时代，可以包括"近代"和"当代"的内涵或指特定的历史时代、特定的阶段。我国著名的现代化理论研究专家罗荣渠教授曾作过详细的考证和解释，指出"Modern"一词是在文艺复兴时期人文主义者的著作中最先使用的。当时用这个词表达一个新的观念体系，即把文艺复兴看作一个与中世纪对应的新时代。由于文艺复兴否定中世纪的神学权威,尊崇古典文化,文艺复兴以后的时代被视为欧洲历史的一个新时代。"现代"不是一个绝对的词语,而是相对于传统而言。"现代化"(Modernization)一词来源于"现代",是用来概括人类社会近期发展进程中急剧转变的过程。

"现代"一词虽然早在16世纪后期就已出现,但现代化作为一种理论或学说,却仅仅是半个多世纪以前的事情。20世纪中叶,人们越来越置身于一个多层次的变化发展的社会中,迫切需要一种新的概念来描述这种现象。美国著名经济学家西蒙·库兹涅茨创建了美国社会科学研究会经济增长委员会,并创办了学术刊物《文化变迁》杂志。1951年6月,《文化变迁》杂志编辑部在芝加哥举行学术会议,讨论当时有关贫困与经济发展不平衡问题、美国对外政策以及相关的各种理论。与会者感到运用"现代化"一词来描述从农业社会向工业社会的转变特征比较合适。"现代化"作为一个术语开始被广泛使用。美国学者丹尼尔·勒纳1958年在其《传统社会的消逝:中东的现代化》一书中,提出了两种相互对立的社会,即传统社会和现代社会,现代化则是指传统社会向现代社会的转变过程。1966年,美国社会学家西里尔·E.布莱克在《现代化的动力——一个比较史的研究》一书中写道:"如果必须给'现代化'下一个定义,那么可以这样说,它是历史形成的各种体制对迅速变化的各种功能的一个适应过程,这些功能因科学革命以来人类控制环境的知识空前激增而处于迅速变化之中。"现代化理论研究的学术带头人、美国哈佛大学政治学教授塞缪尔·P.亨廷顿曾在《导致变化的变化:现代化、发展和政治》一文中,对现代化的基本特征做了精彩的、集合式的表述:"现代化是一个革命的过程、复杂的过程、系统的过程、全球化的过程、长期的过程、阶段性的过程、同质化的过程、不可逆的过程、进步的过程。"可见,现代化是一个具有广泛涵盖性的概念。

"现代化"一词的确切含义及其实质究竟是什么众说纷纭,学术界迄今没有一致的看法,更没有大家公认的定义。在社会学家看来,现代化是一个传统社会的变革,也就是欠发达社会获得较发达社会共有特征的过程。在经济学家看来,现代化就是经济由不发达到发达的发展过程,社会消费由低级向高级上升的过程。在政治学家看来,现代化是传统政体向现代化政体的转变过程以及政权的合理集中化和科层化、制度化的过程。在历史学家看来，现代化是随着人类科学技术水平的提高，从历史上发展而来的各种体制适应客观环境的过程。在人类文化学家看来，现代化是促使社会、文化和个人各自获得科学知识，并把它运用于生产和生活的过程。不仅如此，各学科还给现代化开列了不同的特征。

半个多世纪以来，对于现代化的含义，国内外不少专家学者从不同立场、不同角度和不同层面进行过思考与阐述。概括起来，学界对"现代化"含义的理解，比较有代表性的主要有四种。第一种观点认为，现代化是指非西方社会落后国家在西方资本主义崛起并占据世界中心以及形成世界性的国际资本体系的格局下，如何通过科学技术革命，在经济上赶超世界先进水平的过程。这种观点是主张从政治上着眼，加速发展经济，以便巩固政治制度变革取得的成果。第二种观点认为，现代化实质上就是工业化，是经济落后国家实现工业化的进程，是人类社会从传统的农业社会向现代工业社会转变的历史进程。这里所说的工业化，不仅仅是指从18世纪后期始于欧洲的工业革命所引发的工业化过程，还包括20世纪的高度工业化阶段。这类观点是从经济上着眼，注重发展现代工业，认为工业现代化就是国家的现代化。第三种观点认为，现代化是指一种心理态度、价值观念和生活方式改变的过程。这类观点主要是从社会学、人类文化学、心理学的角度来考察现代化，也就是说，现代化可以被看作一种"文明的形式"。德国社会学家和历史学家马克斯·韦伯最早提出这一观点。韦伯学派认为，现代化就是"合理化"，是一种全面理性的发展过程。这种理解主要是从心理学、社会学等视角来考察现代化问题，认为现代化是一种全面理性发展的过程。第四种观点认为，现代化是指自16世纪和17世纪科学革命以来所导致的"传统社会"向"现代社会"过渡的全方位急剧变动的过程。也就是说，人类社会在现阶段发生了很大的变化，不仅仅是在工业或经济领域，同时也有知识增长、政治发展、社会动员、心理适应等各个方面。美国社会学家布莱克就认为，现代化是"在科学和技术革命影响下，社会已经发生和正在发生的转变过程"。这一过程涉及政治的、经济的、社会的、思想的各个方面的变化。这种观点是一种系统思维，是从社会全面发展的视角来认识现代化的。

综合而言，现代化不单纯是经济的变革过程，而是在经济变革基础上发生的包括社会变革、文化变革、政治变革以及人的成长等一系列内容的从传统到现代的历史变迁。现代化涉及人类生活的所有领域和各个方面，包括经济领域的工业化、政治领域的民主化、社会领域的城市化、环境领域的生态化和价值观念的理性化及其相互间的互动过程。现代化不是一般意义上的变化，而是人类社会活动方式的根本和整体的转变，是从农业文明向工业文明的飞跃和转轨，是文明结构的重塑和时代的转化。同时，现代化是一个阶段性、相对性的概念，具有鲜明的时代特征。进入21世纪以后，经济固然是发展中的根本因素，但人类社会与自然环境、资源的协调越来越成为经济可持续发展的保障。因此，在突出以人为本，强调以人的全面发展为中心的同时，也应遵循科学的发展原则，以追求经济、政治、文化、科技以及人与自然的协调发展和社会的全面进步。基于这样的考虑，可以将现代化理解为以现代工业、信息与技术革命为推动力，以物质文化生活水平不断提高为标志，以环境优化和民生改善为着力点，实现从传统的农业社会向现代工业社会转变，从工业社会向现代信息社会转变，对经济、社会、政治、文化、环境、思想等各个领域产生革命性的影响，并引起社会组织与社会行为深刻变革的过程。

二 现代化的评判标准

现代化既是一种人类行为，也是一种发展目标。在现代社会，人类行为有准则，发展水平有标杆。现代化的研究和实践，都需要有客观的评判标准。现代化的标准，可以来自理论研究，反映人类对现代化的追求和理想，但更多的是来自实证研究，反映世界现代化的客观进步和历史经验。从学术界关于现代化实现的标准讨论情况看，现代化的标准大体包括定性和定量两个方面，但很难达成一个公认的标准。

长期以来，国际上引用率最多最频繁的一个标准，是美国斯坦福大学教授英格尔斯制定的标准。他在20世纪60年代调查了6个不同类型的国家后，将社会现代化的标准用指标加以量化，设计出了一套相对比较完善的现代化指标体系，共包括10个指标，并规定了相对应的上限值或下限值。具体如下：①人均国内生产总值达3000美元以上；②农业产值在国内生产总值中占15%以下；③第三产业产值在国内生产总值中占45%以上；④非农业就业人口占总就业人口的70%以上；⑤识字的人口占总人口的80%以上；⑥适龄青年受高等教育的人数占10%以上；⑦城镇居民占总人口的50%以上；⑧平均每个医生服务的人口在1000人以下；⑨人口自然增长率在1%以下；⑩平均人口预期寿命达70岁以上。英格尔斯的这套标准简明、可测、数据易得，度量比较直观，因此受到许多人的青睐，并且迅速地被加以应用。但这套标准是在20世纪60年代确定的，具有较大的历史局限性。作为在这个领域的早期开创性的研究成果值得肯定，但这一标准与现代化的实质要求仍有许多在本质上值得商榷的地方，特别是由于他把现代化的门槛定得过低，使得发展中国家在快速发展阶段容易被误导，产生对实现现代化过分容易的错觉，或者容易从这个纯粹的传统工业化时代的指标中得出非真实的结论。

国际上另一个有较大影响力的标准，是1960年在日本箱根举行的近代日本研究会议上提出的8条现代化标准。具体如下：①人口较快地向城市集中，整个社会日益以都市为中心组织起来；②使用非生物能源的程度比较高，商品广泛流通，服务业发达；③社会成员在广泛空间范围内相互作用，社会成员普遍参与经济和政治事务；④城市和世袭社会群体普遍解体，个人社会流动性增大，个人的社会表现范围更加多样化；⑤通过个人对其环境的世俗性和日益科学性的选择，广泛普及文化知识，个人日益科学地、世俗地对待周围环境；⑥广泛而具有渗透性的大众传播网；⑦政府、企业、工业等拥有大规模的社会设施，其组织日益多层化、官僚化；⑧各庞大人口集团逐渐统一在单一的控制（国家）之下，各国之间相互关系（国际关系）日益加强。这8条标准比英格尔斯的10条标准要形象化、具体化和全面化，但没有量化成若干具体指标，因此操作性比较差。

此外，国际上比较有代表性的还有1980年经济合作与发展组织（OECD）制定的15项标准、20世纪80年代联合国的12项标准、20世纪90年代世界财富论坛制订的14项标准等。

我国学者对于现代化的评判标准也分别从定性和定量方面做了深入探讨。在定性方面比较有代表性的是罗荣渠教授的观点。在他看来，现代化主要表现在民主化、法治化、工业化、都市化、均富化、福利化、社会阶层流动化、宗教世俗化、教育普及化、知识科学化、信息传播化、人口控制化等12个方面。这是对现代化进程中各发达国家在政治、经济、文化、社会发展各方面所具有的共同特征的概括，也是对现代社会现代性的反映。在定量方面，自20世纪80年代以来，在我国使用甚广的现代化评估指标体系是英格尔斯的现代化指标体系,到 21 世纪初时,不断有学者对该指标体系进行溯源式澄清,并主张国内学术界应当重新设置一套评判标准,以对我国的现代化进程进行客观描述与分析。国内也有学者和机构试图从不同维度构建符合中国国情的现代化指标体系,如中国社会科学院从经济发展、社会进步、人口素质和生活水平四个维度提出的指标体系,中国科学院可持续发展战略研究组从现代化推动力、现代化质量和社会公平三个方面提出的现代化指标体系,以及各地方政府围绕区域特征提出的现代化评价体系等,但从目前看,国内学术界在现代化指标的选择和指标权重的确定上尚未达成共识。随着中国特色社会主义进入新的发展阶段,需要从中国式现代化这一伟大创造的基本事实和典型特征出发,研究构建科学合理的评价指标体系,对现代化水平进行测度和衡量,以便于更好地把握中国式现代化的基本趋势和发力重点。

第二节 世界现代化的历史进程

尽管国内外不少学者将 18 世纪后期开始的工业革命作为现代化的开端,因为它正式开启了人类历史进入从传统农业社会向工业社会过渡的阶段,但从更深远的历史背景来看,工业革命只是一系列事件的逻辑结果,而其深刻原因则根植于 1500 年前后的政治、经济、思想、文化、科技、地理等多方面、多领域变革的宏大叙事之中。在这一时期,东罗马帝国灭亡、地理大发现、文艺复兴、宗教改革、重商主义的兴盛、日心说的诞生、民族国家的崛起等一系列划时代的重大历史事件,改变着人类文明发展的进程。概括地说,在公元 1500 年前后世界开始走向现代之后,世界现代化运动经历了三次大的浪潮。

一 现代化的第一次浪潮

现代化的第一次浪潮是在第一次工业革命的推动下形成的,时间大约是从 18 世纪后期到 19 世纪中叶,这是发端于英国尔后向西欧扩散的工业化过程。正如一些研究现代化问题的学者所指出的,工业革命并不仅仅是经济、技术或生产结构方面的变革,也是史无前例的"双元革命",即经济大革命与政治大革命的结合。这里所说的政治大革命,是指在英国发生工业革命的同时，还有1776年在北美发生的独立革命、1789年在法国发生的大革命、19世纪席卷拉丁美洲的殖民地革命和19世纪40年代风靡欧洲的革命。这些革命前后连在一起，构成了整整一个"大西洋革命"时代。历史上最大的经济革命与最大的政治大革命相结合，首先把西欧和北美的部分地区卷入了工业化和现代化的大浪潮中。当然，由于具体历史条件的差异，各国工业革命的进程和深度并不完全相同。英国在18世纪60年代就开始了工业革命。至19世纪30年代末，机器大生产在英国的产业结构中占据了明显的优势。它标志着英国已成为一个初步工业化的国家。美国19世纪初也进入了工业革命时期，并于19世纪50年代末基本完成了工业革命。到19世纪中叶，工业化也扩散到了西欧那些资源丰富和农业生产率高的国家，如法国、德国、意大利、西班牙、荷兰等。这些率先完成工业化的国家幸运地坐上了现代化的头班车，通常被称为现代化的"先行者"。

二 现代化的第二次浪潮

现代化的第二次浪潮是在第二次工业革命的推动下出现的，时间大约是从19世纪下半叶至20世纪初，它是一个工业化在西欧和北美核心地区取得巨大成就并向其他地区扩散的过程。一方面，与以蒸汽机为技术标志的第一次工业革命相比较，以发电机、电动机和内燃机为技术标志的第二次工业革命对工业化和现代化进程的推进作用更加巨大，它使得在现代化的第一次大浪潮中已初步实现工业化的国家在产业结构方面发生了重大变化。如果说前一阶段的工业化是以轻纺工业为主的话，那么这一阶段的工业化则是以重工业为主了。各国的发展水平趋于接近，从事农业劳动人口的比例进一步迅速降低，形成了世界上的发达工业区。作为这一过程的结果，19世纪后期世界经济出现了爆炸性的大增长，到了20世纪初期，作为世界上最年轻的新兴工农业大国的美国在经济实力上一跃而超过英国。另一方面，这次大推进的浪潮还使现代化的中心区域从西欧扩展到了东欧和北美，并波及世界上其他的一些地区。西欧和北美地区在第一次现代化浪潮中形成的技术优势、世界市场和经济增长势头，首先扩散到了其周边地区，特别是那些同属基督教文明的国家。

在东欧，俄国走上了探索从资本主义向社会主义转变的现代化新道路，并于二战前初步实现了工业化。与原生的或"古典"的资本主义现代化模式不同，俄国十月革命后所开创的社会主义现代化模式是一种公有制、计划指令与有限市场相结合以及集权型现代国家机构的统一体。与此同时，这次现代化浪潮还使拉丁美洲受到了明显的影响，并开始向其他异质文明地区推进。独立革命后，拉美各国开始了艰难的工业化起步。在非基督教文明地区，这次现代化大推进的浪潮和西方列强的向东扩张，在埃及、土耳其、中国和日本等国都激起了强烈的回应，它们纷纷试图通过输入工业化的方式来探索现代化的道路。但是，在拉美和其他非西方文明国家中，只有日本通过制度重建成功地实现了军国主义式的工业化，挤进了现代新兴工业国家的行列。在第二次大推进浪潮中完成工业化的国家虽然没有现代化的"先行者"那么幸运，但它们毕竟搭上了现代化的第二班车，可以被称为现代化的"后来者"。

三 现代化的第三次浪潮

现代化的第三次浪潮是与第三次工业革命即当代的新技术革命相伴而生的，它涌现于第二次世界大战以后，是一次席卷亚非拉广大地区的真正全球性的大变革。在这次现代化浪潮中，新技术革命的推动，再加上两次世界大战和第一次世界性的经济危机之后资本主义现代化模式的变化，使得战后资本主义世界出现了长达数十年之久的经济持续增长的空前繁荣局面。据统计，1953年至1973年间的世界工业总产量相当于1800年以来一个半世纪的工业总产量之和。那些在20世纪前期实现了工业化的国家相继步入了现代化的高级阶段，并形成了以资本密集、技术密集、资源浪费、劳力节省、大众消费和福利主义为特征的发达资本主义文明。与上述发达国家的工业化和现代化向更高阶段升级遥相辉映的是，广大亚非拉地区的发展中国家也全力投入追赶型的现代化进程之中。在这些地区，战后殖民主义体系的瓦解和洲际性的民族解放运动促成了世界历史上继大西洋革命后出现的最大政治风暴——第三世界革命。它把占世界人口大多数并一直处于现代世界发展边缘的为数众多的国家也卷入了现代化的浪潮。几十年来，中国和东欧的一批国家根据本国国情努力探索自己的工业化道路，西亚北非伊斯兰文明区的新兴石油输出国从半农半牧社会走上了经济突发性增长的道路，实现了以石油工业为鲜明标志的畸形工业化，拉美各国则积极探寻自主性工业化道路，正在向现代工业社会过渡。

第三次现代化浪潮中最为引人注目的，是东亚地区的工业化所取得的巨大成就。在这一地区，二战中一败涂地的日本，通过战后重建迅速跃居为仅次于美国的世界经济大国，通常被称为亚洲"四小龙"的中国香港、中国台湾、新加坡和韩国等东亚的一些边缘农业国和地区，以远远超过早期工业化国家相同阶段的发展速度，开创了以发展民用工业和出口导向为特点的新型工业化道路；而中国大陆更是发生了翻天覆地的变化。为了实现传统乡土中国的现代化，在中国共产党的领导下，中国一以贯之地推进制度变革和结构转型，从以新民主主义制度促进农业国的转型、以社会主义制度和计划经济体制推进国家工业化，到以社会主义市场经济体制改革推进中国式现代化，再到以中国特色社会主义制度体系建设社会主义现代化强国，基于超大人口规模基本国情，以人民为中心，走出了一条具有中国特色的社会主义现代化道路。

时至今日，现代化浪潮早已席卷全球，它在各地区既表现出很大的差异性，也表现出丰富的多样性，但现代化的大方向总体是一致的，即必须对以农业文明为基础的传统社会进行改造，以确立或接受工业文明。工业文明之后，现代化的进程也并没有终止，以20世纪后半叶出现的"后工业化社会"和"后工业主义"为标志，工业文明又在向着新的文明形态转型。这正说明现代化是一个动态变化、永无止境的过程。总体而言，现代化是伴随着工业化而来的一种社会变迁，是传统文明向现代文明的演进。从深度上说，西方世界的现代化从文艺复兴、宗教改革和启蒙运动的思想革命，到现代民族和国家的建立以及其后伴随着资产阶级革命而启动的民主化革命，再到蒸汽机发明的科技革命和随之而来的工业革命，不断向纵深拓展，最后构成了一个全方位的社会革命。从广度上说，现代化从英国开始依次递进，先是发展到西欧，再扩展到整个西方世界，又延伸到全球范围，带动整个世界发生从量到质的变革。

第三节 世界现代化的不同模式

世界各国现代化既具有共同特征也带有不同特点，这主要表现在现代化的类型和模式上。现代化模式到底分为几类，由于划分标准不一，说法也不一。但无论如何划分，各类模式均有四个主要变项。①现代化启动来源：内源型还是外源型。②经济的运行方式：自由市场经济还是政府主导下的市场经济或计划经济。③政治主要运行机制：议会民主政治还是威权主义政治体制或混合体制。④文化主体：基督教文明还是儒家文明、印度教文明或伊斯兰教文明。以此为评判依据，现代化模式大体包括英美模式、莱茵模式、东亚模式和拉美模式四种类型。

一 英美模式

英美模式又可称为盎格鲁—撒克逊模式，是英国、美国、澳大利亚、爱尔兰等国家所实行的现代化模式的总称。它起源并兴盛于英国，在不断演化、扩散与发展中主要经历了古典自由主义、凯恩斯主义和新自由主义等发展阶段，是世界上迄今为止影响最广泛的现代化模式之一。其主要特征表现为现代化自下而上地自然演进，工业化以私营企业为主要形式进行，经济运行以市场调节为主，政府直接干预较少，国家通过立法和强制手段为资本主义经济的运行和发展提供制度保障，通过市场化和工业化的相互促进，不断加速现代化进程。

就英国而言，经历"大宪章"运动和"光荣革命"，建立起了议会至上、法律至上的君主立宪的现代国家政治制度，成为当时世界上政治和社会环境最为宽松的国家。这种宽松的氛围保证了英国人思想和行动上的自由，鼓励了大胆创新、追求利润的商业行为。以纺纱机、织布机的发明为起点，以蒸汽机的革新和大规模应用为标志的工业革命，为英国工业化的腾飞奠定了基础。工业革命使英国成为世界上第一个现代化国家，引领了西欧国家现代化的潮流。英国的经济现代化离不开外部环境和思想层面的助力，与西班牙、荷兰、法国等国开展海战，为其成为海上贸易强国奠定了基础，大规模的海外殖民扩张则为英国经济发展提供了新的原料产地、产品销售市场和资本输出场所。宗教改革特别是新教精神鼓励"发家致富"，再加上以亚当·斯密的《国富论》为理论基础的市场经济制度和自由贸易制度，促使世界范围内形成了以英国为中心的全球地域分工。

美国建国历史较短，这成为其现代化启动可以轻装上阵的一大优势，因而美国从国家独立到建立民主政体都比较顺利。作为一个移民国家，美国奉行的自由、民主、平等和个人主义的多元文化价值观，鼓励创新和重视科学、教育的社会制度，给美国经济的腾飞提供了源源不断的深层动力。在经济运行上，美国沿用了英国的自由主义经济模式，从欧洲引入金融和财政制度，证券市场、交易所和股份公司开始出现，并通过股份公司的筹资修建起公路、运河和桥梁等基础设施，开始工业革命。到1860年前后，美国的经济发展水平已超过大多数欧洲国家。经过两次世界大战，美国在战后的工业总产值占到了世界总量的一半以上，并且在世界范围内建立了以美元为中心的国际金融体系。随着经济自由主义、政治民主主义、文化多元主义传统的形成，美国逐渐成为世界上现代化程度最高的国家之一。

英美模式的优点在于最大限度地发挥市场经济的优势，充分调动个人和企业的主动性、积极性和创造性，但也容易出现为追逐短期利益而不惜牺牲长期社会利益、讲求金钱至上而导致道德危机、忽视公平合理分配而加剧贫富分化等弊端。

二 莱茵模式

莱茵模式又称为欧洲大陆模式，它以德国为代表，主要包括莱茵河流域的一些欧洲大陆国家以及北欧国家。与英国相比，德国的现代化起步较晚，一个重要原因是德国长期处于分裂局面中，既没有统一的中央政府，也无法形成统一的内部市场。在铁血宰相俾斯麦的领导下，德国在1871年通过对外战争完成了统一，为德国的现代化快速发展创造了有利的政治和外交条件。统一后的德国建立起形式上的议会民主制，中央政府得以集中国家权力开展现代化建设。德国有效利用了已有的教育、人才和科技基础，并抓住了第二次科技革命和产业革命的契机，创造了迅速赶超先发国家的工业化奇迹。值得一提的是，在德国现代化历程中，李斯特的国家主义市场经济理念对德国经济发展有着重要意义，并促进了德国社会保障制度的建立，其在一战前已经建立了完善的社会保障制度。二战后，欧洲大陆主要国家在重建国家政权、恢复国民经济的过程中，根据本国及本地区的情况，总结和吸取过去推进现代化的经验和教训，探索出社会市场经济模式，其特点包括国有经济的地位高于英美、重视宏观调控（有的国家实行一定程度的计划经济）、重视社会公益和社会福利事业、一些国家的农业政策鼓励合作社经济、用法律保障工人在企业管理中的地位等。它继承了传统资本主义市场经济中的私有制、契约精神、自由竞争等因素，又吸纳了社会主义的公正、公平和共同富裕等先进成分，既利用市场经济优胜劣汰的功能，又注重以高税收、高福利等社会政策应对由市场竞争造成的不公平现象。

莱茵模式较好地体现了经济效率和社会公平的统一，但它在发展过程中也遇到许多问题和挑战。例如，德国早期在现代化进程中更多地寻求利用国家力量，采取自上而下的改革措施促进经济现代化，其负面影响在于工业的繁荣与社会政治落后之间形成了巨大落差，经济现代化与政治现代化无法得到同步发展，以至于走上极权主义的不归路。战后一些欧洲国家推行的高福利政策使得国家和企业不堪重负，国家对劳务市场和产品市场干预过多、限制过多，劳动力成本高企，人们参与经济活动的积极性下降，企业缺乏创新精神和竞争力，经济发展受到制约。

三　东亚模式

"东亚模式"这一概念的提出源自世界银行1993年10月发表的研究报告《东亚奇迹：经济增长与公共政策》。实际上，东亚模式不是一个严格和准确的概念，而是便于和人们通常所说的英美模式、拉美模式相区别，对东亚国家和地区在促进经济社会高速发展时的共同做法和经验的统称。东亚模式以东亚的日本和亚洲"四小龙"（中国香港、中国台湾、新加坡和韩国）等为典型代表，其主要特征是国家在现代化中的作用十分显著，政府扶植资本主义，用强有力的看得见的手来加强和促进市场经济的运转。具体而言，东亚模式的主要特点有以下几个。

第一，实行政府主导型市场经济。东亚经济体都是实行市场经济，但与欧美各国相比，政府的作用要大得多。政府一方面充分利用经济、法律及行政手段调控经济，以实现资源的合理配置；另一方面与企业紧密合作，为企业提供政策、资金等多方面支持，大力扶持优势企业，发展支柱产业。第二，东亚经济体尤其是日本和韩国的经济增长强烈依靠银行体系的融资功能。东亚经济体推进经济现代化主要依赖间接融资，银行在金融体系中的作用至关重要。由于大多数银行处于政府的控制之下，政府依据本国或本地区发展战略和产业政策，通过银行对重要行业进行有选择的支持。第三，发展出口导向型经济。东亚一些经济体都曾经历过短暂的进口替代时期，但此后都大力发展对外贸易和利用外资，积极参与国际竞争和国际分工，外向程度居于世界前列。第四，较高的储蓄率和投资率。受儒家文化影响，东亚经济体普遍形成了崇尚节俭的社会风气，储蓄率长期保持在30%~40%（相比之下，欧美社会的平均储蓄率在20%以下）的高水平上，高储蓄率导致高投资，促进经济高速增长，进而可以保持高储蓄率，形成良性循环。第五，大力发展和普及教育。东亚经济体将智力投资放在重中之重的地位，采取各种措施筹集资金，不断加大对教育的投入，从而有效提升人力资源素质，有力地促进了国民经济的持续快速增长。

东亚模式是东亚发展中经济体根据自己的特点和外部环境在实践中创造的一种经济发展模式，在东亚地区的经济发展中起到了积极的、不容否定的作用。但是，受历史条件的限制，东亚模式也有其局限性。例如，对外部市场的过度依赖，使经济增长比较脆弱；对外资的过度依赖，有损于经济的自主性等。

四 拉美模式

相比于人多地少、资源匮乏的东亚地区，拉美地区人地矛盾相对宽松，资源也比较丰富。正因为矿产资源丰富，这里成为欧洲早期殖民者殖民的最主要的目的地。欧洲殖民者给拉美人民带来了深重的灾难，不仅仅是对资源的掠夺、对人种的灭绝，更重要的是使拉美地区经济社会走上了畸形发展的道路，对拉美地区造成了历史性的伤害。尽管受殖民者的伤害，但是拉美人民近200年来仍然为实现现代化而不懈地探索、奋斗。

在工业化方面，拉美已经进行了100多年，可以划分为明显的三个阶段，即初级产品出口阶段（1870~1930年）、进口替代工业化阶段（1930~1982年）和外向发展阶段（1982年以后）。19世纪70年代，拉美地区开始出现了现代制造业，可以说是拉美国家工业化的起始点，为了经济发展拉美国家形成了以初级产品为主的出口导向模式。20世纪30年代，受金融危机的影响，拉美国家转向进口替代发展模式。20世纪80年代以后，拉美国家又走向外向型发展模式。拉美国家的发展模式从一个极端走向另一个极端，主要是受到民族国家内部利益集团不平衡发展的影响。相比较而言，拉美工业化在战后获得了一个高速发展期，主要原因有两点：一是拉美各国工业化起步时间不同，形成一种波浪式的发展趋势；二是20

世纪70年代拉美国家普遍实行"负债增长"战略，以借债投资推动工业增长。但是这种工业化主要是依靠数量的扩张，并没有质的提升，是没有国际竞争力的增长。进入20世纪80年代之后，拉美工业发展处于一个挫折期，而不是进入后工业化时期。拉美的工业化走过风风雨雨的100多年，但是总体上没有形成独立的、完备的、具有国际竞争力的民族工业，十分可惜。

拉美地区的国家民族独立较早，在19世纪初就获得了国家的独立，仅比美国独立晚二三十年，但是200多年来美国与拉美的发展大相径庭。拉美在发展的过程中有过辉煌，但更多的是教训，乃至"拉美模式""拉美陷阱"成为描述拉美发展经验教训的流行词。拉美国家有太多的经验教训值得总结和汲取。例如，在政治方面，没有解决好权力制约问题，贪腐现象十分严重，不少国家的政治体制不稳定，经济政策也常有反复，对生产力造成很大破坏；在城市化方面，拉美地区城市化超前于工业化，城市的诞生是畸形发展的产物，早期城市布局不合理，产业发展与城市发展不协调；在收入分配方面，拉美国家内部经济发展不平衡，地区收入差距、城乡差距、各阶层收入差距悬殊，收入差距成为社会动荡的重要根源之一。

第四节　世界现代化的重要启示

现代化是一个全球性和动态性的复合概念。回顾世界现代化的数百年发展历程，不仅能够了解其基本事实和演变脉络，而且也有许多经验教训值得认真总结和汲取。

第一，当前世界发达国家与发展中国家之间发展的不平衡，导致两者之间的差距越来越大，如何缩小这一差距，将是今后现代化理论研究中的一个十分重要的问题。从现代化的发展历史来看，以机器生产为标志的工业革命的正式启动开始于18世纪60年代，至今已有260年的历史。目前来看，仅有约占世界1/5的人口、2/5的陆地（即欧美资本主义发达国家）已建成现代化，其他占世界绝大多数人口的大多数国家和地区仍然处在不同的现代化发展阶段之中。这说明，当今世界各国的发展呈现出全球一体化和两极化同时强化的趋势。一方面，经济的迅速增长、新技术的广泛应用、生活水平的不断提高，从总体上将加速全球现代化的速度；另一方面，世界各国发展不平衡导致发达国家与发展中国家的差距进一步拉大。面对这种发展趋势，如何协调发达国家与发展中国家之间的关系，逐步缩小两者之间的差距，将是促进全球经济一体化的重要任务。

第二，从现代化发展的内容来看，发展的整体及其组成要素都是一个不断变化和不断提高的动态过程，应该用动态的标准来衡量各国现代化的发展状况。在现代化发展的前期，以机器代替手工劳动是现代化发展的最显著的特点，现代化即等同于工业化。随着现代化的进一步发展，人们对经济、社会、人文等各个方面的要素及其相互关系进行了具体的定性和定量分析。如果我们以20世纪60年代发达国家的发展水平为参照体系来衡量当今的现代化发展状况，那么世界银行所划分的上中等收入和高收入的40多个国家和地区都已达到了这个现代化的指标。这些国家和地区的人口约占当今世界总人口的1/4。但实际上，其中一半的国家和地区至今仍被联合国或其政府当局看作发展中国家。这表明衡量现代化发展的客观内容和评判的主客观标准都是不断变化的，具有动态性。

第三，现代化目标和前景是美好的、令人向往的，然而这一转变的过程却充满了矛盾和冲突。从全球范围看，两个多世纪以来，现代化进程中始终存在着各种矛盾和冲突，如现代化的世界性与民族性的矛盾，经济全球化趋势与民族主义意识增强的冲突，"中心—边缘"型结构中发达国家与众多发展中国家利益的冲突，全球性资源、环境、人口问题，拜金主义、纵欲主义、极端个人主义、反理性主义、恐怖主义等全球性精神危机，等等。直到今天，这些工业化过程中的各种负效应并没有随着现代化的全球扩散而减弱，有些方面反而在日益增长。从世界各国现代化的进程看，任何一个国家和地区在从传统社会向现代社会转变的过程中都充满了矛盾、冲突和艰辛、痛苦。不过，由于内部条件和外部环境的差异，各个国家和地区在现代化进程中所遇到的阻力以及所遭遇的困难和挫折在程度、范围和持续时间上是不同的，要对可能出现的矛盾和问题甚至危机有充分的估计、正确的认识，并且选择科学合理的发展战略，以减轻阵痛、减少动荡，寻求更大的发展空间。

第四，各国现代化的发展模式和经验都是个性与共性的统一，任何国家在本国现代化发展的过程中都不能照搬照抄其他国家的模式，必须根据本国的国情来制定相应的发展战略。世界各国在地理环境、历史传统、社会制度、内部结构、发展机遇和固有基础等方面存在的差异，决定了各国不可能形成或采取同一的发展模式。然而在很长一段时期内，现代化一度成为西方经验和"西方化"的代名词，西方模式似乎成为唯一可以模仿的样本。历史事实证明，每一种成功的现代化都会创造出与别国不同的发展模式。认为某种模式是标准模式的说法没有根据，把某个国家的现代化道路视为标准的现代化道路经不起检验。每个国家实现现代化都需要在实践中摸索，借鉴其他国家的成功经验，走自己的路。世界上搞现代化失败的例子比比皆是，其根本原因大多是不顾本国国情而生搬硬套他国经验。从比较的视域观之，中国式现代化所创造的共同富裕、独立自主、全过程人民民主的社会主义道路，打破了资本主义现代化模式的垄断，突破了现代化后发国家与西方发达国家的依附关系，击破了西方现代化先发优势所加持的"民主幻象"，既具有鲜明特色，也蕴含着普遍意义，为世界贡献了现代化道路的新方案，为人类文明注入了新活力，必将伴随着时间的推移与实践的验证彰显其深远的现实价值与世界意义。

第二章　中国式现代化的演变进程

近代以来，中华民族遭受了前所未有的劫难，在帝国主义坚船利炮的冲击下，中国被迫打开了国门。中国共产党于中华民族危难之际走上历史舞台，领导中国人民经过 28 年的浴血奋战，实现了民族独立、人民解放，为现代化建设扫清了道路。新中国成立以后，党领导人民进行社会主义革命和社会主义建设，提出"四个现代化"目标；改革开放以后，提出"中国式的现代化"重大命题；党的十八大以来，党成功推进和拓展了中国式现代化，带领中国人民踏上了全面建设社会主义现代化国家的新征程。

第一节　中国现代化的初步探索

1949 年中华人民共和国的成立，彻底结束了旧中国半殖民地半封建社会的历史，为现代化建设扫清了障碍，中国发展从此开启了新纪元。新中国成立以后，伴随着经济恢复工作的开展，怎样建设社会主义现代化国家、如何探索中国现代化道路逐渐被提上日程。

一　社会主义工业化

面对新中国一穷二白、百废待兴的国情，毛泽东同志对中国现代化的最初设定是工业化。1952 年底，中国用三年时间恢复国民经济的目标顺利实现，从 1953 年起转入大规模经济建设，建设重点是为社会主义改造建立独立的工业体系，进而为实现工业化奠定基础。1953 年 6 月，毛泽东同志在中央政治局扩大会议上第一次对党在过渡时期的总路线进行了比较完整的表述，指出"要在十年到十五年或者更多一些时间内，基本上完成国家工业化和对农业、手工业、资本主义工商业的社会主义改造"。随后，毛泽东同志在修改关于总路线的宣传提纲时，把党在过渡时期的总路线进一步完整准确地表述为"从中华人民共和国成立,到社会主义改造基本完成,这是一个过渡时期。党在这个过渡时期的总路线和总任务,是要在一个相当长的时期内,逐步实现国家的社会主义工业化,并逐步实现国家对农业、对手工业和对资本主义工商业的社会主义改造"。可见,实现社会主义工业化是总路线的主体,实现对农业、对手工业和对资本主义工商业的社会主义改造是总路线的两翼。1953年12月,在中宣部发布的关于过渡时期总路线的学习和宣传提纲中,进一步明确了工业化的基础地位以及与其他方面现代化的关系,指出"实现国家的社会主义工业化,就可以促进农业和交通运输业的现代化,就可以建立和巩固现代化的国防"。1954年,毛泽东同志明确提出"将我们现在这样一个经济上文化上落后的国家,建设成为一个工业化的具有高度现代文化程度的伟大的国家"。这说明工业化在新中国成立初期处于现代化建设的突出位置,明确了现代化的发展方向。

二 四个现代化

随着国家建设的展开,中国共产党在实践中积极探索适合中国的现代化道路,在借鉴别国经验尤其是苏联经验和把握中国具体实际的基础上,中国共产党对现代化的认识不断深化,毛泽东等同志认识到只有工业化是不够的,不能将现代化仅等同于工业化建设。从20世纪50年代中期开始,以毛泽东同志为核心的党的第一代中央领导集体对中国建设目标的战略构想开始由实现工业化逐步向实现更加全面的现代化转变。1954年9月,周恩来同志在第一届全国人民代表大会作《政府工作报告》时,第一次明确提出"四个现代化"概念,指出"如果我们不建设起强大的现代化的工业、现代化的农业、现代化的交通运输业和现代化的国防,我们就不能摆脱落后和贫困,我们的革命就不能达到目的"。"四个现代化"的最初提出,总体上是为了摆脱国家贫困落后的面貌,维护社会稳定和国家安全。四个方面也并非并列关系,国家发展的总体目标依然是实现社会主义工业化,工业化是实现其他三方面现代化和提高人民物质文化生活水平的基础,周恩来同志强调"我们的一切努力都是为着把我们的国家建设成为一个繁荣幸福的社会主义的工业国家"。

1956年4月,毛泽东同志在中央政治局扩大会议上作《论十大关系》

的报告，提出了当前国家和社会中必须处理好的十大关系。报告中总结了中国经济建设中提出的基本方针，对当时和以后的现代化建设都具有十分重要的指导意义。毛泽东同志在报告中还特别强调要"以苏为鉴"，走自己的路。他指出："最近苏联方面暴露了他们在建设社会主义过程中的一些缺点和错误，他们走过的弯路，你还想走？过去我们就是鉴于他们的经验教训，少走了一些弯路，现在当然更要引以为戒。"《论十大关系》是以毛泽东同志为代表的中国共产党人探索中国自己的社会主义建设道路的开端，为中国走独立自主的现代化道路奠定了坚实的基础。同年，党的八大召开，会上宣布"我国的无产阶级同资产阶级之间的矛盾已经基本上解决，社会主义的社会制度在我国已经基本上建立起来了"，"我们国内的主要矛盾是人民对于建立先进的工业国的要求同落后的农业国的现实之间的矛盾，已经是人民对于经济文化迅速发展的需要同当前经济文化不能满足人民需要的状况之间的矛盾"。因此，党和国家的主要任务就是集中力量解决这个矛盾。1957年，毛泽东同志从人民民主专政角度论述了现代化建设，进一步拓展了"四个现代化"的理论内涵，将"现代科学文化"与农业、工业提到同等重要的高度。之所以没有再提现代化的交通运输业，是因为交通运输业以工业为基础，本身就是工业现代化的重要内容。1959年底，毛泽东同志在读苏联《政治经济学教科书》时，对社会主义建设进行了更为深入的思考，第一次完整地表述了"四个现代化"思想，即"建设社会主义，原来要求是工业现代化，农业现代化，科学文化现代化，现在要加上国防现代化"。根据毛泽东同志的建议，1964年12月，周恩来同志代表党中央在第三届全国人民代表大会第一次会议上向全党和全国人民正式提出了"四个现代化"的宏伟目标，即"在不太长的历史时期内，把我国建设成为一个具有现代农业、现代工业、现代国防和现代科学技术的社会主义强国，赶上和超过世界先进水平"，并设想分"两步走"来实现现代化："第一步，建立一个独立的比较完整的工业体系和国民经济体系；第二步，全国实现农业、工业、国防和科学技术的现代化，使我国经济走在世界的前列。"从此，"四个现代化"成为全党和全国人民共同奋斗的目标。

  总体来看，这一时期，中国共产党团结带领人民进行社会主义革命，推进社会主义建设，为中国现代化建设奠定了根本政治前提和制度基础。

面对当时的西方资本主义现代化模式和苏联社会主义现代化模式，中国共产党从中国实际出发，明确提出西方资本主义现代化模式不适合中国国情，不能搞资本主义，只能走社会主义现代化道路。由于缺乏社会主义建设经验，再加上西方国家在经济、外交等方面对中国进行封锁，中国的现代化建设学习、借鉴和沿用了苏联的现代化模式，因此，工业化是早期中国追求的现代化理想。然而，随着中国对社会主义现代化建设规律认识的不断深入，中国共产党依据中国发展实践及时调整现代化的内容，实现了由学习苏联到以苏联为鉴再到独立自主的转变，在实践中逐步探索出符合中国实际的"四个现代化"建设目标，并根据国情规划了现代化建设的路线图和时间表，这充分说明中国现代化建设是与时俱进、独立自主的。在中国共产党的坚强领导下，这一时期现代化建设取得了伟大成就，虽然经历了严重曲折导致现代化建设步伐放缓，但党为实现现代化目标而奋斗的决心始终没有动摇。社会主义革命和建设时期取得的独创性理论成果和巨大成就，为现代化建设提供了根本政治前提和宝贵经验、理论准备，奠定了物质基础。

第二节 "中国式的现代化"概念的提出及推进

1978年12月，党的十一届三中全会召开，果断结束"以阶级斗争为纲"，实现党和国家工作中心战略转移，开启了改革开放和社会主义现代化建设新时期。改革开放和社会主义现代化建设新时期，党面临的主要任务是，继续探索中国建设社会主义的正确道路，解放和发展社会生产力，使人民摆脱贫困、尽快富裕起来。

一 中国式的现代化

党的十一届三中全会以后，中国现代化建设开启了新篇章，集中精力发展经济，实现中国的现代化重新成为党的主线任务。此时，我国虽然已经建立起了独立的比较完整的工业体系和国民经济体系，但基础薄弱、比例失调，人民生活水平不高，甚至不少地方连温饱问题都难以解决。寻求一条适合中国实际的现代化新道路，成为备受关注且亟待解决的重大问题。为此，党和国家领导人先后20多次出访50多个国家，邓小平同志亲自率团出访日本、新加坡等国，以便能够正确认识中国现代化建设的外部环境，科学预见世界格局和全球经济发展变化。此次出访高潮迅速更新了中国对世界现代化进程及自身所处环境的认知，并深刻影响了其后的改革开放决策。1979年3月，邓小平同志在会见英中文化协会执行委员会代表团谈到中国的宏观经济问题时，通过对出访经历进行深入思考，认为基于当时的国情，中国到20世纪末难以实现国际标准的现代化。因此，他对客人说："我们定的目标是在本世纪末实现四个现代化。我们的概念与西方不同，我姑且用个新说法，叫做中国式的四个现代化，这个现代化水平还是你们五十年代的水平。如果本世纪末能达到你们七十年代的水平，那就很了不起。"两天后，在中央政治局会议上，邓小平正式提出"中国式的现代化"概念。他说："过去搞民主革命，要适合中国情况，走毛泽东同志开辟的农村包围城市的道路。现在搞建设，也要适合中国情况，走出一条中国式的现代化道路。"1979年10月，邓小平在出席各省区市第一书记座谈会时再次指出："我们开了大口，本世纪末实现四个现代化。后来改了个口，叫中国式的现代化，就是把标准放低一点。特别是国民生产总值，按人口平均来说不会很高。"此时，"中国式的现代化"是作为"中国式的四个现代化"的同义词而出现的，是在继承毛泽东、周恩来等党和国家领导人提出的"四个现代化"构想的基础上，强调现代化必须要符合中国实际，反映出我们党对现代化的认识越来越科学。随后，邓小平在理论工作务虚会上强调，"社会主义现代化建设是我们当前最大的政治"，"能否实现四个现代化，决定着我们国家的命运、民族的命运"。他进一步诠释了"中国式的现代化"，指出"中国式的现代化，必须从中国的特点出发"，从"底子薄"和"人口多，耕地少"的现实国情出发。在总结和反思我国社会主义建设经验和教训的过程中，邓小平同志坚持从中国实际出发，创造性地提出了"中国式的现代化"的重大命题。

二 小康社会

随着经济社会的快速发展，邓小平同志进一步明确了中国式的现代化的目标，将中国式的现代化的阶段目标明确为小康社会。1979年12月，邓小平同志在回答日本首相大平正芳提出的"中国在本世纪末实现四个现代化究竟意味着什么"时指出，"我们要实现的四个现代化，是中国式的四个现代化。我们的四个现代化的概念，不是像你们那样的现代化的概念，而是'小康之家'"。对于具体要达到什么目标，邓小平强调"中国的现代化建设必须从中国的特点出发，而且现代化建设的目标不能定得太高，要从中国是一个大国、一个穷国的现实出发"。他指出，"到本世纪末，要达到第三世界中比较富裕一点的国家的水平，比如国民生产总值人均1000美元，也还是一个小康的状态"。这是邓小平第一次用"小康"这个新名词来描述未来20年中国的发展前景，也是第一次用"小康"替代"四个现代化"的目标。随后，邓小平在接待外宾时进一步解释了小康的含义。1980年5月，邓小平在和英国前首相詹姆斯·卡拉汉交流时指出，"我们是讲实际、从实际出发的。我们头脑里开始想的同我们在摸索中遇到的实际情况有差距，比如，我们的雄心壮志是实现四个现代化，而且要在本世纪末实现，经过摸索，肯定了一点，我们的四个现代化，不同于包括你们英国在内的发达国家的现代化，中国人口太多，要达到你们那样的现代化，人均年收入5000美元至7000美元，不现实。所以，我们提出的现代化是中国式的现代化，'小康之家'，这就是我们的目标"。1981年4月，邓小平在会见日中友好议员联盟访华团时再次强调，"前一个时期，我们的脑子有点热，对自己的估计不很切合实际"，"在本世纪末我们肯定不能达到日本、欧洲、美国和第三世界中有些发达国家的水平。……我们只能达到一个小康社会，日子可以过"。小康是仅次于"大同"社会的一种理想生活状态，邓小平使用"小康"这一具有鲜明中国传统文化色彩的词语来阐述中国式的现代化的阶段目标，既实现了马克思主义基本原理和中国具体实际的结合，也突出了中国现代化建设的重点即提高人民生活水平，小康是邓小平同志对中国式现代化道路设计的宏大构想。

  1982年，党的十二大召开，邓小平同志在会上指出："我们的现代化建设，必须从中国的实际出发。无论是革命还是建设，都要注意学习和借鉴外国经验。但是，照抄照搬别国经验、别国模式，从来不能得到成功。这方面我们有过不少教训。把马克思主义的普遍真理同我国的具体实际结合起来，走自己的道路，建设有中国特色的社会主义，这就是我们总结长期历史经验得出的基本结论。""建设有中国特色社会主义"的提出，回答了中国现代化走什么样的道路这一重大问题。大会还提出，"从1981年到20世纪末，力争使全国工农业总产值翻两番，使人民的物质文化生活达到小康水平"。1983年,邓小平在调研江苏等地以后,进一步阐释了建设小康社会的思想。1984年3月,邓小平在会见时任日本首相中曾根康弘时指出"翻两番,国民生产总值人均达到八百美元,就是到本世纪末在中国建立一个小康社会。这个小康社会,叫做中国式的现代化"。从此,"小康社会"成为"中国式的现代化"的阶段性目标。此后,围绕建设小康社会,他先后阐发一系列新思想,形成了一个包括经济、政治、文化发展目标的系统概念,初步完成小康社会理论的总体设计。建设小康社会成为全党全国的共识。

三 "三步走"战略

随着改革开放的不断深入,中国共产党对社会主义现代化建设的认识愈发深刻,对现代化建设的战略部署也愈发清晰。1987年4月,邓小平在会见西班牙工人社会党副总书记、政府副首相格拉时,在此前多次阐述的基础上,第一次明确提出我国现代化建设"三步走"的战略目标。他指出:"第一步在80年代翻一番,国民生产总值人均达到500美元。第二步是到本世纪末,再翻一番,人均达到1000美元。实现这个目标意味着我们进入小康社会,把贫穷的中国变成小康的中国。我们制定的目标更重要的还是第三步,在下世纪用30年到50年再翻两番,大体上达到人均4000美元。做到这一步,中国就达到中等发达的水平。这是我们的雄心壮志。"随后,"三步走"战略得到进一步完善。1987年10月,党的十三大召开,会议系统论述了社会主义初级阶段理论和党的基本路线,明确分"三步走"实现现代化的发展战略,并把第三步实现时间具体到21世纪中叶,战略目标为基本实现现代化。党的十三大报告提出"第一步,实现国民生产总值比1980年翻一番,解决人民的温饱问题。这个任务已经基本实现。第二步,到本世纪末,使国民生产总值再增长一倍,人民生活达到小康水平。第三步,到下个世纪中叶,人均国民生产总值达到中等发达国家水平,人民生活比较富裕,基本实现现代化"。"三步走"战略科学规划了中国现代化建设的时间表和路线图,与20世纪60年代提出的"到2000年实现'四个现代化'的设想"相比,更加符合中国的国情和现代化建设的基本规律,体现了中国共产党从实际出发、尊重客观规律的科学精神。

四 新"三步走"战略

1992年,邓小平同志视察南方并发表重要讲话,科学总结了中国共产党自改革开放以来引领中国进行现代化建设的经验,从理论上深刻回答了现代化建设中的许多重大问题,推动社会主义现代化建设进入快车道。同年10月,党的十四大召开,江泽民同志在会上提出"加快改革开放和现代化建设步伐,夺取有中国特色社会主义事业的更大胜利"。1997年,江泽民同志在党的十五大报告中提出了跨世纪的中国现代化建设新的"三步走"发展战略,即"21世纪第一个十年实现国民生产总值比2000年翻一番,使人民的小康生活更加宽裕,形成比较完善的社会主义市场经济体制;再经过十年的努力,到建党100年时,使国民经济更加发展,各项制度更加完善;到21世纪中叶建国100年时,基本实现现代化,建成富强民主文明的社会主义国家"。新"三步走"战略,是对邓小平同志提出的"三步走"战略中的第三步的细化安排,细化了21世纪中国式现代化的阶段任务,并且首次提出了"两个一百年"的奋斗目标——建成富强民主文明的社会主义国家,从之前强调物质文明和精神文明两方面的现代化拓展到物质文明、精神文明、政治文明全面建设三方面的现代化,极大地丰富了现代化建设的内容,"三位一体"的现代化布局正式形成。

此后,中国现代化建设的实践经验不断丰富,中国共产党对中国式现代化的认识更加深刻。2000年,党的十五届五中全会根据中国社会主义现代化建设实际,提出"从21世纪开始,社会主义现代化建设的总体目标为全面建设小康社会"。2002年,党的十六大对我国改革开放和社会主义现代化建设进行全面部署,提出"在21世纪的前20年全面建设小康社会"的目标,重申"到21世纪中叶基本实现现代化的目标"。2006年,胡锦涛同志在党的十六届六中全会上提出要"建设富强民主文明和谐的社会主义现代化国家","和谐"与"富强民主文明"一起作为全面建设小康社会的重要目标,现代化建设目标中增加了社会层面的内容,现代化布局由"三位一体"逐渐演变为"四位一体",现代化内涵得到了进一步丰富。此外,在提法上用"社会主义现代化国家"替代了"社会主义国家",加上了"现代化"一词,更加凸显了现代化是国家的战略目标和中心任务。2007年，胡锦涛同志在党的十七大报告中对全面建设小康社会作出详细部署，更为明确地提出现代化建设的"四位一体"布局，还将建设生态文明纳入全面建设小康社会奋斗目标的新要求中，使小康社会的建设目标更加全面，内涵更加丰富，要求更加具体。

这一时期，以邓小平同志为主要代表的中国共产党人把握时代主题变化，持续深化对现代化建设规律的认识，从"中国处于并将长期处于社会主义初级阶段"的基本国情出发，提出了"中国式的现代化"这一重大命题，突破了对传统社会主义的认知，丰富了现代化建设思想内涵，细化了现代化建设的战略部署，成功探索出一条不同于西方现代化模式的中国自主现代化之路。为了加快推进社会主义现代化，党领导人民进行经济建设、政治建设、文化建设、社会建设，取得了一系列重大成就。综合国力大幅提升，1979~2012年，我国国内生产总值年均增速达9.8%，远高于同期世界经济年均增速的2.8%，一跃成为全球第二大经济体、第一外汇储备大国，实现了从生产力相对落后的状况到经济总量跃居世界第二的历史性突破。人民生活水平显著提高，1979~2012年，我国城镇居民人均可支配收入从343元增加到24127元，农村居民人均可支配收入从134元增加到8389元，贫困人口大幅减少，大部分农村居民解决了温饱问题，我国胜利实现了"三步走"战略的第一步和第二步的目标，实现了人民生活从温饱不足到总体小康再到全面小康的历史性跨越。改革开放和社会主义现代化建设时期的重大成就为实现中华民族伟大复兴提供了充满活力的体制保证和快速发展的物质条件。

第三节　中国式现代化开创了中国现代化的新境界

党的十八大以来，中国特色社会主义进入新时代。中国社会主义现代化建设在新时代所面临的国际国内形势发生了深刻变化，以习近平同志为核心的党中央立足中华民族伟大复兴战略全局和世界百年未有之大变局，将中国现代化建设放在时代之变和民族之跃相统一的大局中筹谋，对现代化建设的内涵、目标定位、战略规划等进行了更为深入的思考和探索，深刻回答了新时代建设什么样的社会主义现代化以及如何建设现代化等重大时代课题，成功推进和拓展了中国式现代化，开启了全面建设社会主义现代化国家的新阶段。

一　推进国家治理体系和治理能力现代化

2012年，中国共产党第十八次全国代表大会召开，党的十八大是在我国进入全面建成小康社会决定性阶段召开的一次十分重要的大会。大会强调，"建设中国特色社会主义，总依据是社会主义初级阶段，总布局是社会主义经济建设、政治建设、文化建设、社会建设、生态文明建设'五位一体'，总任务是实现社会主义现代化和中华民族伟大复兴"。党的十八大明确提出了"两个一百年"奋斗目标，即"在中国共产党成立一百年时全面建成小康社会，在新中国成立一百年时建成富强民主文明和谐的社会主义现代化国家"。为了确保中国式现代化建设的全面实施，2013年，党的十八届三中全会提出了全面深化改革的总目标，即"完善和发展中国特色社会主义制度，推进国家治理体系和治理能力现代化"。国家治理现代化是继工业现代化、农业现代化、国防现代化和科学技术现代化之后，中国共产党在社会主义现代化建设问题上的又一规律性认识成果，是我们党对于社会主义现代化建设规律认识的一次飞跃，表明我们党推进现代化的方法实现了从局部到系统、从管理到治理的转变，是党的一个重大理论创新。习近平总书记指出："在邓小平同志战略思想的基础上，提出要推进国家治理体系和治理能力现代化。这是完善和发展中国特色社会主义制度的必然要求，是实现社会主义现代化的应有之义。"推进国家治理体系和治理能力现代化是一项综合系统工程，是对经济、政治、文化、社会、生态各方面进行统筹安排，既要改革掉不适应实践发展需要的体制机制、法律法规，也要适应时代变化，构建新的体制机制、法律法规，使各方面体制机制更加科学、更加完善，实现党、国家、社会各项事务治理规范化、制度化、科学化。习近平总书记指出，"在国家治理体系的大棋局中，党中央是坐镇中军帐的'帅'，车马炮各展其长，一盘棋大局分明"，"发展社会主义民主政治，是推进国家治理体系和治理能力现代化的题中应有之义"。为推进国家治理体系和治理能力现代化变革，党中央狠抓改革督查落实，建立改革激励机制、容错机制，主动推进政党治理，以加强党的长期执政能力建设为主线，全面加强党的政治建设、思想建设、组织建设、作风建设、纪律建设，并把制度建设贯穿其中。及时改进政府治理，全面推进党和国家机构改革，改革创新行政审批制度，提升政府治理水平。着力优化社会治理，创新社会治理体制，提高社会治理水平。推进国家治理体系和治理能力现代化作为全党的一项重大战略任务，为社会主义现代化强国建设提供了坚强的制度保障。

二 建设社会主义现代化强国

2017年10月，中国共产党第十九次全国代表大会在北京召开，这次大会对从全面建成小康社会到基本实现现代化，再到全面建成社会主义现代化强国，作出了重要战略部署。习近平总书记在党的十九大报告中明确指出，"中国特色社会主义进入了新时代，这个新时代，是承前启后、继往开来、在新的历史条件下继续夺取中国特色社会主义伟大胜利的时代，是决胜全面建成小康社会、进而全面建设社会主义现代化强国的时代"。大会提出习近平新时代中国特色社会主义思想，实现了马克思主义中国化时代化新的飞跃，为中国式现代化提供了根本遵循。大会提出，"从现在到2020年，是全面建成小康社会决胜期。要按照十六大、十七大、十八大提出的全面建成小康社会各项要求，紧扣我国社会主要矛盾变化，统筹推进经济建设、政治建设、文化建设、社会建设、生态文明建设，使全面建成小康社会得到人民认可、经得起历史检验"。从党的十九大到党的二十大，是"两个一百年"奋斗目标的历史交汇期。我们既要全面建成小康社会、实现第一个百年奋斗目标，又要乘势而上开启全面建设社会主义现代化国家新征程，向第二个百年奋斗目标进军。大会在综合分析国际国内形势和我国发展条件的基础上，对社会主义现代化建设进行新的战略部署，指出"从2020年到本世纪中叶可以分两个阶段来安排。第一个阶段，从2020年到2035年，在全面建成小康社会的基础上，再奋斗十五年，基本实现社会主义现代化。第二个阶段，从2035年到本世纪中叶，在基本实现现代化的基础上，再奋斗十五年，把我国建成富强民主文明和谐美丽的社会主义现代化强国"。新时代"两步走"的战略新安排，清晰完整地描绘了我国社会主义现代化建设的时间表和路线图，不仅把我国基本实现社会主义现代化的时间提前了15年，把原来提出的2050年基本实现现代化提前到了2035年；也提升了我国社会主义现代化建设的目标，由"建设富强民主文明和谐的社会主义现代化国家"转变为"建成富强民主文明和谐美丽的社会主义现代化强国",现代化建设目标中增加了美丽目标,突出了中国式现代化建设的绿色取向,向世界宣告中国式现代化是人与自然和谐共生的现代化。为落实这一战略安排,2020年10月,在决胜全面建成小康社会取得决定性成就的关键时刻,党的十九届五中全会召开,会议通过了《关于制定国民经济和社会发展第十四个五年规划和2035年远景目标的建议》,进一步规划了基本实现社会主义现代化的战略安排。习近平总书记在会上对现代化的内涵进行了全面概括,强调"我们建设的现代化是具有中国特色,符合中国实际的,是人口规模巨大、全体人民共同富裕、物质文明和精神文明相协调、人与自然和谐共生、走和平发展道路的现代化",明确了新发展阶段我国现代化建设的发展方向和路径选择。2021年7月1日,习近平总书记在庆祝中国共产党成立100周年大会上庄严宣告:"经过全党全国各族人民持续奋斗,我们实现了第一个百年奋斗目标,在中华大地上全面建成了小康社会。"这标志着中国式现代化向前迈出了一大步,在我国社会主义现代化建设进程中具有里程碑意义,中国从此开启了全面建设社会主义现代化强国的新征程。

三 开创中国式现代化新局面

习近平总书记在庆祝中国共产党成立100周年纪念大会上指出:"我们坚持和发展中国特色社会主义,推动物质文明、政治文明、精神文明、社会文明、生态文明协调发展,创造了中国式现代化新道路,创造了人类文明新形态。"由邓小平时期的"中国式的现代化"转变为新时代背景下的"中国式现代化",虽然一字之差,但却意义重大。"中国式的现代化"的重点在"现代化","中国式"只是定语,强调的是现代化道路的中国特色,目的是区别于西方资本主义国家现代化模式;而"中国式现代化"的重点在"中国式",展现出中国共产党、中华民族和中国人民对中国式现代化强大的道路自信,意味着中国的现代化道路不是西方国家现代化模式的追随者,而是已经实现了超越,成为并列式的存在。2022年10月,中国共产党第二十次全国代表大会在北京召开,这是在全党全国各族人民迈上全面建设社会主义现代化国家新征程、向第二个百年奋斗目标进军的关键时刻召开的一次十分重要的大会。习近平总书记在会上郑重宣布:"从现在起，中国共产党的中心任务就是团结带领全国各族人民全面建成社会主义现代化强国、实现第二个百年奋斗目标，以中国式现代化全面推进中华民族伟大复兴。"党的二十大报告明确了中国式现代化的内涵，概括形成了中国式现代化的特征、本质要求和重大原则。

党的二十大指出"中国式现代化，是中国共产党领导的社会主义现代化，既有各国现代化的共同特征，更有基于自己国情的中国特色"。中国共产党领导是中国式现代化的本质特征。在中国共产党领导下，中国开辟了既有各国现代化共同特征，更具有中国特色的现代化道路。"中国式现代化是人口规模巨大的现代化，是全体人民共同富裕的现代化，是物质文明和精神文明相协调的现代化，是人与自然和谐共生的现代化，是走和平发展道路的现代化"。我国人口规模巨大，14亿多人口整体迈进现代化社会，规模已经超过现有发达国家人口的总和，艰巨性和复杂性前所未有，这决定了我国的现代化不能完全照搬外国模式，发展途径和推进方式也必然具有自己的特点。中国式现代化是全体人民共同富裕的现代化，这是由中国特色社会主义制度的本质决定的，贫穷不是社会主义，两极分化也不是社会主义，实现共同富裕是一个长期的历史过程，要坚持把实现人民对美好生活的向往作为现代化建设的出发点和落脚点，着力促进全体人民共同富裕。中国式现代化是物质文明和精神文明相协调的现代化。一些西方国家的现代化存在的一个重大弊端就是物质过度膨胀，精神比较贫瘠，如果只追求物质享受、没有健康的精神追求和丰富的精神生活，就会成为"单向度的人"。中国式现代化追求的是人的全面发展，既要物质富足，也要精神富有；既要不断厚植现代化的物质基础，也要大力发展社会主义先进文化，加强理想信念教育，促进人的全面发展。中国式现代化是人与自然和谐共生的现代化。纵观世界现代化发展史，工业化、城市化过程中对生态环境的破坏是一个通病。过去中国也走过弯路，但党的十八大以后我国坚决遏制住了生态环境破坏的势头，生态环境保护发生历史性、转折性、全局性的变化。习近平总书记"绿水青山就是金山银山"的理念已经深入人心，生产发展、生活富裕、生态良好的文明发展道路越走越宽。中国式现代化是走和平发展道路的现代化。与西方发达国家以战争、殖民、掠夺为特征的现代化道路不同，中国始终秉持平等、和平、共赢、共享的发展理念，积极倡导构建人类命运共同体，走出了一条以合作共赢为基本特征的现代化新道路，为解决人类重大问题贡献了中国智慧。

党的二十大报告中明确提出了中国式现代化的本质要求："坚持中国共产党领导，坚持中国特色社会主义，实现高质量发展，发展全过程人民民主，丰富人民精神世界，实现全体人民共同富裕，促进人与自然和谐共生，推动构建人类命运共同体，创造人类文明新形态。"其中，坚持中国共产党的领导是中国式现代化的根本保证，党的领导决定了中国式现代化是社会主义现代化，而不是别的现代化。坚持中国特色社会主义是中国式现代化的前进方向，能够确保中国式现代化在正确的轨道上行进。实现高质量发展是中国式现代化建设的内在要求，发展是党执政兴国的第一要务，没有坚实的物质基础，就不可能全面建成社会主义现代化强国。发展全过程人民民主体现了中国式现代化的制度优势，全过程人民民主是新时代中国共产党领导人民创造的伟大民主政治成果。丰富人民精神世界是支撑中国式现代化的文化力量，一个民族的复兴既需要强大的物质力量，也需要强大的精神力量，物质富足和精神富有是社会主义现代化的根本要求。实现全体人民共同富裕是中国式现代化的总体目标，共同富裕是社会主义的本质要求，只有坚持走共同富裕道路，既把"蛋糕"做大做好，又把"蛋糕"切好分好，才能有效维护社会公平正义、凸显社会主义制度的优越性。促进人与自然和谐共生是中国式现代化的生态基础，人与自然和谐共生兼顾了经济发展与生态保护，坚持了以人民为中心的发展思想，彰显了中国特色社会主义与生态文明的内在一致性。推动构建人类命运共同体是中国式现代化的外部支撑，展现了新时代中国共产党人胸怀天下的使命与担当。创造人类文明新形态是中国式现代化的历史贡献，中国式现代化是对全人类现代化文明成果的创新性集成和创造性扬弃，打破了现代化等同于西方化的迷信，为人类文明向更高文明阶段演进探索了新路径。基于对中国式现代化的中国特色和本质要求的深刻认识，习近平总书记在党的二十大报告中也明确了中国式现代化前进道路上必须牢牢把握的重大原则："坚持和加强党的全面领导，坚持中国特色社会主义道路，坚持以人民为中心的发展思想，坚持深化改革开放，坚持发扬斗争精神。"

党的二十大在谋划未来目标任务的同时，也深刻分析了我国发展面临的新的历史特点，在党的十九大作出的分两步走战略安排的基础上，进一步对2035年和21世纪中叶的发展目标进行宏观展望，明确指出，全面建成社会主义现代化强国，总的战略安排是分两步走：从2020年到2035年基本实现社会主义现代化，从2035年到21世纪中叶把我国建成富强民主文明和谐美丽的社会主义现代化强国。未来五年是全面建设社会主义现代化国家开局起步的关键时期，习近平总书记在报告中紧紧抓住解决不平衡不充分的发展问题，作出一系列重要战略部署，主要是加快构建新发展格局，着力推动经济高质量发展；实施科教兴国战略，强化现代化建设人才支撑；发展全过程人民民主，保障人民当家做主；坚持全面依法治国，推进法治中国建设；推进文化自信自强，铸就社会主义文化新辉煌；增进民生福祉，提高人民生活品质；推动绿色发展，促进人与自然和谐共生；推进国家安全体系和能力现代化，坚决维护国家安全和社会稳定；实现建军一百年奋斗目标，开创国防和军队现代化新局面；坚持和完善"一国两制"，推进祖国统一；促进世界和平与发展，推动构建人类命运共同体。

  总体来看，这一时期，以习近平同志为核心的党中央统筹把握"两个大局"，着眼于实现全体人民的共同富裕，以强烈的使命担当和高超的政治智慧，对中国式现代化谋篇布局，在现代化建设的内涵、战略规划、目标定位、价值旨归、本质要求、重大原则等方面提出了新思想新论断，这些新思想新论断形成了完整、科学的现代化观，为推进中华民族伟大复兴指明了方向。为了对中国式现代化的认识更加全面系统，我们在战略上不断完善，深入实施科教兴国战略、人才强国战略、乡村振兴战略等一系列重大战略，为中国式现代化提供坚实的战略支撑。在实践上不断丰富，推进一系列变革性实践、实现一系列突破性进展、取得一系列标志性成果，推动党和国家事业取得历史性成就、发生历史性变革。全面建成小康社会，打赢了人类历史上规模最大的脱贫攻坚战，全国832个贫困县全部摘帽，近一亿农村贫困人口实现脱贫，960多万贫困人口实现易地搬迁，历史性地解决了绝对贫困问题。经济实力实现历史性跃升。2012~2022年，国内生产总值从54万亿元增长到114万亿元，经济总量占世界经济的比重从11.3%上升到18.5%，稳居世界第二位，人均国内生产总值由6300美元上升到超过1.2万美元，全社会研发经费支出从1万亿元增加到2.8万亿元，居世界第二位，研发人员总量居世界首位，进入创新型国家行列。人民生活得到全方位改善。建成世界上规模最大的教育体系、社会保障体系、医疗卫生体系，教育普及水平实现历史性跨越，基本养老保险覆盖超

10亿人，基本医疗保险参保率稳定在95%，人民群众获得感、幸福感、安全感更加充实、更有保障、更可持续，共同富裕取得新成效。在以习近平同志为核心的党中央坚强领导下，我们现在比历史上任何时期都更加接近实现社会主义现代化的目标。

第三章 中国式现代化的根本遵循

中国式现代化，切合中国实际，体现了社会主义建设规律和人类社会发展规律，创造了人类文明新形态，是经受长期实践检验了的历史必由之路。"以中国式现代化推进中华民族伟大复兴"，是党百年奋斗得出的重要结论。

第一节 中国式现代化的中国特色

中国式现代化，是中国共产党领导的社会主义现代化，既有各国现代化的共同特征，更有基于自己国情的中国特色。

一 人口规模巨大的现代化

习近平总书记在党的二十大报告中指出："中国式现代化是人口规模巨大的现代化。我国十四亿多人口整体迈进现代化社会，规模超过现有发达国家人口的总和，艰巨性和复杂性前所未有，发展途径和推进方式也必然具有自己的特点。"人口规模巨大是中国式现代化面临的基本国情和具有的首要特征。迄今为止，全世界实现现代化的国家和地区也就20多个，总人口10亿左右。我国在14亿多人口规模的基础上实现现代化，将使世界上迈入现代化的人口翻一番多，将彻底改写现代化的世界版图，在人类历史上是一件有深远影响的大事。

人口规模巨大，决定了我国现代化必须是高度自立自强而不能是依附他人的现代化，必须走自己的路。人口多，就业、住房、教育、医疗、社保等基本公共服务压力就大，也给现代化建设所需要的要素保障带来严峻压力。大有大的难处。正是有难处，而我们能够解决好，才能彰显中国特色社会主义制度的优越性。大也有大的优势。人口规模巨大创造了巨大的人口红利，支撑劳动和人力资本密集型产业发展，形成超大规模市场和超大规模经济体。

党的十八大以来，中国共产党立足新发展阶段、贯彻新发展理念、构建新发展格局、推动高质量发展，赋予中国式现代化一系列新的特征。组织实施了人类历史上规模空前、力度最大、惠及人口最多的脱贫攻坚战，全面消除绝对贫困，如期全面建成小康社会。积极推进以人为核心的新型城镇化，顺利实现1亿非户籍人口在城市落户目标，常住人口城镇化率达到64.7%。推动实现更加充分、更高质量的就业，建成世界上规模最大的教育体系、社会保障体系、医疗卫生体系，在幼有所育、学有所教、劳有所得、病有所医、老有所养、住有所居、弱有所扶上不断迈出新步伐、取得新进展。

二　全体人民共同富裕的现代化

习近平总书记在党的二十大报告中指出："中国式现代化是全体人民共同富裕的现代化。共同富裕是中国特色社会主义的本质要求，也是一个长期的历史过程。我们坚持把实现人民对美好生活的向往作为现代化建设的出发点和落脚点，着力维护和促进社会公平正义，着力促进全体人民共同富裕，坚决防止两极分化。"这精辟阐述了我们推进现代化的根本目的和鲜明指向，凸显了中国式现代化的社会主义性质。

共同富裕是中华民族千百年来的美好期盼，是中国共产党矢志不渝的奋斗目标。我们党对推动共同富裕一以贯之。毛泽东同志曾经指出："而这个富，是共同的富，这个强，是共同的强，大家都有份。"邓小平同志指出："社会主义最大的优越性就是共同富裕，这是体现社会主义本质的一个东西。""社会主义的本质，是解放生产力，发展生产力，消灭剥削，消除两极分化，最终达到共同富裕。"进入中国特色社会主义新时代，习近平总书记强调："共同富裕是社会主义的本质要求，是人民群众的共同期盼。我们推动经济社会发展，归根结底是要实现全体人民共同富裕。"党的十八大以来，以习近平同志为核心的党中央把握新发展阶段新变化，把逐步实现全体人民共同富裕摆在更加突出的位置，对共同富裕作出全面擘画、系统设计，明确了时间表、任务书、路线图，取得新成效。

实现共同富裕目标，首要的是要通过全国人民共同奋斗把"蛋糕"做大做好，然后通过合理的制度安排正确处理好增长和分配的关系，把"蛋糕"切好分好。必须更加自觉地贯彻以人民为中心的发展思想，顺应人民对美好生活的向往，奋力推进高质量发展，自觉主动解决地区差距、城乡差距、收入分配差距等问题，突出保障和改善民生，进一步完善分配制度，规范平台企业健康发展，加强反垄断，防止资本无序扩张，用心用情用力解决好人民群众的急难愁盼问题，推动全体人民共同富裕取得更为明显的实质性进展。

三　物质文明和精神文明相协调的现代化

习近平总书记在党的二十大报告中指出："中国式现代化是物质文明和精神文明相协调的现代化。物质富足、精神富有是社会主义现代化的根本要求。物质贫困不是社会主义，精神贫乏也不是社会主义。我们不断厚植现代化的物质基础，不断夯实人民幸福生活的物质条件，同时大力发展社会主义先进文化，加强理想信念教育，传承中华文明，促进物的全面丰富和人的全面发展。"

物质文明和精神文明，是人类认识世界、改造世界全部成果的总括和结晶。改革开放之初，中国共产党创造性地确定了物质文明和精神文明"两手抓、两手都要硬"的战略方针。中国式现代化的目标是促进物的全面丰富和人的全面发展。我们在推进现代化建设中，不仅强调解放和发展社会生产力、促进经济持续快速增长，而且认为精神文明是中国特色社会主义的题中应有之义。那种离开精神文明进步的单一物质文明发展，不是真正的社会主义现代化，不符合社会全面进步的要求。习近平总书记强调，当高楼大厦在我国大地上遍地林立时，中华民族精神的大厦也应该巍然耸立。中国式现代化与西方那种以资本为中心、两极分化、物质主义膨胀、对外扩张掠夺的现代化有着本质区别。

进入新发展阶段，习近平总书记指出，要以辩证的、全面的、平衡的观点正确处理物质文明和精神文明的关系，只有物质文明建设和精神文明建设都搞好，国家物质力量和精神力量都增强，全国各族人民物质生活和精神生活都改善，中国特色社会主义事业才能顺利向前推进。我们在推进现代化建设的过程中，必须把物质文明和精神文明相协调的重大原则要求贯穿始终。

四 人与自然和谐共生的现代化

习近平总书记在党的二十大报告中指出："中国式现代化是人与自然和谐共生的现代化。人与自然是生命共同体，无止境地向自然索取甚至破坏自然必然会遭到大自然的报复。我们坚持可持续发展，坚持节约优先、保护优先、自然恢复为主的方针，像保护眼睛一样保护自然和生态环境，坚定不移走生产发展、生活富裕、生态良好的文明发展道路，实现中华民族永续发展。"

人与自然的关系是人类社会最基本的关系。人与自然是生命共同体，无止境地向自然索取甚至破坏自然必然会遭到大自然的报复。西方现代化模式下，资本对利润无止境追逐，导致对自然无节制索取，在创造了极为丰裕的物质财富的同时，也带来了难以想象的环境创伤。20 世纪 30 年代至 60 年代发生的"世界八大公害事件"，以极其惨烈的代价给人类敲响了警钟。

人口规模巨大和现代化的后发性，决定了我国实现现代化将面临更强的资源环境约束。我国资源总量丰富，但人均资源占有量远低于世界平均水平。我国人均耕地面积不足世界平均水平的 50%，宜居程度较高的土地面积只占我国陆地国土面积的 19%；人均淡水资源量仅为世界平均水平的 25%，且时空分布极不均衡；油气、铁、铜等大宗矿产人均储量远低于世界平均水平，对外依存度高；人均森林面积仅为世界平均水平的 20%，近 50% 的木材依赖进口。人口众多、资源相对不足、环境承载力较弱的基本国情，决定了中国式现代化必须摒弃西方国家大量消耗资源能源、肆意破坏生态环境的现代化老路，努力走人与自然和谐共生的现代化新路，否则，我国的资源环境压力将难以承受。

习近平总书记指出："生态环境保护和经济发展是辩证统一、相辅相成的，建设生态文明、推动绿色低碳循环发展，不仅可以满足人民日益增长的优美生态环境需要，而且可以推动实现更高质量、更有效率、更加公平、更可持续、更为安全的发展，走出一条生产发展、生活富裕、生态良好的文明发展道路。"这从理论和实践层面阐明了人与自然和谐共生的关系，进一步丰富和拓展了中国式现代化的内涵和外延，为同步推进物质文明建设和生态文明建设、促进人与自然和谐共生的现代化指明了方向、提供了遵循。建设人与自然和谐共生的现代化，必须坚持节约资源和保护环境的基本国策，坚持节约优先、保护优先、自然恢复的方针，统筹产业结构调整、污染治理、生态保护、应对气候变化，协同推进降碳、减污、扩绿、增长，形成节约资源和保护环境的空间格局、产业结构、生产方式、生活方式，促进生态环境持续改善，实现中华民族永续发展。

五　走和平发展道路的现代化

习近平总书记在党的二十大报告中指出："中国式现代化是走和平发展道路的现代化。我国不走一些国家通过战争、殖民、掠夺等方式实现现代化的老路，那种损人利己、充满血腥罪恶的老路给广大发展中国家人民带来深重困难。我们坚定站在历史正确的一边、站在人类文明进步的一边，高举和平、发展、合作、共赢旗帜，在坚定维护世界和平与发展中谋求自身发展，又以自身发展更好维护世界和平与发展。"

"和而不同"是中华文化的内在特质。中华民族自古讲究"和为贵"，遵奉"和合"理念，对和平、和睦、和谐的追求深深植根于中华民族的精神世界之中。历史上，中华民族对外战略基本上都采取守势，即使是国势最盛时期也是开放吸纳而非开疆拓土，目的是保境安民、以包容求强大。鸦片战争后，中华民族遭受了前所未有的劫难，争取民族独立、人民解放、消除战争、实现和平，成为中国人民最迫切、最强烈的愿望。经过长期不懈奋斗，直到推翻三座大山、建立新中国，我们才拥有了建设自己国家、创造美好生活的和平环境。中国人民怕的是动荡，求的是稳定，盼的是天下太平，正是这种持久的追求和深沉的期盼构成了中国通过走和平发展道路实现现代化的不竭动力。

党的十八大以来，以习近平同志为核心的党中央统筹国内国际两个大局，积极推进中国特色大国外交，推动构建人类命运共同体，向世界展现了负责任的大国形象，我国国际影响力、感召力、塑造力显著提升。同时，必须清醒地看到，我国仍处于社会主义初级阶段的基本国情没有变，我国是世界上最大发展中国家的国际地位没有变，如期实现第二个百年奋斗目标、让有14亿多人口的中国整体迈入现代化行列，规模和难度世所罕见，必须毫不动摇地长期奋斗、持续发展。继续营造一个和平的外部环境，对实现中国的现代化目标至关重要。

当前，世界百年未有之大变局加速演进，但和平、发展、合作、共赢仍是时代潮流，世界各国相互联系、相互依存的程度空前加深，建设持久和平、共同繁荣的世界，是各国人民的共同愿望。长期以来，我们坚持对话而不对抗、结伴而不结盟，走出了一条通过合作共赢实现共同发展、和平发展的现代化道路。这条中国式现代化新道路，打破了"国强必霸"的大国崛起传统模式，提供了实现现代化的全新选择、全新方案。

第二节 中国式现代化的本质要求

中国式现代化的本质要求，切合中国实际，体现了社会主义建设规律和人类发展规律，展示了中国式现代化的国际贡献和中国共产党人的天下情怀，明确了全面建设社会主义现代化国家的奋斗方向，必须深刻领会、牢牢把握。

一 坚持中国共产党的领导

习近平总书记在党的二十大报告中着重强调，中国式现代化是中国共产党领导的社会主义现代化。中国共产党是中国式现代化沿着中国特色社会主义道路继往开来、持之以恒、一以贯之、赓续推进的可靠支撑，更是新时代中国式现代化创新发展、实现第二个百年奋斗目标的坚强保证。坚持中国共产党的领导，是中国式现代化最鲜明的特征和最突出的优势，是推进中国式现代化必须坚持的最高原则。党的领导决定中国式现代化的根本性质，党的领导确保中国式现代化锚定奋斗目标行稳致远，党的领导激发建设中国式现代化的强劲动力，党的领导凝聚建设中国式现代化的磅礴力量。

作为最高政治领导力量，我们党领导人民独立自主探索开辟出一条从深重苦难走向伟大复兴的光明大道，始终是风雨来袭时全体人民最可靠的主心骨。在夺取新民主主义革命伟大胜利后，完成社会主义革命和推进社会主义建设，进行改革开放和社会主义现代化建设。特别是党的十八大以来，在以习近平同志为核心的党中央坚强领导下，开创了中国特色社会主义新时代，全面打赢脱贫攻坚战，如期完成全面建成小康社会的历史任务，实现第一个百年奋斗目标，迈上全面建设社会主义现代化国家新征程。我们党团结带领人民不懈奋斗，用几十年时间走完了发达国家几百年走过的工业化历程，稳居世界第二大经济体，创造了世所罕见的经济快速发展和社会长期稳定两大奇迹，成为中等收入人口最多的国家和国际公认的最有安全感的国家之一。

二 坚持中国特色社会主义

习近平总书记在党的二十大报告中着重强调，科学社会主义在21世纪的中国焕发出新的蓬勃生机，我们要坚持对马克思主义的坚定信仰、对中国特色社会主义的坚定信念，坚定道路自信、理论自信、制度自信、文化自信。中国特色社会主义承载着几代中国共产党人的理想和探索，凝聚着亿万人民的奋斗和牺牲，是党和人民共同奋斗、创造、积累的根本成就。党和国家的长期实践充分证明，只有社会主义才能救中国，只有中国特色社会主义才能发展中国，这是历史的结论、人民的选择。中国特色社会主义是中国共产党和中国人民团结的旗帜、奋进的旗帜、胜利的旗帜，是加快推进社会主义现代化、实现中华民族伟大复兴的必由之路，是创造人民幸福美好生活的必由之路。我们是在中国共产党领导和社会主义制度的大前提下推进现代化进程，什么时候都不能忘记"社会主义"这个定语，什么时候都不能偏离"社会主义"这个大方向。社会主义制度决定了中国式现代化的基本性质和未来走向。新时代中国特色社会主义是我们党领导人民进行伟大社会革命的成果，也是我们党领导人民进行伟大社会革命的继续，必须一以贯之进行下去。

新时代新征程中，我们要毫不动摇坚持、与时俱进发展中国特色社会主义，不断丰富中国特色社会主义的实践特色、理论特色、民族特色、时代特色，更好把握国内外形势发展变化，更好贯彻党的理论和路线方针政策，不断推动党和国家各项事业迈向前进。做好新时代新征程经济工作，要紧紧立足基本国情，坚持以经济建设为中心，不断解放和发展社会生产力，坚持社会主义市场经济改革方向，坚持高水平对外开放，着力构建高水平社会主义市场经济体制，加快构建以国内大循环为主体、国内国际双循环相互促进的新发展格局，推动中国经济巨轮乘风破浪、行稳致远。

三 实现高质量发展

习近平总书记在党的二十大报告中着重强调,高质量发展是全面建设社会主义现代化国家的首要任务,并提出了构建高水平社会主义市场经济体制、建设现代化产业体系、全面推进乡村振兴、促进区域协调发展、推进高水平对外开放五个方面的重点工作。发展是党执政兴国的第一要务,没有坚实的物质技术基础,就不可能全面建成社会主义现代化强国。新时代十年来,我们提出并贯彻新发展理念,着力推进高质量发展,我国经济实力实现历史性跃升,迈上更高质量、更有效率、更加公平、更可持续、更为安全的发展之路。实践充分表明,推动高质量发展,是适应我国社会主要矛盾变化的必然要求,是贯彻新发展理念、促进经济社会持续健康发展的必由路径,是构建新发展格局、使我国发展立于不败之地的战略抉择。

着力提高全要素生产率。构建全国统一大市场,深化要素市场化改革,建设高标准市场体系。建设现代化产业体系,瞄准世界科技革命和产业变革方向,立足我国国情,积极推进新型工业化,加快建设制造强国、质量强国、航天强国、交通强国、网络强国、数字中国。坚持教育优先发展、科技自立自强、人才引领驱动,加快建设教育强国、科技强国、人才强国,着力造就拔尖创新人才。着力提升产业链供应链韧性和安全水平。坚持锻长板补短板相结合,推动先进制造业集群化发展,巩固优势产业领先地位,在产业链重要节点形成一批专精特新"小巨人"企业和单项冠军企业,在关系安全发展的领域补齐短板。提升产业链供应链数字化水平,推动供应链服务的快速定制、全程可视化,以及基于大数据分析的灵活响应。提升能源、原材料等战略性资源供应保障能力。着力推进城乡融合和区域协调发展。全面推进乡村振兴,建设宜居宜业和美乡村。加快农业转移人口市民化,推动农民工特别是新生代农民工融入城市,公平享有教育、就业、社会保障、医疗、住房保障等方面的基本公共服务。推动西部大开发形成新格局,推动东北全面振兴取得新突破,促进中部地区加快崛起,鼓励东部地区加快推进现代化。支持革命老区、民族地区加快发展,加强边疆地区建设,推进兴边富民、稳边固边。推进京津冀协同发展、长江经济带发展、长三角一体化发展,推动黄河流域生态保护和高质量发展。高标准、高质量建设雄安新区，推动成渝地区双城经济圈建设。推进以人为核心的新型城镇化，加快农业转移人口市民化。

四 发展全过程人民民主

习近平总书记在党的二十大报告中着重强调，人民民主是社会主义的生命，是全面建设社会主义现代化国家的应有之义。全过程人民民主是社会主义民主政治的本质属性，是最广泛、最真实、最管用的民主。人民对美好生活的向往，是我们的奋斗目标，是现代化建设的出发点和落脚点。从唯物史观看，实现人民对美好生活的向往，需要全体人民人人参与、人人尽力、人人享有。发展全过程人民民主，可以保障全体人民依法通过各种民主途径和形式管理国家事务，管理经济和文化事业，管理社会事务，使各方面制度和国家治理更好体现人民权益、激发人民创造活力。发展全过程人民民主，有利于更好发挥中国特色社会主义政治制度的优越性，能够为建设社会主义现代化强国巩固和发展生动活泼、安定团结的政治局面。

充分发挥人民代表大会制度在发展全过程人民民主中的重要制度载体作用。坚持党的领导、人民当家做主、依法治国有机统一，把党中央关于发展全过程人民民主的工作部署和各项举措落实到人大立法、监督、代表等各项工作中。落实宪法法律关于民主的相关制度机制，用科学有效、系统完备的人民当家做主制度体系保证宪法法律确立的制度、原则、规则得到全面实施，把宪法法律赋予的职权用起来，维护国家法治统一、尊严、权威。完善中国特色社会主义法律体系，以良法促进发展、保障善治。切实加强人大监督，实行正确监督、有效监督、依法监督，确保法律法规得到有效实施，确保行政权、监察权、审判权、检察权依法正确行使，积极回应人民关切。充分发挥人大代表作用，做到民有所呼、我有所应，保持同人民的密切联系，倾听人民的意见和建议，接受人民监督，加强代表工作能力建设，努力为人民服务。完善人大的民主民意表达平台，把各方面社情民意统一于最广大人民的根本利益之中，广泛凝聚推动中国特色社会主义事业发展的正能量。强化政治机关意识，努力打造政治坚定、服务人民、尊崇法治、发扬民主、勤勉尽责的人大工作队伍，为发展全过程人民民主、保障人民当家做主作出新贡献。

五　丰富人民精神世界

习近平总书记在党的二十大报告中着重强调，中国式现代化是物质文明和精神文明相协调的现代化。物质富足、精神富有是社会主义现代化的根本要求。物质贫困不是社会主义，精神贫乏也不是社会主义。人无精神不立，国无精神不强。精神是一个民族赖以长久生存的灵魂，唯有精神上达到一定的高度，这个民族才能在历史的洪流中屹立不倒、奋勇向前。丰富人民的精神世界将为奋进新征程、建功新时代提供坚强的思想保证、强大的精神动力、丰润的道德滋养和良好的文化条件。

"全面建设社会主义现代化国家，必须坚持中国特色社会主义文化发展道路，增强文化自信，围绕举旗帜、聚民心、育新人、兴文化、展形象建设社会主义文化强国，发展面向现代化、面向世界、面向未来的，民族的科学的大众的社会主义文化，激发全民族文化创新创造活力，增强实现中华民族伟大复兴的精神力量。"这一重要论述指明了建设社会主义文化强国的政治要求、努力方向、实现路径和奋斗目标，为丰富人民精神世界的理论和实践提供了根本遵循。建设社会主义文化强国，必须坚持中国特色社会主义文化发展道路，必须坚持马克思主义在意识形态领域指导地位的根本制度，必须牢牢掌握党对意识形态工作的领导权。要建设具有强大凝聚力和引领力的社会主义意识形态，广泛践行社会主义核心价值观，提高全社会文明程度，繁荣发展文化事业和文化产业，增强中华文明传播力影响力。培育造就大批德艺双馨的文学艺术家和规模宏大的文化文艺人才队伍，坚持把社会效益放在首位、社会效益和经济效益相统一，深化文化体制改革，完善文化经济政策，实施国家文化数字化战略，健全现代公共文化服务体系，创新实施文化惠民工程，健全现代文化产业体系和市场体系，实施重大文化产业项目带动战略。

六　实现全体人民共同富裕

习近平总书记在党的二十大报告中着重强调，我们要实现好、维护好、发展好最广大人民根本利益，紧紧抓住人民最关心最直接最现实的利益问题，坚持尽力而为、量力而行，深入群众、深入基层，采取更多惠民生、暖民心举措，着力解决好人民群众急难愁盼问题，健全基本公共服务体系，提高公共服务水平，增强均衡性和可及性，扎实推进共同富裕。实现全体人民共同富裕是社会主义的本质要求，是以人民为中心的发展思想的集中体现。全体人民共同富裕既是全体人民的共同勤劳致富，又是物质文明和精神文明都富裕，不是少数人富裕，也不是平均主义。实现全体人民共同富裕是对马克思主义"以所有的人富裕为目的"的赓续传承和"人的全面发展思想"的现代阐释，是适应社会主要矛盾变化的必然要求，充分彰显了共产党人为人民谋幸福的初心使命。

发挥好初次分配的基础性作用，努力提高居民收入在国民收入分配中的比重，提高劳动报酬在初次分配中的比重。扩大高校毕业生、技术工人、中小微企业和个体工商户从业者等中等收入群体。完善按要素分配政策制度，拓宽财产性收入渠道，增加技术、管理和知识要素收入，构建数据要素收益分配机制。加大税收、社会保障、转移支付等的调节力度，促进基本公共服务均等化，规范收入分配秩序。建立健全第三次分配机制，支持有意愿有能力的企业、社会组织和个人积极参与公益慈善事业，探索公益慈善活动的有效实现形式，完善公益慈善事业政策法规体系和社会文化环境。

七 促进人与自然和谐共生

习近平总书记在党的二十大报告中着重强调，尊重自然、顺应自然、保护自然，是全面建设社会主义现代化国家的内在要求。自然界是人类生存的基础，"五位一体"总体布局中生态文明建设是基础，促进人与自然和谐共生在现代化建设中具有基础性作用。我国是有着14亿多人口的发展中大国，只有坚持人与自然和谐共生，才能更好地承载我国人口规模巨大的现代化。良好的生态环境是最普惠的民生福祉。促进人与自然和谐共生，就是要注重同步推进物质文明建设和生态文明建设，为实现中国式现代化提供可持续的发展基础。坚持人与自然和谐共生，实质上抛弃了人对自然的掠夺性思维，摒弃了资本主义现代化"先污染后治理"的老路，这是更广意义上的和平发展之路。

推动经济社会发展绿色化低碳化，积极稳妥推进碳达峰、碳中和，推动能源消耗总量和强度调控逐步转向碳排放总量和强度"双控"制度，加快节能降碳先进技术研发和推广应用，提升经济发展的"含绿量"，降低

"含碳量"。深入推进环境污染防治，坚持精准治污、科学治污、依法治污，保持力度、延伸深度、拓宽广度，持续深入打好蓝天、碧水、净土保卫战。切实维护生态环境安全，以国家重点生态功能区、生态保护红线、自然保护地等为重点，加快实施重要生态系统保护和修复重大工程，推进以国家公园为主体的自然保护地体系建设，实施生物多样性保护重大工程，加强生物安全管理，防治外来物种侵害，提升生态系统多样性、稳定性、持续性，守住自然生态安全边界。健全现代环境治理体系，深入推进中央生态环境保护督察，全面实行排污许可证，完善支持绿色发展的财税、金融、投资、价格政策和标准体系。积极推动全球可持续发展，对外宣介习近平生态文明思想，讲好中国生态文明故事，让生态为民的中国理念、中国方案、中国行动走向世界。积极推动绿色"一带一路"建设，不断深化南南合作以及周边国家合作，共同实现联合国2030年可持续发展目标。

八　推动构建人类命运共同体

习近平总书记在党的二十大报告中着重强调，构建人类命运共同体是世界各国人民前途所在。以和平方式实现国家发展和民族复兴，是中国式现代化的显著特征。万物并育而不相害，道并行而不相悖。只有各国行天下之大道，和睦相处、合作共赢，繁荣才能持久，安全才有保障。当前，世界百年未有之大变局加速演进，世界之变、时代之变、历史之变的特征更加明显，推进中国式现代化进程必须坚持胸怀天下，统筹好"两个大局"，高举和平、发展、合作、共赢旗帜，在坚定维护世界和平与发展中谋求自身发展，又以自身发展更好维护世界和平与发展，促进中国与世界的良性互动，共建持久和平、普遍安全、共同繁荣、开放包容、清洁美丽的世界。

坚定奉行独立自主的和平外交政策，推动构建新型国际关系。同各国人民一道探索全人类共同价值的实现形式，推动各国坚持相互尊重、公平正义、合作共赢原则，共同走和平发展道路，走对话而不对抗、结伴而不结盟的国与国交往新路。坚持真正的多边主义，推动全球治理朝着更加公正合理的方向发展。积极参与全球治理体系改革和建设，践行共商共建共享的全球治理观，促进各国权利平等、机会平等、规则平等。在和平共处五项原则基础上同各国发展友好合作，深化拓展平等、开放、合作的全球伙伴关系。不断完善全方位、多层次、立体化外交布局，致力于扩大同各国利益的汇合点，推动建立基于共同利益和共同追求的伙伴关系，建立共同而非排他的朋友圈。坚定奉行互利共赢的开放战略，促进世界共同发展。坚持对外开放的基本国策，以高水平对外开放助力构建新发展格局、实现高质量发展，以中国新发展为世界提供新机遇。深化文明交流互鉴，增进各国相互理解与信任。坚持世界是丰富多彩的、文明是多样多元的，弘扬全人类共同价值，倡导平等、互鉴、对话、包容的文明观，促进各国人民相知相亲，推动建设开放包容、美美与共的世界。

九　创造人类文明新形态

习近平总书记在党的二十大报告中着重强调，我们真诚呼吁，世界各国尊重世界文明多样性，以文明交流超越文明隔阂、文明互鉴超越文明冲突、文明共存超越文明优越，共同应对各种全球性挑战。人类社会的发展过程，就是各种文明不断交流、融合、创新的过程。现代化极大推进了人类文明的演进进程，在为文明发展提供舞台的同时，也使各种文明接受现代化的冲击和洗礼。只有那些具有划时代意义的现代化成功实践，才可能创造出人类文明新形态。肇始于欧洲、在生产资料私人占有基础上发展起来的资本主义，使一些西方国家实现了现代化，但未能给拥有5000年悠久历史的中国提供可行的现代化之路。新中国成立后，党领导人民沿着社会主义道路开始了艰难曲折的现代化探索。改革开放以后，中国特色社会主义道路成功引领中国实现了从站起来到富起来的伟大飞跃。

中国共产党领导人民在中国特色社会主义伟大实践中创造的人类文明新形态，对于中华民族和整个世界的发展进步都具有重要的现实意义和深远的历史意义。我们党领导人民创造的人类文明新形态，是继历史上诸多文明创造之后，中华民族又一次伟大的文明创造，在人类文明谱系中放射出耀眼的光芒，走在世界文明进步潮流的前列。中国共产党带领人民创造的人类文明新形态，坚持发展为了人民、发展依靠人民、发展成果由人民共享，明确了人民群众是历史发展和社会进步的主体力量，超越了西方统治阶级和人民群众的割裂对立，为解决人类发展问题提供了新的智慧。人类文明新形态是马克思主义基本原理同中国具体实际相结合、同中华优秀传统文化相结合并在实践中探索形成的伟大成果。创造人类文明新形态，意味着中国共产党人不仅善于破坏一个旧世界，而且善于建设一个新世界，使马克思主义的科学性和真理性、人民性和实践性、开放性和时代性进一步彰显，开辟了科学社会主义新境界。人类在追求文明进步的长期探索中，形成了诸多共同价值。中国共产党领导人民创造的人类文明新形态，打破了文明形态的"西方中心论"，为实现人类千百年来共同追求的价值提供了新的路径、智慧和启迪。

第三节　中国式现代化的重大原则

习近平总书记在党的二十大报告中指出："全面建设社会主义现代化国家，是一项伟大而艰巨的事业，前途光明，任重道远。"前进道路上，推进中国式现代化，总结历史和现实经验，遵循客观发展规律，必须牢牢把握以下重大原则。

一　坚持和加强党的全面领导

中国共产党领导是党和国家的根本所在、命脉所在，是全国各族人民的利益所系、命运所系。党政军民学，东西南北中，党是领导一切的。中国特色社会主义最本质的特征是中国共产党领导，中国特色社会主义制度的最大优势是中国共产党领导，中国共产党是最高政治领导力量。中国人民和中华民族之所以能够扭转近代以后的历史命运、取得伟大成就，最根本的是有中国共产党的坚强领导。历史和现实都证明，没有中国共产党，就没有新中国，就没有中华民族伟大复兴。坚持和加强党的全面领导，关系党和国家前途命运，我们的全部事业都建立在这个基础上，都根植于这个最本质特征和最大优势。在坚持党的领导这个重大原则问题上，绝不能有丝毫含糊和动摇，绝不能犯原则性、方向性甚至颠覆性错误。

坚持和加强党的全面领导，最根本的是深刻领悟"两个确立"的决定性意义，坚决做到"两个维护"。党确立习近平同志党中央的核心、全党的核心地位，确立习近平新时代中国特色社会主义思想的指导地位；坚决维护习近平同志党中央的核心、全党的核心地位，坚决维护党中央权威和集中统一领导。"两个维护"是我们党的最高政治原则，"两个确立"是新时代十年来我们党取得的最重要的政治成果。"两个确立"本质上是维护党和国家的最高利益,必须把对"两个确立"决定性意义的深刻领悟,切实转化为坚决做到"两个维护"的高度自觉,不断提升政治判断力、政治领悟力、政治执行力,全面贯彻习近平新时代中国特色社会主义思想,始终在思想上政治上行动上同以习近平同志为核心的党中央保持高度一致。

坚持和加强党的全面领导,必须把党的领导落实到社会主义现代化建设各领域各方面各环节。党的领导是全面的、系统的、整体的,是对各类机构、各种组织、各项事业的全覆盖领导,是对各个地方、各个领域、各个方面工作的全方位领导,是对改革发展稳定、内政外交国防、治党治国治军的全过程领导。实践告诉我们,坚持和加强党中央集中统一领导是做好党和国家工作的根本保证,是我国政治清明、经济发展、民族团结、社会稳定的根本点。坚持和加强党的全面领导,归根到底就是要充分发挥党的领导政治优势,推动党对社会主义现代化的领导在职能配置上更加科学合理,在体制机制上更加完备完善,在运行管理上更加高效,不断提高党把方向、谋大局、定政策、促改革的能力和定力,确保全党在党的旗帜下团结成"一块坚硬的钢铁",步调一致向前进。

二 坚持中国特色社会主义道路

方向决定道路,道路决定命运。中国特色社会主义道路是创造人民美好生活、实现中华民族伟大复兴的康庄大道。党的十八大以来,以习近平同志为核心的党中央准确把握中国特色社会主义历史新方位、时代新变化、实践新要求,科学回答了当今时代和当代中国发展提出的一系列重大理论和实践问题,创造了新时代中国特色社会主义的伟大成就,推动我国迈上全面建设社会主义现代化国家新征程。实践充分证明,只有中国特色社会主义道路而没有别的道路能够引领中国进步、增进人民福祉、实现民族复兴。这条道路我们看准了、认定了,必须坚定不移走下去,不为任何风险所惧,不为任何干扰所惑,真正做到"千磨万击还坚劲,任尔东西南北风"。

找到一条好的道路不容易,走好这条道路更不容易。坚定不移走中国特色社会主义道路。中国共产党坚持和发展中国特色社会主义,推动物质文明、政治文明、精神文明、社会文明、生态文明协调发展,成功走出了中国式现代化道路,创造了人类文明新形态,从根本上改变了中国人民的前途命运,也为解决人类面临的共同问题提供了更多更好的中国智慧、中国方案、中国力量。走符合中国国情的正确道路,党和人民就具有无比广阔的舞台,具有无比深厚的历史底蕴,具有无比强大的前进定力。必须坚持以经济建设为中心,坚持四项基本原则,坚持改革开放,坚持独立自主、自力更生,坚持道不变、志不改,既不走封闭僵化的老路,也不走改旗易帜的邪路,把国家和民族发展放在自己力量的基点上,把中国发展进步的命运牢牢掌握在自己手中,把我国建设成为富强民主文明和谐美丽的社会主义现代化强国。

三　坚持以人民为中心的发展思想

坚持发展为了人民,把人民对美好生活的向往作为奋斗目标。增进民生福祉是我们坚持立党为公、执政为民的本质要求,让老百姓过上好日子是我们一切工作的出发点和落脚点。中国共产党的根基在人民、血脉在人民、力量在人民,人民是党执政兴国的最大底气。中国共产党没有任何自己特殊的利益,从来不代表任何利益集团、任何权势集团、任何特殊阶层的利益,这是立于不败之地的根本所在。在全面建设社会主义现代化国家进程中,必须始终牢记江山就是人民、人民就是江山,必须始终把人民放在心中最高位置,始终全心全意为人民服务,始终与人民有福同享、有难同当,有盐同咸、无盐同淡,始终为人民利益和幸福而努力奋斗。坚持一切为了人民、一切依靠人民,坚持发展为了人民、发展依靠人民、发展成果由人民共享,坚定不移走共同富裕道路,确保现代化建设成果更多更公平惠及全体人民。

坚持发展依靠人民,紧紧依靠人民创造历史伟业。人民是历史的创造者,是决定党和国家前途命运的根本力量。在革命、建设、改革的伟大历史进程中,中国共产党紧紧依靠人民跨过了一道又一道沟坎、取得了一个又一个胜利。新民主主义革命时期,人民群众是党和人民军队的铜墙铁壁;社会主义革命和建设的伟大成就是人民群众干出来的;改革开放的历史伟剧是亿万群众主演的;中华民族迎来从站起来、富起来到强起来的伟大飞跃,是党和人民一道拼出来、干出来、奋斗出来的。时代是出卷人,我们是答卷人,人民是阅卷人。必须坚持把人民拥护不拥护、赞成不赞成、高兴不高兴、答应不答应作为衡量一切工作得失的根本标准，始终同人民想在一起、干在一起，充分调动广大人民的积极性、主动性、创造性，发挥亿万人民的创造伟力。

四　坚持深化改革开放

改革开放是决定当代中国命运的关键一招。党的十一届三中全会开启了改革开放和社会主义现代化建设的新时期，我们党坚持改革开放，带领全国各族人民以一往无前的进取精神和波澜壮阔的创新实践，取得了举世瞩目的经济快速发展和社会长期稳定的奇迹。党的十八大以来，以习近平同志为核心的党中央高举改革开放伟大旗帜，坚持改革正确方向，开创了我国改革开放新局面，党和国家事业发生了全方位、开创性、深层次、根本性变革，全面深化改革已经成为当代中国最鲜明的特色，扩大对外开放已经成为当代中国最鲜明的标识。

推进国家治理治理体系和治理能力现代化。全面建设社会主义现代化国家、全面推进中华民族伟大复兴，动力在于全面深化改革开放。必须以维护社会公平正义、增进民生福祉为出发点和落脚点，突出问题导向，聚焦进一步解放思想、解放和发展社会生产力、解放和增强社会活力，深入推进改革创新，坚定不移扩大开放，准确识变、科学应变、主动求变，着力破解深层次体制机制障碍，不断彰显中国特色社会主义制度优势，不断增强社会主义现代化建设的动力和活力，把我国制度优势更好转化为国家治理效能。

推进高水平对外开放。习近平总书记强调："中国开放的大门不会关闭，只会越开越大！"党的十八大以来，以习近平同志为核心的党中央实施更加主动的开放战略，推动共建"一带一路"成为深受欢迎的国际公共产品和国际合作平台，我国货物贸易总额世界第一，吸引外资和对外投资居世界前列。我国过去经济发展是在开放条件下取得的，未来经济发展也必须在更加开放的条件下进行。构建新发展格局是开放的国内国际双循环，必须坚持对外开放基本国策，依托我国超大规模市场优势，增强国内国际两个市场两种资源联动效应，稳步扩大制度型开放，营造市场化、法治化、国际化一流营商环境，推动共建"一带一路"高质量发展，以高水平对外开放打造国际合作和竞争新优势。

五　坚持发扬斗争精神

敢于斗争、敢于胜利，是党和人民不可战胜的强大精神力量。党和人民取得的一切成就，不是别人恩赐的，而是通过不断斗争取得的。建立中国共产党、成立中华人民共和国、实行改革开放、推进新时代中国特色社会主义事业，都是在斗争中诞生、在斗争中发展、在斗争中壮大的。为了人民、国家、民族，无论敌人如何强大、道路如何艰险、挑战如何严峻，我们党总是绝不畏惧、绝不退缩，不怕牺牲、百折不挠。新时代坚持和发展中国特色社会主义是一项长期而艰巨的历史任务，我们党要团结带领人民有效应对重大挑战、抵御重大风险、克服重大阻力、解决重大矛盾，必须敢于斗争、善于斗争。

我们比历史上任何时候都更接近、更有信心和能力实现中华民族伟大复兴的目标。同时，必须清醒地认识到，中华民族伟大复兴绝不是轻轻松松、敲锣打鼓就能实现的，前进道路上仍然存在可以预料和难以预料的各种风险挑战，各种"黑天鹅""灰犀牛"事件随时可能发生。必须把握好我国发展面临的新的历史特点，统筹把握好新的战略机遇、新的战略任务、新的战略阶段、新的战略要求、新的战略环境，下好先手棋、打好主动仗，发扬斗争精神，增强斗争本领，增强全党全国各族人民的志气、骨气、底气，不信邪、不怕鬼、不怕压，知难而进、迎难而上，统筹发展和安全，全力战胜前进道路上的各种困难和挑战，依靠顽强斗争打开事业发展新天地。

第四节　中国式现代化要处理好的重大关系

推进中国式现代化是一个系统工程，需要统筹兼顾、系统谋划、整体推进，正确处理好顶层设计与实践探索、战略与策略、守正与创新、效率与公平、活力与秩序、自立自强与对外开放等一系列重大关系。

一　顶层设计与实践探索的关系

顶层设计与实践探索是辩证统一的。顶层设计以实践探索为基础，其优势在于牢牢把握前进方向、科学制定战略规划；实践探索以顶层设计为指导，其特点在于解决实际问题、总结成功经验。不谋万世者，不足谋一时；不谋全局者，不足谋一域。党的二十大报告深刻阐述了中国式现代化的中国特色、本质要求、重大原则，这是推进中国式现代化的顶层设计。中国式现代化是分阶段、分领域推进的。实现各阶段发展目标，落实各领域发展战略，同样需要进行顶层设计，做好系统谋划。习近平总书记指出："进行顶层设计，需要深刻洞察世界发展大势，准确把握人民群众的共同愿望，深入探索经济社会发展规律，使制定的规划和政策体系体现时代性、把握规律性、富于创造性，做到远近结合、上下贯通、内容协调。"推进中国式现代化是一个探索性事业，还有许多未知领域，需要我们在实践中大胆探索，通过改革创新来推动事业发展，决不能刻舟求剑、守株待兔。各地区各部门要结合各自具体实际开拓创新，特别是在前沿实践、未知领域，鼓励大胆探索、敢为人先，寻求有效解决新矛盾新问题的思路和办法，努力创造可复制、可推广的新鲜经验。

二　战略与策略的关系

战略问题是一个政党、一个国家的根本性问题。正确运用战略策略是中国共产党创造辉煌历史、成就千秋伟业、战胜各种风险挑战、不断从胜利走向胜利的成功秘诀。推进中国式现代化必须把这一成功秘诀总结好、运用好。要增强战略的前瞻性，准确把握事务发展的必然趋势，敏锐洞悉前进道路上可能出现的机遇和挑战，以科学的战略预见未来、引领未来；增强战略的全局性，谋划战略目标、制定战略举措、作出战略部署，都要着眼于解决事关党和国家事业兴衰成败、牵一发而动全身的重大问题；增强战略的稳定性，战略一经形成，就要长期坚持、一抓到底、善作善成，不要随意改变。策略是在战略指导下为战略服务的，是战略实施的科学方法。战略和策略是辩证统一的关系，战略是从全局、长远、大势上作出判断和决策，策略是在战略指导下为战略服务的，正确的战略需要正确的策略来落实。要把战略的原则性和策略的灵活性有机结合起来，灵活机动、随机应变、临机决断，在因地制宜、因势而动、顺势而为中把握战略主动。

三 守正与创新的关系

守正创新是中国共产党在新时代治国理政中的重要思维方法。守正和创新相辅相成,体现了变与不变、继承与发展、原则性与创造性的辩证统一。守正不是墨守成规、一成不变,创新不是无本之木、无源之水。只有在创新基础上的守正,才不会偏离方向,才能根深叶茂、源远流长。坚持守正与创新的辩证统一,以守正为创新凝心铸魂,以创新为守正注入活力,就能始终沿着正确的方向推动中国式现代化行稳致远。守正才能不迷失方向、不犯颠覆性错误,创新才能把握时代、引领时代。中国式现代化的探索就是一个在继承中发展、在守正中创新的历史过程。在推进中国式现代化的新征程上,首先要守好中国式现代化的本和源、根和魂,毫不动摇坚持中国式现代化的中国特色、本质要求、重大原则,确保中国式现代化的正确方向。同时要把创新摆在国家发展全局的突出位置,顺应时代发展要求,着眼于解决重大理论和实践问题,积极识变应变求变,大力推进改革创新,不断塑造发展新动能新优势,让创新在全社会蔚然成风。

四 效率与公平的关系

公平要建立在效率的基础上,效率也要以公平为前提才能得以持续。处理好效率与公平的关系,就要做到统筹兼顾、有机结合。只有处理好效率与公平的关系,在做大蛋糕的同时分好蛋糕,才能让现代化建设成果更多更公平惠及全体人民。中国式现代化是全体人民共同富裕的现代化,既要创造比资本主义更高的效率,又要更有效地维护社会公平,更好实现效率与公平相兼顾、相促进、相统一。要坚持和完善社会主义基本经济制度,毫不动摇巩固和发展公有制经济,毫不动摇鼓励、支持、引导非公有制经济发展,充分发挥市场在资源配置中的决定性作用,更好发挥政府作用,构建全国统一大市场,深化要素市场化改革,建设高标准市场体系,营造市场化、法治化、国际化一流营商环境,着力提高全要素生产率,加快建立以权利公平、机会公平、规则公平为主要内容的社会公平保障体系,保证人民平等参与、平等发展权利,扎实推进全体人民共同富裕取得更为明显的实质性进展。

五　活力与秩序的关系

一个现代化的社会，应该既充满活力又拥有良好秩序，呈现出活力和秩序的有机统一。健康、良好的社会秩序是社会焕发活力的前提和保障，社会活力的奔涌则会进一步促进社会秩序的提升，活力和秩序两者相辅相成、辩证统一。中国式现代化应当实现、能够实现活而不乱、活跃有序的动态平衡。要深化各方面的体制机制改革，充分释放全社会创造潜能，鼓励科学家、企业家、艺术家等各方面人才特别是青年人才创新创造。要采取切实有效的措施解决不愿担当、不敢担当、不善担当等问题，充分调动广大党员干部干事创业的积极性。要形成劳动创造财富、实干创造业绩、奋斗创造幸福的正确导向，充分激发全社会创造活力。充分调动人民群众的积极性、主动性、创造性，让创新创造的活力充分涌流、竞相迸发，是我们攻克一个又一个难关、创造一个又一个人间奇迹的重要原因。要统筹发展和安全，贯彻总体国家安全观，健全国家安全体系，增强维护国家安全的能力，坚定维护国家政权安全、制度安全、意识形态安全和重点领域安全。实现社会有序运行与社会活力迸发相统一、相协调，确保人民安居乐业、社会安定有序、国家长治久安。

六　自立自强与对外开放的关系

推进中国式现代化必须坚持独立自主、自立自强，坚持把国家和民族发展放在自己力量的基点上，坚持把我国发展进步的命运牢牢掌握在自己手中。要加快构建新发展格局，夯实我国经济发展的根基、增强发展的安全性稳定性，增强我国的生存力、竞争力、发展力、持续力。核心关键技术"等不到""要不来"，在建设中国式现代化征程中必须坚持创新创造。要通过更大范围、更深层次、更高水平集聚科技资源和人才资源，推动科技强国建设。要健全新型举国体制，强化国家战略科技力量，加快科技自立自强步伐，努力破解"卡脖子"问题。要不断扩大高水平对外开放，深度参与全球产业分工和合作，用好国内国际两种资源，拓展中国式现代化的发展空间。

第四章　中国式现代化的世界影响

在全世界最大的发展中国家推进现代化建设，注定是一项创造历史的伟大事业。新征程上，中国式现代化的每一步跨越都将产生世界性影响。现在，全球进入现代化的国家也就 20 多个，总人口 10 亿左右。中国 14 亿多人口实现现代化，将使世界上迈入现代化的人口翻一番多，彻底改写现代化的世界版图，打破"现代化＝西方化"的迷思，为发展中国家走向现代化提供新的路径，为人类对更好社会制度的探索提供中国方案，并最终创造人类文明新形态。

第一节　中国改写世界现代化版图

当今世界正处在"百年未有之大变局"。发展中国家群体性崛起，逐渐迈入现代化发展快车道。如果说 18 世纪英国工业革命开启现代化时人口是千万级的，20 世纪美国领跑现代化时人口是上亿级的，那么 21 世纪以来，中国要实现的现代化将是 10 亿级的超大人口规模现代化。事实上，当今世界有 200 多个国家和地区、80 亿总人口。但其中实现工业化的国家也就 20 多个，总人口 10 亿左右。中国式现代化的"惊人一跃"，将超过几个世纪以来全球所有国家和地区现代化的人口总和，必将重新改写世界现代化版图。

中国在过去几千年的历史长河中，一直都是世界现代化版图的中心，无论是经济实力、科技水平还是文化影响力，都具有不可磨灭的光辉地位。秦横扫六国，在中国历史上第一次完成了统一，极大地促进了生产力的发展；建立了中央集权制度，奠定了中国各朝各代的政治基础；统一了货币、文字、度量衡、车轨，极大地促进了古代中国的经济文化发展。

汉朝打通了西域路道和海路，开启了西方世界的商贸新纪元。张骞出使西域、打通丝绸之路，与中亚、西亚、南亚以及阿拉伯、欧洲地区建立经济文化往来。汉朝的丝绸、铁器、造纸术、冶金技术等传播至欧洲地区，中亚地区出土的汉代铜镜、南西伯利亚出土的铁器玉器、朝鲜半岛出土的汉代璧玉，都印证了汉朝祖先走向世界的历史。在此阶段，西方的珠宝、玻璃、宗教等也沿丝绸之路进入中国。

隋唐时期对外开放和丝路贸易达到顶峰。隋炀帝时期派遣使者前往百济、日本、罽宾国（今克什米尔）、摩揭陀国（今印度比哈尔邦南部）、史国（今乌兹别克斯坦共和国南部）、波斯（今伊朗）等国。唐朝时期鼓励外商到广州贸易，在马来半岛的随和罗、赤土、哥罗、狼牙修、室利佛逝（今印尼苏门答腊）、堕婆登（在今印尼苏门答腊）、诃陵（今印尼爪哇），南亚的狮子国（今斯里兰卡）、天竺（今印度），西亚的波斯等国都和唐朝进行朝贡贸易。各国遣唐使、留学生、商人等在中外商贸、文化交流中发挥了重要作用。唐朝也派遣玄奘、义净前往天竺取经，鉴真大师东渡日本传播中华文化。

宋元时期中国是当时世界上的贸易强国，贸易范围扩展到了西亚、北非以及欧洲等地，指南针、印刷术、火药、航海技术等进一步向西方传播，对世界经济、科技和文化的发展起到了重大的推动作用。明清时期，国力由盛及衰，沿海地区不断受到倭寇袭扰，但仍然有郑和七下西洋的壮举。但随着后期面临葡萄牙、西班牙等早期西方殖民者的入侵，对外贸易优势逐渐失去，日益远离了世界经济中心。

中国人一直都有"大国情结"，因为这个国家曾领先世界上千年，后因内忧外患跌入低谷。中国共产党的成立，给中华民族伟大复兴带来了希望。经过长达百年的奋斗，中国正在重返世界舞台中央，重新构建现代化的世界版图。建党百年来，我们夺取了新民主主义革命的伟大胜利，完成了社会主义革命和推进社会主义建设，持续不断地推进改革开放和社会主义现代化建设。党的十八大开创了中国特色社会主义新时代，脱贫攻坚战取得全面胜利，GDP稳居世界第二，"一带一路"建设成果丰硕，人类命运共同体理念深入人心。党的二十大报告指出，要全面建成社会主义现代化强国，从2020年到2035年基本实现社会主义现代化，从2035年到21世纪中叶把我国建成富强民主文明和谐美丽的社会主义现代化强国。届时，将拥有超过8亿的中等收入群体、14亿现代化人口的超大规模市场，给世界经济发展提供更多的机遇，改写世界现代化版图，使中国重新成为世界舞台的中心。

第二节 打破了"现代化＝西方化"的迷思

从现代历史的发展进程来看，以工业革命为代表的一系列技术变革是改变生产力、塑造生产关系、实现社会变迁的重大推动力量。抓住工业革命契机的国家往往会在随后的较长时间内成为世界上最发达、最现代化的国家，并对世界现代化格局产生重要影响。

第一次工业革命开始于18世纪60年代，以蒸汽机的发明和运用为代表，最早发源于英国英格兰地区，随后逐渐影响到法国、美国、德国等国家。工业革命的产生极大地提升了上述诸国的生产力，随着生产力量的革新，在政治、思想、市场等方面也产生了一系列的变革，并促进了近代城市化的兴起。工业革命发生后，英国等国家一跃成为世界上最发达（现代化）的国家，掌握着最先进的生产力，封建主义让渡于资本主义，市场由区域性市场转向全球化市场。

第二次工业革命开始于19世纪中期，以电力的发现和广泛应用为代表。不同于第一次工业革命首先发生在英国，第二次工业革命在美、德、英、法、日等国家同步开展。相较于第一次工业革命中大放异彩的蒸汽机，以电力驱动的器械表现出远高于以蒸汽为推动力的器械的生产力和生产效率，以此衍生的内燃机械和无线电报则进一步强化了交通、石油、化工、电讯等行业。资本主义实力在这一阶段得到进一步扩充，德、英、美、日等各资本主义国家逐渐向帝国主义阶段演进。

回顾过去世界现代化的简要历程不难发现，工业革命均发生在西方资本主义国家，这也使得这些国家在一段时期内成为世界上最现代化的国家，长期垄断了世界现代化的话语权。因此，一段时间内"现代化＝西方化"的迷思也被越来越多的人所熟知，甚至一些在非殖民化进程中获得解放的国家，通过模仿甚至照搬发达国家的现代化发展模式，冀望实现经济社会的快速发展，但却因经济基础、自然条件、宗教差异、民族文化等走向失败。

2022年7月，习近平总书记在省部级主要领导干部"学习习近平总书记重要讲话精神，迎接党的二十大"专题研讨班上的重要讲话中指出：

"世界上既不存在定于一尊的现代化模式,也不存在放之四海而皆准的现代化标准。我们推进的现代化,是中国共产党领导的社会主义现代化,必须坚持以中国式现代化推进中华民族伟大复兴。"

习近平总书记在党的二十大报告中进一步明确指出:"中国式现代化,是中国共产党领导的社会主义现代化,既有各国现代化的共同特征,更有基于自己国情的中国特色。"

相较于西方国家"串联式"的现代化历程,在200多年的岁月里逐步实现了工业化、城镇化、农业现代化、信息化。我国需要在不到100年的时间内,以"并联式"的发展模式,同步推进中国式现代化的叠加发展。这就要求中国式现代化必须紧紧围绕中国国情、中国实际,以"中国式"而非"西方式"的方法来建设社会主义现代化国家。具体来看,与"西方式"现代化相比,中国的现代化具有如下五个特点。

一是人口规模巨大的现代化。人口规模巨大是我国最基础、最根本的基本国情,根据第七次全国人口普查公开数据,全国总人口已超过14.4亿人。中国式现代化,即14亿多人口整体迈入现代化,这是人类历史上前所未有的伟大壮举,没有可供直接照抄照搬的模式和经验,一切都需要在摸索中艰难前进。当今世界,全世界实现现代化的国家也就20多个,总人口10亿左右,中国式现代化的推进,将彻底改写现代化的世界版图。

二是全体人民共同富裕的现代化。纵观西方现代化发展史,其本质是资本主义发展扩张史。资本主义的基因决定了它在各个领域是以"资本"为优先级,人民排在其后,代表了资产阶级的发展利益而非广大人民的发展利益。这就使得资本主义国家普遍两极分化,美国人口普查局最新数据显示,2021年美国基尼系数达0.494,再创历史新高。美联储数据显示,美国最富有的1%的人群财富总和超过了底层90%的美国人的财富总和。中国式现代化始终坚持把人民共同富裕摆在更加重要的位置。习近平总书记指出:"我国现代化坚持以人民为中心的发展思想,自觉主动解决地区差距、城乡差距、收入分配差距,促进社会公平正义,逐步实现全体人民共同富裕,坚决防止两极分化。"[①]

三是物质文明和精神文明相协调的现代化。物质文明与精神文明相协

---

① 习近平总书记在党的十九届五中全会第二次全体会议上的讲话。

调是现代化国家发展的表现之一。在各国现代化建设实践中，长期存在以资本为中心、物质主义膨胀等弊病。邓小平同志指出，建设有中国特色的社会主义，一定要坚持发展物质文明和精神文明。习近平总书记也多次强调，现代化的本质是人的现代化。社会主义现代化不仅需要提升人们生存的物质条件，包括经济总量的增加、生活条件的提升、生态环境的改善，还要蕴含人们思想观念和心理状况从传统向现代化的转变。

四是人与自然和谐共生的现代化。生态文明建设是关系中华民族永续发展的千年大计。习近平总书记强调："我们应该遵循天人合一、道法自然的理念，寻求永续发展之路。"[①] 世界各国在发展现代化的历程中，或多或少地面临着严重的环境问题。1952年英国伦敦烟雾事件、1956年的日本水俣病事件、1986年瑞士莱茵河污染事件等，都对人类生命安全和自然环境产生了不可估量的恶性损伤。中国的现代化发展，也曾经面临较为严重的环境污染问题。党的十八大以来，生态文明建设已经融入中国特色社会主义事业"五位一体"总体布局，持续推进"三大保卫战"和生态修复工程。如今中国正朝着"双碳"目标稳步前进，已经成为世界生态文明建设的重要力量。

五是走和平发展道路的现代化。革命导师马克思在《资本论》等一系列著作中尖锐地指出："资本来到世间，从头到脚，每个毛孔都滴着血和肮脏的东西。"西方式现代化在发展过程当中，伴随着掠夺、入侵、奴隶等各种非和平行为，对世界各国尤其是发展中国家造成了极其恶劣的影响。在他们眼中，只有"零和博弈"而不存在"互利共赢"。中国式现代化的推进，不仅没有走西方侵略、入侵的老路，相反中国一直秉持人类命运共同体的发展理念，持续推动"一带一路"建设，充分体现了一个大国在国际上应有的气度和担当。

第三节 拓展了发展中国家走向现代化的路径

习近平总书记指出，世界上既不存在定于一尊的现代化模式，也不存

[①] 2017年1月18日习近平主席在联合国日内瓦总部的演讲《共同构建人类命运共同体》。

在放之四海而皆准的现代化标准。① 尽管现代化发轫于西方,但"现代化"并不等同于"西方化",西方式现代化更不是颠扑不破的金科玉律。事实上,第二次世界大战结束之后,不少殖民地国家开展独立运动,形成独立国家。这些国家多模仿殖民地宗主国家的发展经验,效仿西方式现代化(工业化、城市化等)路径发展经济,采取西方式上层建筑(议会内阁、多党制等)构建本国的国家制度体系,但其结果往往是东施效颦,形似而神不似,最终未能实现现代化建设的目标。

一　非洲国家模仿西方政治制度

20世纪60年代,随着第二次世界大战结束,非洲人民争取民族独立和解放运动兴起,众多原属于西方殖民地的国家纷纷挣脱枷锁,成为独立国家。截至1960年,有26个非洲国家宣布独立,面积占非洲总面积的2/3,人口占全部总人口的3/4,仅1960年一年,便有17个非洲国家获得独立。② 国家独立后,众多国家纷纷寻找自己的发展道路。由于大多数国家长期被西方列强殖民,潜移默化地接受了西方式的议会内阁制、总统内阁制等政治体制,而且其国家独立本质上是通过殖民宗主国和平让权的方式实现的。因此,独立后的非洲国家也多采取模仿其宗主国的执政体制构建自身国家形态,以换取独立后持续的宗主国的"军援""互助"。经过一段时间后,独立后的非洲国家陆续出现大量问题。模仿学来的西方式国家制度不但没有发挥出其本有的优势,反倒成为国家动荡、经济衰退的症因之一。例如,在非洲国家肯尼亚内部,支持总统的卡伦津部族和支持副总统的卢奥部族之间就发生了激烈冲突。

20世纪80年代末,东欧剧变,以美国为首的西方国家为了将非洲纳入"国际新秩序"框架,粗暴干涉非洲国家内政,通过强硬手段和经济威胁传播西方民主制度和价值观念,强迫非洲诸国开放党禁并引发了剧烈的党派斗争,各党派为争夺国家最高领导权引发内战。至20世纪90年代初,

---

① 习近平总书记在党的十九届五中全会第二次全体会议上的讲话。
② 喀麦隆、多哥、马达加斯加、刚果(利)(曾称扎伊尔,1997年改名为刚果民主共和国)、索马里、达荷美(现名贝宁)、尼日尔、上沃尔特(现名布基纳法索)、象牙海岸(现名科特迪瓦)、乍得、乌班吉沙立(现名中非)、刚果(布)、加蓬、塞内加尔、马里、毛里塔尼亚和尼日利亚。

有 14 个国家已经面临严重危机或正处于民族灭绝的内战之中。

二 拉丁美洲国家模仿西方经济制度

经济制度同样是发展中国家照搬西方式现代化的误区之一，其中的代表便是新自由主义。理论界认为，新自由主义理论源自发达国家中的自由主义经济学说，主张政府应放弃对经济的调控与干预，不对市场机制作任何的限制。新自由主义曾对英国、美国等国家的经济发展产生了较大的影响，并在部分发展中国家，尤其是在阿根廷、巴西等拉美国家中进行了广泛实践。20 世纪 80 年代，马岛战争结束，阿根廷战败，此刻的阿根廷债务缠身、经济困难。面对严重的债务问题，阿根廷不得不接受美国政府、国际货币基金组织（IMF）和世界银行等金融机构开出的一系列经济调整措施，其核心是私有化、放松管制和经济向世界开放，具体包括国有企业私有化、减少政府对经济的干预、放开资本市场、放松投资限制、实行贸易自由化等。在一系列新自由主义措施的影响下，阿根廷等拉美国家减少甚至取消了国家对价格、汇率、利率、工资等的全面干预和控制，同时开放金融市场。这些国家照搬美国新自由主义理论进行经济改革，在短期内取得了一定成效，但也付出了高昂的代价。

阿根廷政府在实施新自由主义政策后，在不到三年的时间里，30 多家国有企业实现了私有化，领域涉及电信、民航、石油、化工、电力、铁路等行业。虽然私有化给阿根廷政府带来了大量美元，但也使国家苦心经营许久的国有资产大量流失。为吸引外资外贸，阿根廷政府实行金融自由化并大幅降低关税利率，外资外企大量收购国有企业，国家的经济命脉行业大多被跨国公司掌控。

三 中国式现代化对发展中国家现代化路径的启示

回顾历史，中国也曾试图通过模仿西方经验来实现本国现代化发展。晚清洋务运动试图通过模仿西方工业技术，实现物质的现代化；戊戌变法运动试图通过模仿西方君主立宪制，实现制度的现代化；新文化运动试图通过学习民主与科学，实现社会全方位的进化。由此可见，为实现中华民族的伟大复兴，中国现代化精英不断试错、逐步深入，并最终走出了一条具有中国特色、不同于西方式现代化的道路。对于世界上广大的发展中国家来说,中国式现代化道路提供了新的路径借鉴。

一是要走符合自己国情的现代化道路。世界上有200多个国家和地区,不同国家和地区之间政治制度不同、人口数量不同、地理位置不同、资源禀赋不同等,种种的不同之处就决定了国家的现代化发展道路不是唯一的,某些国家的现代化成功经验也不是放之四海而皆准的。中国式现代化成功的要点之一便是立足国情,探索符合自己特点的发展道路。

二是要走以人民为中心的现代化道路。与西方的现代化道路不同,中国式现代化不是让少数人无限攫取利润的现代化,而是以人民为中心的现代化,具有鲜明的民族观和人民观。中国式现代化的发展是为了让本国人民过上好日子,更加幸福安康,社会长治久安,经济稳定有序。对于发展中国家来说,现代化的发展不能以损害人民利益为前提,不能是仅满足国内少部分人或特定阶层的现代化,那样便是舍本逐末,无法稳定。

三是要走和平发展的现代化道路。西方国家的现代化道路是一条充满掠夺、血腥、战争的现代化道路。这些国家通过非和平的方式完成了原始积累,带来的却是其他国家的饥荒、战争、殖民统治。在当前的国际形势下,西方殖民化的现代化道路是不可重复的。中国式现代化始终坚持相互尊重、平等协商,走合作共赢、和平发展的现代化道路,充分发挥负责任大国的作用,欢迎各国搭乘中国发展的"顺风车",为世界和平与发展注入强大正能量。

四是要有坚强的领导力量。中国式现代化成功的重要政治前提,便是中国共产党的坚强领导。正因为中国共产党强有力的领导力量和无与伦比的组织能力,才使中国渡过一个又一个难关,控制资本的无序扩张,维持有效市场和有为政府的均衡。

第四节　为人类对更好社会制度的探索提供了中国方案

现代化是当今世界任何国家发展的必由之路,一个国家要实现现代化,必须解决好用什么样的方式、什么样的逻辑推进现代化,处理好生产力与生产关系、经济基础与上层建筑的关系,即对社会制度的探索。中国式现代化之所以取得成功,关键在于选择了适合中国国情、代表最先进生产力和生产关系的社会主义制度。《中华人民共和国宪法》明确指出，"国家的根本任务是，沿着中国特色社会主义道路，集中力量进行社会主义现代化建设"。

一　西方资本主义制度的固有缺陷

数百年来，西方资本主义国家长期掌握着世界霸权。西方国家奉行的资本主义制度固然对人类文明进步作出了重要贡献，曾使社会生产力得到解放，使人类社会在短期内创造的财富比历史上所有时期创造的社会财富的总和还要多，但是从世界发展历程以及当前的世界发展格局来看，随着社会化大生产的不断演化，西方资本主义制度的固有缺陷正在不断积累和逐步显现出来。

一是社会民主制度被金钱操纵。以选举为例，西方资本主义国家看似一人一票、全民参与，并且经常把这一制度作为西方国家衡量他国政治体制民主程度的重要指标，但是从过程与结果来看，西方国家票决民主存在严重缺陷，其表现在于投票权并不平等、选举管理并不健全、选举公信力相对有限。西方国家在推动选举的过程中，低收入群体以及有色人种的权利较难得当保障，使得当选政府并不能代表低收入群体和有色人种的利益；在选举过程中，党派利益往往会带来很多政治斗争、暴力冲突以及其他社会流血事件等。以上两方面因素导致西方国家选举经常出现被选举人互相揭丑，使得西方国家公正选举成为一句空话，也导致选举公信力受到影响。

二是社会阶层出现明显两极分化。一方面，由于西方资本主义国家实行生产资料的资本家私有制，导致没有生产资料的劳动者只能出卖自己的劳动力商品，与资本家的生产资料相结合进行物质生产活动。这一过程不仅决定了资本主义生产过程中人与人之间的地位是极其不平等的，同时资本家凭借资本所有权，通过绝对剩余价值生产与相对剩余价值生产，占有越来越多的剩余价值，雇佣劳动者的收入占比不断下降，因此也导致了西方国家贫富差距的不断加大，社会阶层逐步分化，并最终走向固化。另一方面，阶层矛盾激化导致社会割裂。西方的发达史是一部掠夺史，由掠夺带来的人种之间的歧视问题在今天仍不断激化，在带来破坏及瓦解的同时，也会让过往已存的鸿沟愈来愈大。例如，在新冠肺炎疫情防控中，美国低收入者、黑人以及老人等往往无法得到及时的医治，使得社会阶层分化更加显著。

三是经济危机的不断出现。资本主义私有制与社会化大生产的矛盾使得资本主义经济的运行要在经常发作的经济危机中循环。资本家为了攫取更多的剩余价值，不断扩大生产，雇佣更多的工人，生产更多的商品，同时也为资本家带来更多的利润。然而，生产的商品总是与社会需求不一致，当最终商品远远高于社会需求时，所有劳动者工资消费不掉生产的产品，因此必将导致经济危机的出现。从资本主义制度确立，到现代国家垄断资本主义，资本主义经济运行经历了"市场自发调节论"和"国家干预论"交互替换的过程，但由于资本主义私有制这一本质没有改变，资本主义经济运行已经被证明不可能超越其基本矛盾。

二 社会主义制度的先进性

习近平总书记指出："中国特色社会主义制度是当代中国发展进步的根本制度保障，是具有鲜明中国特色、明显制度优势、强大自我完善能力的先进制度。"[①]

社会主义制度的先进性一是体现在符合人类社会发展规律。迄今为止，人类社会经历了原始社会、奴隶社会、封建社会、资本主义社会和社会主义社会几大制度形态，这几大制度形态的依次更替，体现了人类社会从低级到高级发展的历史规律。从这个意义上说，社会主义制度的建立是人类社会合规律、合目的的一种必然结果。中国特色社会主义制度是中国人民在中国共产党的带领下，以马克思主义为指导思想，从中国实际出发，经过100年光荣奋斗历程不断探索和发展起来的。这一制度安排遵循了生产关系一定要适应生产力发展客观需要这一发展规律。只有生产关系和生产力相互适应，才能够促进社会生产力的极大解放和发展，从而能够使得我国在新中国成立后的70多年时间里取得了天翻地覆的伟大成就，为世界展现了社会主义的先进性和蓬勃生机。

二是体现在具有强大的自我完善能力。社会主义制度的先进性不是一蹴而就的，在充分彰显的过程中历经了千辛万苦，借鉴人类文明发展史上

[①] 习近平总书记在庆祝中国共产党成立95周年大会上的讲话。

的一切先进经验做法，从广泛历史经验教训和国内外制度创新中不断丰富和完善，在改革开放的伟大实践中不断进行制度创新，形成了独特的理论优势、政治优势、组织优势、政策优势和群众基础优势等。在不断形成和发展当中，通过强大的自我学习和完善能力，中国特色社会主义制度不断完善，从而体现出强大的生命力。正如习近平总书记所说，"中国特色社会主义制度的生命力，就在于这一制度是在中国的社会土壤中生长起来的，是适合中国国情、具有鲜明中国特色的制度安排"[1]。

三是体现在具有最广大人民的拥护和支持。中国共产党代表中国最广大人民的根本利益，中国特色社会主义制度的最大优势是中国共产党的领导。习近平总书记指出："这样一套制度安排，能够有效保证人民享有更加广泛、更加充实的权利和自由，保证人民广泛参加国家治理和社会治理；能够有效调节国家政治关系，发展充满活力的政党关系、民族关系、宗教关系、阶层关系、海内外同胞关系，增强民族凝聚力，形成安定团结的政治局面；能够集中力量办大事，有效促进社会生产力解放和发展，促进现代化建设各项事业，促进人民生活质量和水平不断提高；能够有效维护国家独立自主，有力维护国家主权、安全、发展利益，维护中国人民和中华民族的福祉。"[2] 中国特色社会主义制度具有中国最广大人民的拥护和支持，这也正是西方资本主义制度所欠缺的。

三 中国特色社会主义的重要价值

中国特色社会主义是科学社会主义同中国实际相结合的产物，是中国共产党团结带领中国人民长期浴血奋战、不断开拓进取的成果，是中国全面实现民族复兴伟业的保障。中国共产党坚持以人民为中心的发展思想，以实现好维护好发展好最广大人民的根本利益为目标，从而形成了中国特色社会主义的根本价值取向。这一制度安排把人民群众作为真正的英雄，充分尊重人民群众的主体地位，把人民作为历史的创造者和书写者，体现了人民当家做主的本质要求，彰显了社会主义制度的价值追求。

---

[1] 习近平总书记在庆祝全国人大成立 60 周年大会上的讲话。
[2] 《坚定对中国特色社会主义政治制度的自信》，载中共中央文献编辑委员会编《习近平著作选读》（第一卷），人民出版社，2023，第 261~267 页。

中国特色社会主义制度的价值取向也是多维度的，包括经济、制度、社会、文化、生态等众多方面。在经济层面，中国特色社会主义制度通过不断全面深化改革，推动实现生产关系与生产力相协调、上层建筑同经济基础相适应，从而促进社会生产力的解放和发展，促进各生产要素不断激发活力、创造更大价值。在制度层面，通过推进社会主义民主政治进程，把坚持党的领导、人民当家做主、依法治国有机统一起来，从而促进了我国民主法治建设。在社会层面，以公平正义为导向，通过贯彻落实共享发展理念，促进全体社会成员共享发展成果，最终推动实现共同富裕。在文化层面，加强对中华优秀传统文化的创造性转化和创新性发展，深入挖掘其中的时代价值，不断推动文化自信，让中华优秀传统文化在新时代焕发出更加璀璨的光芒。在生态层面，坚持"绿水青山就是金山银山"的发展理念，全面推进人与自然和谐共生，最终实现经济社会永续发展。

第五节 中国式现代化创造人类文明新形态

中国式现代化不同于西方现代化模式，是人类历史上一种新型的文明形态，是中国人民通过不懈奋斗和努力探索向世界人民展现的文明发展方向。习近平总书记在学习贯彻党的二十大精神研讨班开班式讲话中强调，中国式现代化，深深植根于中华优秀传统文化，体现科学社会主义的先进本质，借鉴吸收一切人类优秀文明成果，代表人类文明进步的发展方向，展现了不同于西方现代化模式的新图景，是一种全新的人类文明形态。

一 推动实现物质文明的现代化

经济基础决定上层建筑，一切文明的发展都离不开物质领域的创造。中国式现代化是人口规模巨大的现代化，是全体人民共同富裕的现代化。物质文明的积累主要体现在经济建设方面，通过完整准确全面贯彻创新、协调、绿色、开放、共享的发展理念，推动实现经济发展方式转变，以供给侧结构性改革推动实现质量变革、动力变革、效率变革，促进生产方式的不断革新，一方面满足全体人民的生产生活需要，另一方面通过有效的分配制度设计，着力解决城乡收入差距、行业收入差距、地区收入差距等众多难题，最终实现共同富裕。改革开放以来，我国以经济建设为中心，推行一系列改革举措，大力发展生产力，经济实力显著增强，人民生活水平逐步提高。特别是党的十八大以来，决战决胜脱贫攻坚，全面建成小康社会，党和国家事业取得历史性成就、发生历史性变革，为全面建成社会主义现代化国家、实现中华民族伟大复兴奠定了坚实的物质基础。

二 推动实现政治文明的现代化

社会主义政治文明是社会主义现代化建设的重要目标，其核心在于建设高度的社会主义民主政治，保证人民当家做主。中国共产党自成立以来，始终把为人民谋幸福、为民族谋复兴作为自己的初心使命，在各种艰难困苦和不懈斗争中经受了风险挑战，增强了党应对复杂局面和各种艰难险阻的能力。党的十八大以来，习近平总书记关于社会主义民主政治建设的重要论述，丰富和拓展了中国特色社会主义民主政治的政治内涵、理论内涵、实践内涵。中国基于本国国情发展全过程人民民主，既有着鲜明的中国特色，也体现了全人类对民主的共同追求；既推动了中国的发展与中华民族的复兴，也丰富了人类政治文明形态。因此，坚定中国特色社会主义制度自信，坚定不移走中国特色社会主义政治发展道路，把我国社会主义民主政治的特点和优势充分发挥出来，就一定能巩固和发展生动活泼、安定团结的政治局面，进一步激发为实现中华民族伟大复兴而奋斗的信心和动力。

三 推动实现精神文明的现代化

中国共产党作为中华优秀传统文化的继承者和弘扬者，领导中国人民在革命、建设、改革开放和现代化建设伟大实践中，让中华文明在现代化进程中焕发出新的蓬勃生机。物质富足、精神富有是社会主义现代化的根本要求。推进中国式现代化，既需要不断厚植现代化的物质基础，也需要更好构筑中国精神、中国价值、中国力量。因此，要大力发展社会主义先进文化，加强理想信念教育，传承中华文明，积极回应人民群众精神文化需求，推进文化自信自强，让人民群众享有更加充实、更为丰富、更高质量的精神文化生活，为中国式现代化提供坚强的思想保证、强大的精神力量、丰润的道德滋养。

四 推动实现设社会文明的现代化

恩格斯指出:"文明是实践的事情,是一种社会品质。"文明是社会进步的重要标志,是社会主义现代化国家的重要特征,它是社会主义现代化国家文化建设的应有状态,是实现中华民族伟大复兴的重要支撑。人是社会文明的创造者,社会文明通过人的文明而得以实现。生产力发展是社会文明进步的重要标志,除此之外社会文明还包括人与人、人与自然、人与社会和谐等。物质文明、政治文明、精神文明以及生态文明都是社会文明的基础和保障。因此,要实现中华民族伟大复兴,就要实施公民道德建设工程,弘扬中华传统美德,加强家庭家教家风建设,加强和改进未成年人思想道德建设,推动明大德、守公德、严私德,不断提高全社会文明程度,推动物质文明、政治文明、精神文明以及生态文明全面协调发展,进而迈向人类社会更加全面发展的现代化。

五 推动实现生态文明的现代化

生态文明就是以经济发展促进生态环境改善,促进人类可持续发展,是人与自然和谐共生的反映。党的二十大报告提出,中国式现代化是人与自然和谐共生的现代化。人与自然是生命共同体,我们坚定不移走生产发展、生活富裕、生态良好的文明发展道路,表明了人与自然和谐共生的新格局对于全面建成社会主义现代化强国具有举足轻重的作用。因此,要实现中华民族伟大复兴,就要坚定不移走人与自然和谐共生的绿色可持续发展之路,坚持节约优先、保护优先、自然恢复为主的方针,像保护眼睛一样保护自然和生态环境,实现中华民族永续发展。

第五章　中国现代化的区域战略与实践

我国在推进现代化的探索实践中，形成了一系列的区域发展战略，基本上构成了促进我国区域协调发展、区域协同联动和区域高质量发展的战略骨架，对我国区域发展产生了重大推动作用。全国各地在习近平新时代中国特色社会主义思想指引下，奋力开展新时代全面建设社会主义现代化国家的实践探索，取得了许多宝贵的经验，对推进中国式现代化的河南实践具有良好的借鉴意义。

第一节　国家区域发展战略

我国区域发展战略经历了几个阶段的发展演变，目前在区域发展战略体系中主要包括促进区域协调为主要目的的区域协调发展战略、打造大增长极促进区域协同联动引领区域经济发展的区域重大战略，以及实现区域经济高质量发展的其他区域发展战略。

一　区域协调发展战略

自1999年以来，中国先后实施了西部大开发、东北振兴、中部崛起战略，并与东部率先战略相配合共同组成区域发展总体战略，再加上对特殊类型地区的扶持，形成了后来的区域协调发展战略。"十四五"规划明确提出要"深入推进西部大开发、东北全面振兴、中部地区崛起、东部率先发展，支持特殊类型地区加快发展，在发展中促进相对平衡"。

1. 推动西部大开发形成新格局

为促进西部地区发展，1999年底，中央决定实施西部大开发。2000年国务院成立西部地区开发领导小组，随即颁布《关于实施西部大开发若干政策措施的通知》，正式启动西部大开发战略。实施范围包括四川、陕西、甘肃、青海、云南、贵州、重庆、广西、内蒙古、宁夏、新疆和西藏等12个省、自治区、直辖市（加上湖北恩施、湖南湘西、吉林延边）。前后发布"十五""十一五""十二五"3个西部大开发五年规划。2010年，西部大开发被纳入区域发展总体战略。2020年5月，中共中央、国务院又印发《关于新时代推进西部大开发形成新格局的指导意见》，开启了新一轮的西部大开发。党的二十大报告中也指出，要推动西部大开发形成新格局。

推动西部大开发形成新格局，是党中央从全局出发，顺应中国特色社会主义进入新时代、区域协调发展进入新阶段的新要求，统筹国内国际两个大局作出的重大决策部署。党的十八大以来，在以习近平同志为核心的党中央坚强领导下，西部地区经济社会发展取得了重大历史性成就。但同时，西部地区发展不平衡不充分问题依然突出，与东部地区发展差距依然较大，维护民族团结、社会稳定、国家安全任务依然繁重，仍然是实现社会主义现代化的短板和薄弱环节。

从具体内容看，推动西部大开发形成新格局，要强化举措，切实提高政策精准性和有效性。深入实施一批重大生态工程，开展重点区域综合治理。积极融入"一带一路"建设，强化开放大通道建设，构建内陆多层次开放平台。加大西部地区基础设施投入，支持发展特色优势产业，集中力量巩固脱贫攻坚成果，补齐教育、医疗卫生等民生领域短板。推进成渝地区双城经济圈建设，打造具有全国影响力的重要经济中心、科技创新中心、改革开放新高地、高品质生活宜居地，提升关中平原城市群建设水平，促进西北地区与西南地区合作互动。支持新疆建设国家"三基地一通道"，支持西藏打造面向南亚开放的重要通道。促进400毫米降水线西侧区域保护发展。[①]总之，要强化举措抓重点、补短板、强弱项，形成大保护、大开放、高质量发展的新格局，推动经济发展质量变革、效率变革、动力变革，促进西部地区经济发展与人口、资源、环境相协调，实现更高质量、更有效率、更加公平、更可持续发展，确保到2035年，西部地区基本实现社会主义现代化，基本公共服务、基础设施通达程度、人民生活水

---

① 《中华人民共和国国民经济和社会发展第十四个五年规划和2035年远景目标纲要》。

平与东部地区大体相当,努力实现不同类型地区互补发展、东西双向开放协同并进、民族边疆地区繁荣安全稳固、人与自然和谐共生。①

2. 推动东北全面振兴取得新突破

东北振兴是我国长期关注的重点。早在 2002 年,党的十六大报告就强调要"支持东北地区等老工业基地加快调整和改造"。2003 年 10 月,中共中央、国务院下发《关于实施东北地区等老工业基地振兴战略的若干意见》,标志着这一战略正式实施,实施范围包括辽宁省、吉林省、黑龙江省和内蒙古自治区呼伦贝尔市、兴安盟、通辽市、赤峰市和锡林郭勒盟(蒙东地区)。同年 12 月,国务院振兴东北地区等老工业基地领导小组成立。2007 年 8 月,经国务院批复的《东北地区振兴规划》发布,提出经过 10 年到 15 年的努力,实现东北地区的全面振兴。2016 年 4 月,中共中央、国务院印发《关于全面振兴东北地区等老工业基地的若干意见》,2021 年 9 月,国务院批复《东北全面振兴"十四五"实施方案》。

虽然东北地区经济增速已于 2020 年实现正增长,但从近年板块间份额比较看,东北地区同其他板块的差距进一步拉大。因此,推动东北振兴取得新突破,也成为党的二十大报告和"十四五"规划中区域协调发展战略的重要内容。其目标是到 2025 年,东北振兴重点领域取得新突破,维护"五大安全"的能力得到新提高,国家粮食"压舱石"地位更加巩固,祖国北疆生态安全屏障更加牢固;一批国有企业改革取得实质性进展,发展质量和效益显著增强;民营经济体量和比重持续提升,活力和竞争力明显提高;融入国内大循环更加深入,国内国际双循环相互促进更加有力;创新驱动作用充分发挥,产业结构进一步优化;优势互补、高质量发展的区域经济布局初步建立,城市群和都市圈的辐射带动作用进一步增强;基础设施网络进一步完善,统筹城乡的基本公共服务均等化水平明显提高,就业、社保等民生保障能力稳步提升。②

推动东北全面振兴取得新突破,要从维护国家国防、粮食、生态、能源、产业安全的战略高度,加强政策统筹,实现重点突破。一是深化重点领域改革。以混合所有制改革为突破口深化国资国企改革,完善国有企业

---

① 《中共中央 国务院关于新时代推进西部大开发形成新格局的指导意见》。
② 《东北全面振兴"十四五"实施方案》。

现代企业制度和市场化经营机制，优化调整国有经济布局，支持民营经济发展壮大。二是建设开放合作发展新高地。深化与东部地区对口合作，加大对内开放合作力度。推进与周边国家经贸合作，提升东北亚国际合作水平。三是推动产业结构调整升级。支持装备制造、汽车、石化等传统优势产业改造升级，因地制宜培育壮大新一代信息技术、生物医药、新能源、寒地冰雪等新兴产业。四是构建高质量发展的区域动力系统。建设沈阳等现代化都市圈，推动哈长、辽中南等城市群和辽宁沿海经济带发展，巩固国家粮食安全"压舱石"地位，筑牢祖国北疆生态安全屏障。五是完善基础设施补齐民生短板。加快推进交通、能源、水利、信息等领域重点项目建设，完善区域基础设施网络。推进乡村振兴，提升民生保障能力。[①]

3. 促进中部地区加快崛起

中部地区的发展滞后，被人们调侃为地理位置上"不东不西"的中部"塌陷"。2004年3月，时任国务院总理温家宝在《政府工作报告》中首次提出"促进中部地区崛起"。2006年4月，中共中央、国务院出台《关于促进中部地区崛起的若干意见》，实施范围为山西、河南、湖北、湖南、安徽和江西6省。2012年8月，国务院印发《关于大力实施促进中部地区崛起战略的若干意见》。2016年12月，国家发展改革委印发《促进中部地区崛起"十三五"规划》。2021年7月，中共中央、国务院印发《关于新时代推动中部地区高质量发展的意见》。

随着中部崛起战略的深入实施，中部地区从原先产业转移承接中心，逐渐向自主创新道路演进，地区经济发展稳健，拥有多个具有优势的城市群和中心城市。新时期促进中部地区加快崛起，要以高质量发展为主线，着力打造重要先进制造业基地，提高关键领域自主创新能力，建设内陆地区开放高地，巩固生态绿色发展格局，推动综合实力和竞争力再上新台阶，在全面建设社会主义现代化国家新征程中作出更大贡献。做大做强先进制造业，在长江、京广、陇海、京九等沿线建设一批中高端产业集群，积极承接新兴产业布局和转移。推动长江中游城市群协同发展，加快武汉、长株潭都市圈建设，打造全国重要增长极。夯实粮食生产基础，不断

[①]《"十四五"规划〈纲要〉解读文章之21丨深入实施区域协调发展战略》，国家发改委网站，https://www.ndrc.gov.cn/fggz/fzzlgh/gjfzgh/202112/t20211225_1309709.html。

提高农业综合效益和竞争力,加快发展现代农业。加强生态环境共保联治,着力构筑生态安全屏障。支持淮河、汉江生态经济带上下游合作联动发展。加快对外开放通道建设,高标准高水平建设内陆地区开放平台。提升公共服务保障特别是应对公共卫生等重大突发事件能力。

促进中部地区加快崛起,力争实现以下目标。到2025年,中部地区质量变革、效率变革、动力变革取得突破性进展,投入产出效益大幅提高,综合实力、内生动力和竞争力进一步增强。创新能力建设取得明显成效,科创产业融合发展体系基本建立,全社会研发经费投入占地区生产总值比重达到全国平均水平。常住人口城镇化率年均提高1个百分点以上,分工合理、优势互补、各具特色的协调发展格局基本形成。绿色发展深入推进,单位GDP能耗降幅达到全国平均水平,单位地区生产总值二氧化碳排放进一步降低,资源节约型、环境友好型发展方式普遍建立。开放水平再上新台阶,内陆开放型经济新体制基本形成。共享发展达到新水平,居民人均可支配收入与经济增长基本同步,统筹应对公共卫生等重大突发事件能力显著提高。到2035年,中部地区现代化经济体系基本建成,产业整体迈向中高端,城乡区域协调发展达到较高水平,绿色低碳生产生活方式基本形成,开放型经济体制机制更加完善,人民生活更加幸福安康,基本实现社会主义现代化,共同富裕取得更为明显的实质性进展。[①]

4. 鼓励东部地区加快推进现代化

东部地区是我国重要的经济增长高地,在产业、创新、制度、对外开放、公共服务等多方面均具有极大的领先优势。20世纪80年代以来,我国东部地区先后设立了深圳、珠海、汕头、厦门、海南5个经济特区,确定了上海、湛江、广州、福州等14个沿海开放城市,开辟了长江三角洲、珠江三角洲等沿海经济开放区,由此开启了我国东部地区发展的新篇章。进入21世纪后,在上海浦东新区、天津滨海新区被列为全国综合配套改革试验区的基础上,党中央、国务院推动东部地区率先发展再升级。"十四五"规划纲要明确提出,要推动东部地区率先实现高质量发展,党的二十大报告明确提出要鼓励东部地区加快推进现代化。

东部地区要扮演好作为中国式现代化建设领头羊的角色,充分发挥改

---

① 《关于新时代推动中部地区高质量发展的意见》。

革开放先行、创新要素集聚、现代制造领先等优势，提升科技创新能力，培育壮大高质量发展动力源，更高层次参与国际经济合作和竞争，在全国率先实现高质量发展。一是创新引领实现优化发展。发挥创新要素集聚优势，深化科技体制改革，加强科技成果转化，打造具有全球影响力的创新平台，加快在创新引领上实现突破。加快培育世界级先进制造业集群，推动工业化、信息化融合发展。二是率先建立全方位开放型经济体系。更高层次参与国际经济合作和竞争，打造对外开放新优势，全面提升对外开放水平，形成与国际投资贸易通行规则相衔接的制度创新体系。三是构建高质量发展动力系统。深入实施京津冀协同发展、粤港澳大湾区建设、推进海南全面深化改革开放、长三角一体化发展等重大战略，支持经济发展优势地区提高经济和人口承载能力。支持深圳建设中国特色社会主义先行示范区、浦东打造社会主义现代化建设引领区、浙江高质量发展建设共同富裕示范区。深入推进山东新旧动能转换综合试验区建设。

5. 支持特殊类型地区加快发展

特殊类型地区包括革命老区、少数民族地区、边疆地区、贫困地区、老工业基地、资源枯竭型地区和生态退化型地区七个地区。[①] 特殊类型地区多数为欠发达地区，支持特殊类型地区加快发展是我国区域协调发展战略的重要内容。对特殊类型地区的扶持性政策早已有之，且取得了显著成效。新时期支持特殊类型地区加快发展的重点是要针对特殊类型地区实行分类规划，统筹支持欠发达地区、革命老区、边境地区、生态退化地区、资源枯竭型地区、老工业城市等特殊类型地区发展，因地制宜地开展有效帮扶，切实维护生态安全、边疆安全和能源资源安全。做好易地扶贫搬迁后续帮扶、以工代赈和消费帮扶等工作，推动巩固拓展脱贫攻坚成果同乡村振兴有效衔接。统筹推进革命老区振兴，因地制宜发展特色产业，传承弘扬红色文化，支持赣闽粤原中央苏区高质量发展示范，推进陕甘宁、大别山、左右江、川陕、沂蒙等革命老区绿色创新发展。推进生态退化地区综合治理和生态脆弱地区保护修复，支持毕节试验区建设。推动资源枯竭型地区可持续发展示范区和转型创新试验区建设，实施采煤沉陷区综合治

---

① 孙久文、张皓、蒋治：《区域经济运行："十四五"开局与展望》，《中国国情国力》2022年第3期。

理和独立工矿区改造提升工程。推进老工业基地制造业竞争优势重构，建设产业转型升级示范区。改善国有林场林区基础设施。多措并举解决高海拔地区群众生产生活困难。推进兴边富民、稳边固边，大力改善边境地区生产生活条件，完善沿边城镇体系，支持边境口岸建设，加快抵边村镇和抵边通道建设。推动边境贸易创新发展。加大对重点边境地区发展精准支持力度。

二 区域重大战略

党的十八大以来，京津冀协同发展、长江经济带建设、粤港澳大湾区建设、长三角一体化以及黄河流域生态保护和高质量发展等一系列区域重大战略相继出台，与区域协调发展战略相互呼应，共同为区域经济高质量发展和持续缩小区域发展差距提供强劲的战略支持。

1. 推进京津冀协同发展

京津冀地区同属京畿重地，是推动我国经济发展的重要引擎。北京过去功能混杂，带来了一系列"城市病"，京津冀三地同质竞争，影响了各地各自的发展和整体的提升。2014年2月，习近平总书记在北京主持召开座谈会，首次提出京津冀协同发展。2015年4月，《京津冀协同发展规划纲要》审议通过，为推进京津冀协同发展指明了前进方向。纲要明确了北京、天津、河北的功能定位，提出了"一核、双城、三轴、四区、多节点"的空间布局方略，并将疏解北京非首都城市功能作为京津冀协同发展的重中之重。[①] 历经9年的实践，京津冀三地联动效应明显增强，在产业一体化、基础设施一体化、基本公共服务一体化、生态环境保护一体化等关键领域都取得了长足进步，有序疏解了北京非首都功能，空间布局进一步优化。

京津冀协同发展是我国区域重大战略体系的重要内容。"十四五"规划和党的二十大报告均明确提出要推进京津冀协同发展。实现这一目标就需要进一步疏解非首都功能，从建设通州城市副中心、加快建设雄安新区、巩固发展滨海新区、建成轨道交通网这四个方面展开。重点任务是要

---

① 孙久文、蒋治：《新发展格局下区域协调发展的战略骨架与路径构想》，《中共中央党校（国家行政学院）学报》2022年第4期。

紧抓疏解北京非首都功能这个"牛鼻子",构建功能疏解政策体系,实施一批标志性疏解项目。高标准高质量建设雄安新区,加快启动区和起步区建设,推动管理体制创新。高质量建设北京城市副中心,促进与河北省三河、香河、大厂三县市一体化发展。推动天津滨海新区高质量发展,支持张家口首都水源涵养功能区和生态环境支撑区建设。提高北京科技创新中心基础研究和原始创新能力,发挥中关村国家自主创新示范区先行先试作用,推动京津冀产业链与创新链深度融合。基本建成轨道上的京津冀,提高机场群港口群协同水平。深化大气污染联防联控联治,强化华北地下水超采及地面沉降综合治理。

2. 推进长江经济带发展

长江经济带横跨东中西三大区域,具有独特的优势和巨大的发展潜力,战略地位和区域支撑作用十分重要。早在20世纪90年代初期,长江经济带就已被确立为拉动国家经济社会发展的主轴。为持续释放长江经济带活力,中共中央于2016年3月正式审议通过了《长江经济带发展规划纲要》,以"共抓大保护、不搞大开发"为总基调,从目标愿景、空间布局、生态环境保护、黄金水道建设、产业培育、对外开放、构建统一大市场、基本公共服务一体化等方面切入,勾勒了长江经济带高质量发展的美丽愿景。近年来,长江经济带凭借黄金水道的独特优势,充裕的资本赋存、广阔的市场规模,连通东、中、西三大板块,对国民经济增长的贡献达到51.1%,已成为经济集聚中心和国民经济发展重心。按照以生态环境保护为主线推进长江经济带开发开放的总要求,长江经济带战略实施进展顺利。

全面推动长江经济带发展,要坚持生态优先、绿色发展和共抓大保护、不搞大开发,协同推动生态环境保护和经济发展,打造人与自然和谐共生的美丽中国样板。要持续推进生态环境突出问题整改,推动长江全流域按单元精细化分区管控,实施城镇污水垃圾处理、工业污染治理、农业面源污染治理、船舶污染治理、尾矿库污染治理等工程。深入开展绿色发展示范,推进赤水河流域生态环境保护。实施长江十年禁渔。围绕建设长江大动脉,整体设计综合交通运输体系,疏解三峡枢纽瓶颈制约,加快沿江高铁和货运铁路建设。发挥产业协同联动整体优势,构建绿色产业体系。保护好长江文物和文化遗产。

3. 推进长三角一体化发展

长三角地区是我国经济发展最活跃、开放程度最高、创新能力最强的区域之一，在国家现代化建设大局和全方位开放格局中具有举足轻重的战略地位。长三角涵盖江苏、浙江、安徽、上海三省一市，首位城市上海周边分布有苏州、杭州、宁波、无锡、南京等多个大城市，"一超多强"的城市格局较为稳定。同时，不同城市的交通网络互相连接，路网密度高，也为一体化发展奠定了基础。2018年11月，习近平总书记在首届中国国际进口博览会上明确表示支持长三角一体化上升为国家战略。2019年12月1日，中共中央、国务院发布《长江三角洲区域一体化发展规划纲要》。

长三角一体化发展的战略定位是，全国发展强劲活跃增长极、全国高质量发展样板区、率先基本实现现代化引领区、区域一体化发展示范区、新时代改革开放新高地。其发展目标是，到2025年，长三角一体化发展取得实质性进展。跨界区域、城市乡村等区域板块一体化发展达到较高水平，在科创产业、基础设施、生态环境、公共服务等领域基本实现一体化发展，全面建立一体化发展的体制机制。到2035年，长三角一体化发展达到较高水平。现代化经济体系基本建成，城乡区域差距明显缩小，公共服务水平趋于均衡，基础设施互联互通全面实现，人民基本生活保障水平大体相当，一体化发展体制机制更加完善，整体达到全国领先水平，成为最具影响力和带动力的强劲活跃增长极。

推进长三角一体化发展，要发挥上海龙头带动作用，苏浙皖各扬所长，加强跨区域协调互动，提升都市圈一体化水平，构建区域联动协作、城乡融合发展、优势充分发挥的协调发展新格局。深入实施创新驱动发展战略，走"科创+产业"道路，促进创新链与产业链深度融合，以科创中心建设为引领，打造产业升级版和实体经济发展高地，不断提升在全球价值链中的位势，为高质量一体化发展注入强劲动能。坚持优化提升、适度超前原则，统筹推进跨区域基础设施建设，形成互联互通、分工合作、管理协同的基础设施体系。坚持以人民为中心，加强政策协同，提升公共服务水平，使一体化发展成果更多更公平惠及全体人民。以"一带一路"建设为统领，在更高层次、更宽领域，以更大力度协同推进对外开放，不断增强国际竞争合作新优势。加快中国（上海）自由贸易试验区新片区建设，推进投资贸易自由化便利化，打造与国际通行规则相衔接、更具国际市场影响力和竞争力的特殊经济功能区。坚持全面深化改革,坚决破除制约一体化发展的行政壁垒和体制机制障碍。加快长三角生态绿色一体化发展示范区建设,在严格保护生态环境的前提下,率先探索将生态优势转化为经济社会发展优势、从项目协同走向区域一体化制度创新,打破行政边界,不改变现行的行政隶属关系,实现共商共建共管共享共赢,为长三角生态绿色一体化发展探索路径和提供示范。①

4. 推动粤港澳大湾区建设

改革开放以来,珠三角就作为对外开放高地不断吸引外资,并依托毗邻港澳的地理优势,实现了快速发展。2017年3月的国务院《政府工作报告》首次提出建设粤港澳大湾区的设想。2017年7月1日,国家发改委会同粤、港、澳三地政府,在香港签署《深化粤港澳合作 推进大湾区建设框架协议》,粤港澳大湾区建设正式开始。2018年4月,在博鳌亚洲论坛上嘉宾指出,粤港澳大湾区集纽约湾区的金融中心角色、东京湾区的制造业水准、旧金山湾区的创新能力于一体,认为深化粤港澳合作是强化大湾区实力的不二法门。2019年2月,《粤港澳大湾区发展规划纲要》发布,为大湾区日后发展指明了方向。

粤港澳大湾区的战略定位是,充满活力的世界级城市群、具有全球影响力的国际科技创新中心、"一带一路"建设的重要支撑、内地与港澳深度合作示范区、宜居宜业宜游的优质生活圈。其发展目标是,到2035年,大湾区形成以创新为主要支撑的经济体系和发展模式,经济实力、科技实力大幅跃升,国际竞争力、影响力进一步增强;大湾区内市场高水平互联互通基本实现,各类资源要素高效便捷流动;区域发展协调性显著增强,对周边地区的引领带动能力进一步提升;人民生活更加富裕;社会文明程度达到新高度,文化软实力显著增强,中华文化影响更加广泛深入,多元文化进一步交流融合;资源节约集约利用水平显著提高,生态环境得到有效保护,宜居宜业宜游的国际一流湾区全面建成。

推动粤港澳大湾区建设,主要任务包括以下几个方面。一是优化空间布局,构建极点带动、轴带支撑网络化空间格局,完善城市群和城镇发展体系,辐射带动泛珠三角区域发展。二是建设国际科技创新中心。构建开

---

① 《长江三角洲区域一体化发展规划纲要》。

放型区域协同创新共同体，打造高水平科技创新载体和平台，优化区域创新环境。三是加快基础设施互联互通。构建现代化的综合交通运输体系，优化提升信息基础设施，建设能源安全保障体系，强化水资源安全保障。四是构建具有国际竞争力的现代产业体系。加快发展先进制造业，培育壮大战略性新兴产业，加快发展现代服务业，大力发展海洋经济。五是推进生态文明建设。打造生态防护屏障，加强环境保护和治理，创新绿色低碳发展模式。六是建设宜居宜业宜游的优质生活圈。打造教育和人才高地，共建人文湾区，构筑休闲湾区，拓展就业创业空间，塑造健康湾区，促进社会保障和社会治理合作。七是紧密合作共同参与"一带一路"建设。打造具有全球竞争力的营商环境，提升市场一体化水平，携手扩大对外开放。八是共建粤港澳合作发展平台。优化提升深圳前海深港现代服务业合作区功能，打造广州南沙粤港澳全面合作示范区，推进珠海横琴粤港澳深度合作示范，发展特色合作平台。[①]

5. 推动黄河流域生态保护和高质量发展

黄河发源于青藏高原巴颜喀拉山北麓，呈"几"字形流经青海、四川、甘肃、宁夏、内蒙古、山西、陕西、河南、山东9省区，全长5464公里，是我国第二长河。黄河流域横跨东中西部，是我国重要的生态安全屏障和能源资源聚集地，也是人口活动和经济发展的重要区域，在国家发展大局和社会主义现代化建设全局中具有举足轻重的战略地位。2019年9月，习近平总书记在河南考察调研时，将黄河流域生态保护和高质量发展定位为国家战略。2021年10月，《黄河流域生态保护和高质量发展规划纲要》发布，强调黄河流域必须下大力气进行大保护、大治理：一方面，实施水源涵养提升、水土流失治理、黄河三角洲湿地生态系统修复、河道和滩区综合提升治理等重大生态工程，协同做好水污染、大气污染、土壤污染的治理工作；另一方面，加快兰州—西宁城市群、黄河"几"字弯都市圈、关中平原城市群、中原城市群、山东半岛城市群协同发展，带动整个沿黄地区高质量发展。

推动黄河流域生态保护和高质量发展，就是要把黄河流域打造成大江大河治理的重要标杆、国家生态安全的重要屏障、高质量发展的重要实验

---

① 《粤港澳大湾区发展规划纲要》。

区、中华文化保护传承弘扬的重要承载区。主要任务包括加强上游水源涵养能力建设、加强中游水土保持、推进下游湿地保护和生态治理、加强全流域水资源节约集约利用、全力保障黄河长治久安、强化环境污染系统治理、建设特色优势现代产业体系、构建区域城乡发展新格局、保护传承弘扬黄河文化等方面。①

"十四五"期间，扎实推进黄河流域生态保护和高质量发展，要加大上游重点生态系统保护和修复力度，筑牢三江源"中华水塔"，提升甘南、若尔盖等区域水源涵养能力。创新中游黄土高原水土流失治理模式，积极开展小流域综合治理、旱作梯田和淤地坝建设。推动下游二级悬河治理和滩区综合治理，加强黄河三角洲湿地保护和修复。开展汾渭平原、河套灌区等农业面源污染治理，清理整顿黄河岸线内工业企业，加强沿黄河城镇污水处理设施及配套管网建设。实施深度节水控水行动，降低水资源开发利用强度。合理控制煤炭开发强度，推进能源资源一体化开发利用，加强矿山生态修复。优化中心城市和城市群发展格局，统筹沿黄河县城和乡村建设。实施黄河文化遗产系统保护工程，打造具有国际影响力的黄河文化旅游带。建设黄河流域生态保护和高质量发展先行区。

6. 推动成渝地区双城经济圈建设

成渝地区双城经济圈位于"一带一路"和长江经济带交汇处，是西部陆海新通道的起点，具有连接西南西北，沟通东亚与东南亚、南亚的独特优势。区域内生态禀赋优良、能源矿产丰富、城镇密布、风物多样，是我国西部人口最密集、产业基础最雄厚、创新能力最强、市场空间最广阔、开放程度最高的区域，在国家发展大局中具有独特而重要的战略地位。为加强顶层设计和统筹协调，加快推动成渝地区形成有实力、有特色的双城经济圈，2021年10月，中共中央、国务院印发《成渝地区双城经济圈建设规划纲要》，推动成渝地区双城经济圈建设上升为国家战略，并作为区域重大战略写入党的二十大报告。

推动成渝地区双城经济圈建设的总体要求是，加强顶层设计和统筹协调，牢固树立一体化发展理念，唱好"双城记"，共建经济圈，合力打造区域协作的高水平样板，在推进新时代西部大开发中发挥支撑作用，在共

---

① 《黄河流域生态保护和高质量发展规划纲要》。

建"一带一路"中发挥带动作用，在推进长江经济带绿色发展中发挥示范作用。战略定位是，尊重客观规律，发挥比较优势，把成渝地区双城经济圈建设成为具有全国影响力的重要经济中心、科技创新中心、改革开放新高地、高品质生活宜居地。发展目标是，到2025年，成渝地区双城经济圈经济实力、发展活力、国际影响力大幅提升，一体化发展水平明显提高，区域特色进一步彰显，支撑全国高质量发展的作用显著增强。到2035年，建成实力雄厚、特色鲜明的双城经济圈，重庆、成都进入现代化国际都市行列，大中小城市协同发展的城镇体系更加完善，基础设施互联互通基本实现，具有全国影响力的科技创新中心基本建成，世界级先进制造业集群优势全面形成，现代产业体系趋于成熟，融入全球的开放型经济体系基本建成，人民生活品质大幅提升，对全国高质量发展的支撑带动能力显著增强，成为具有国际影响力的活跃增长极和强劲动力源。主要内容包括，构建双城经济圈发展新格局，合力建设现代基础设施网络，协同建设现代产业体系，共建具有全国影响力的科技创新中心，打造富有巴蜀特色的国际消费目的地，共筑长江上游生态屏障，联手打造内陆改革开放高地，共同推动城乡融合发展，强化公共服务共建共享等。①

7. 推进海南全面深化改革开放

海南省因改革开放而生，也因改革开放而兴。1988年，党中央批准海南建省办经济特区。30年来，海南省从一个边陲海岛发展成为我国改革开放的重要窗口，实现了翻天覆地的变化，为全国提供了宝贵经验。在中国特色社会主义进入新时代的大背景下，赋予海南经济特区改革开放新的使命，必将对构建我国改革开放新格局产生重大而深远的影响。2018年4月，中共中央、国务院出台《关于支持海南全面深化改革开放的指导意见》。

推进海南全面深化改革开放，其战略定位，一是全面深化改革开放试验区。大力弘扬敢闯敢试、敢为人先、埋头苦干的特区精神，在经济体制改革和社会治理创新等方面先行先试。实行更加积极主动的开放战略，探索建立开放型经济新体制，把海南打造成为我国面向太平洋和印度洋的重要对外开放门户。二是国家生态文明试验区。牢固树立和践行绿水青山就

---

① 《成渝地区双城经济圈建设规划纲要》。

是金山银山的理念，推动形成人与自然和谐发展的现代化建设新格局，为推进全国生态文明建设探索新经验。三是国际旅游消费中心。大力推进旅游消费领域对外开放，下大气力提升服务质量和国际化水平，打造业态丰富、品牌集聚、环境舒适、特色鲜明的国际旅游消费胜地。四是国家重大战略服务保障区。深度融入海洋强国、"一带一路"建设、军民融合发展等重大战略，全面加强支撑保障能力建设。

其发展目标是，到2025年，经济增长质量和效益显著提高；自由贸易港制度初步建立，营商环境达到国内一流水平；民主法制更加健全，治理体系和治理能力现代化水平明显提高；公共服务水平和质量达到国内先进水平，基本公共服务均等化基本实现；生态环境质量继续保持全国领先水平。到2035年，在社会主义现代化建设上走在全国前列；自由贸易港的制度体系和运作模式更加成熟，营商环境跻身全球前列；人民生活更为宽裕，全体人民共同富裕迈出坚实步伐，优质公共服务和创新创业环境达到国际先进水平；生态环境质量和资源利用效率居于世界领先水平；现代社会治理格局基本形成，社会充满活力又和谐有序。到21世纪中叶，率先实现社会主义现代化，形成高度市场化、国际化、法治化、现代化的制度体系，成为综合竞争力和文化影响力领先的地区，全体人民共同富裕基本实现，建成经济繁荣、社会文明、生态宜居、人民幸福的美好新海南。[①]

三　其他区域发展战略

1. 深入实施主体功能区战略

我国辽阔的陆地国土和海洋国土，是中华民族繁衍生息和永续发展的家园。为了我们的家园更美好、经济更发达、区域更协调、人民更富裕、社会更和谐，为了给我们的子孙留下天更蓝、地更绿、水更清的家园，必须推进形成主体功能区，科学开发我们的家园。推进形成主体功能区，就是要根据不同区域的资源环境承载能力、现有开发强度和发展潜力，统筹谋划人口分布、经济布局、国土利用和城镇化格局，确定不同区域的主体功能，并据此明确开发方向，完善开发政策，控制开发强度，规范开发秩序，逐步形成人口、经济、资源环境相协调的国土空间开发格局。

---

① 《中共中央 国务院关于支持海南全面深化改革开放的指导意见》。

2005年，国家"十一五"规划首次提出了主体功能区。2007年，党的十七大把基本形成主体功能区布局作为全面建设小康社会的一项重要目标。2010年，中央"十二五"规划建议将主体功能区上升到国家战略层面；2011年，《全国主体功能区规划》正式发布。此后，主体功能区战略均被列入国家"十三五""十四五"规划以及党的十八大、十九大、二十大报告中。

主体功能区规划，是适应我国国土空间特点的必然要求，是实施不同区域发展战略的重要基础。在主体功能区战略中，按开发方式，我国国土空间分为优化开发区域、重点开发区域、限制开发区域和禁止开发区域；按开发内容，分为城市化地区、农产品主产区和重点生态功能区。优化开发区域是经济比较发达、人口比较密集、开发强度较高、资源环境问题更加突出，从而应该优化进行工业化城镇化开发的城市化地区。重点开发区域是有一定经济基础、资源环境承载能力较强、发展潜力较大、集聚人口和经济的条件较好，从而应该重点进行工业化城镇化开发的城市化地区。优化开发区域和重点开发区域都属于城市化地区，开发内容总体上相同，开发强度和开发方式不同。限制开发区域分为两类：一类是农产品主产区，一类是重点生态功能区。禁止开发区域是依法设立的各级各类自然文化资源保护区域，以及其他禁止进行工业化城镇化开发、需要特殊保护的重点生态功能区。各类主体功能区，在全国经济社会发展中具有同等重要的地位，只是主体功能不同、开发方式不同、保护内容不同、发展首要任务不同、国家支持重点不同。对城市化地区主要支持其集聚人口和经济，对农产品主产区主要支持其增强农业综合生产能力，对重点生态功能区主要支持其保护和修复生态环境。[①]

2. 推进以人为核心的新型城镇化

新型城镇化是实现现代化的必由之路，是培育发展新动能的潜力所在和推进供给侧结构性改革的重要抓手。2014年3月，我国出台了《国家新型城镇化规划（2014~2020年）》。以人的城镇化为中心，新型城镇化建设稳步展开。2022年6月，《国家新型城镇化规划（2021~2035年）》印发，新型城镇化建设进入新的阶段。

---

① 《全国主体功能区规划》。

推进以人为核心的新型城镇化，主要包括以下几方面的内容。一是加快农业转移人口市民化。坚持存量优先、带动增量，统筹推进户籍制度改革和城镇基本公共服务常住人口全覆盖，健全农业转移人口市民化配套政策体系，加快推动农业转移人口全面融入城市。二是完善城镇化空间布局。发展壮大城市群和都市圈，分类引导大中小城市发展方向和建设重点，形成疏密有致、分工协作、功能完善的城镇化空间格局。以促进城市群发展为抓手，全面形成"两横三纵"城镇化战略格局。推动城市群一体化发展，优化城市群内部空间结构，构筑生态和安全屏障，形成多中心、多层级、多节点的网络型城市群。依托辐射带动能力较强的中心城市，提高一小时通勤圈协同发展水平，培育发展一批同城化程度高的现代化都市圈。统筹兼顾经济、生活、生态、安全等多元需要，优化提升超大特大城市中心城区功能。完善大中城市宜居宜业功能。推进以县城为重要载体的城镇化建设，加快县城补短板强弱项，推进公共服务、环境卫生、市政公用、产业配套等设施提级扩能，增强综合承载能力和治理能力。三是全面提升城市品质。坚持人民城市人民建、人民城市为人民，提高城市规划、建设、治理水平，加快转变超大特大城市发展方式，实施城市更新行动，加强城市基础设施建设，打造宜居、韧性、智慧城市，推动城市空间结构优化和品质提升。

3. 加快建设海洋强国

我国是海洋大国，海岸线漫长，管辖海域广袤，海洋资源丰富。习近平总书记指出，海洋事业关系民族生存发展状态，关系国家兴衰安危。作为一个陆海兼备的世界大国，坚定走向海洋、建设海洋强国对于推动我国经济社会持续健康发展，维护国家主权、安全和发展利益，实现中华民族伟大复兴具有重大而深远的意义。党的十八大报告中就明确了建设海洋强国的目标，提出大力开发海洋资源、发展海洋经济、保护海洋生态环境等，将海洋战略置于前所未有的高度。加快建设海洋强国作为一项重要区域战略，被列入国家"十三五""十四五"规划和党的十九大、二十大报告中。

当前，海洋事业发展已具有一定的战略高度，发展海洋经济，建设海洋强国，要坚持陆海统筹，走依海富国、以海强国、人海和谐、合作共赢的发展道路，高质量发展海洋经济，坚定维护海洋权益，加快建设海洋强国。其重点任务，一是建设现代海洋产业体系。围绕海洋工程、海洋资源、海洋环境等领域，突破一批关键核心技术。做强船舶制造、海工装备等全球海洋竞争优势企业，培育壮大海洋生物医药、海水淡化等新兴和前沿产业，推进海洋能规模化应用，促进海洋渔业持续健康发展。完善海洋经济布局，发展北部、东部、南部三大海洋经济圈，建设一批高质量海洋经济发展示范区。二是打造可持续海洋生态环境。构建沿海、流域、海域相统筹的海洋空间治理体系。除国家重大项目外，全面禁止围填海。拓展入海污染物排放总量控制范围，协同推进入海河流和排污口精准治理。强化重点海域和突出环境问题治理，推进海域海岛精细化管理。加强风险管控，提升抵御台风、风暴潮等海洋灾害的能力。三是深度参与全球海洋治理，重视远洋开发和治理，加大对外开放交流力度。积极参与国际海洋治理机制和相关规则制定与实施，构建海洋命运共同体。坚决维护国家海洋权益，增强国家海洋软实力。共建21世纪海上丝绸之路，巩固拓展蓝色伙伴关系，建设"冰上丝绸之路"，提高参与南极保护和利用能力。

4. 充分发挥重大功能平台试验探索、引领促进和辐射带动作用

我国始终把重大功能平台建设放在促进区域协调发展的突出位置，充分发挥其试验探索、引领促进和辐射带动作用。21世纪以来，着力建设了一批综合配套改革试验区，起到了良好的先行先试作用。特别是党的十八大以来，包括自由贸易区、国家级新区、生态文明试验区、高水平示范区在内的一批新型功能性平台相继设立，在加快构建新发展格局下区域协调发展的实践中扮演了不可替代的角色。

第一，综合配套改革试验区。根据深化改革、扩大开放及促进重点区域发展的需要，我国设立了综合配套改革试验区，并制定了相应的支持性政策，包括上海浦东新区综合配套改革试验区（2004）、天津滨海新区综合配套改革试验区（2006）、成渝统筹城乡综合配套改革试验区（2007）、武汉和长株潭两型社会建设综合配套改革试验区（2007）、山西国家资源型经济转型综合配套改革试验区建设和能源革命综合改革试点（2010）、沈阳国家新型工业化综合配套改革试验区（2010）等。

第二，自由贸易区。为充分利用国内国际两种资源、有效整合国内国际两个市场，中央于2013年在上海设立了首个自由贸易区，开放型经济建设迈上新层次。此后，广东、天津、福建于2015年4月，辽宁、浙江、河南、湖北、重庆、四川、陕西于2017年3月，海南于2018年4月，山东、

江苏、广西、河北、云南、黑龙江于2019年7月,北京、湖南、安徽于2020年9月先后分5批开展自由贸易区实践,共包括20省区市。

第三,国家级新区。自1990年上海浦东成为首个国家级新区以来,国家先后共设立19个国家级新区,其中又以雄安新区最具代表性。作为千年大计、国家大事,设立雄安新区将有助于疏解北京非首都城市功能。2018年4月和12月,《河北雄安新区规划纲要》《河北雄安新区总体规划(2018~2035年)》分别得到批复。雄安新区将在城乡融合发展、营造优美自然环境、构建综合交通网络、高起点布局高端产业等方面为人口密集平原区的城市化开辟新路。

第四,高水平示范区。2019年以来,国家先后提出在深圳建设中国特色社会主义先行示范区、在浦东打造社会主义现代化建设引领区、在浙江高质量发展建设共同富裕示范区的战略构想,东部地区成为2035年基本实现社会主义现代化伟大征程中的主心骨。[1]

第五,生态文明试验区。2016年,福建、江西、贵州成为首批开展国家生态文明试验区建设的省份。2019年,海南加入生态文明试验区"国家队"。

第二节 我国东部省份的现代化实践与探索

东部地区是我国经济的"压舱石"、发展的"动力源"、改革的"试验田",经济基础好,发展韧性强,发展活力足。党的十九大报告提出"创新引领率先实现东部地区优化发展",党的二十大报告进一步提出"鼓励东部地区加快推进现代化"。作为我国经济社会发展的先行地,东部地区在全国现代化建设新征程中被委以闯关探路的重要历史使命。在习近平新时代中国特色社会主义思想引领下,东部各地纷纷提出各自的目标和思路,努力在全面建设社会主义现代化国家新征程中积极作为,奋勇争先。

一 广东:在高质量发展中探索中国式现代化的广东路径

广东地处中西文明交流的前沿,近代以来一直扮演着现代化先行者的

---

[1] 孙久文、蒋治:《新发展格局下区域协调发展的战略骨架与路径构想》,《中共中央党校(国家行政学院)学报》2022年第4期。

角色。作为我国改革开放的排头兵、先行地、实验区，广东在我国改革开放和社会主义现代化建设大局中具有十分重要的地位和作用。改革开放以来，广东经济总量连续33年居全国第一位。尤其是党的十八大以来，广东坚持以习近平新时代中国特色社会主义思想和习近平总书记对广东重要讲话、重要指示精神为指导，加强顶层设计、长远谋划，形成推进广东现代化建设的具体行动方案和施工图，成效显著。在新的历史时期，广东肩负着走在全国前列、创造新的辉煌的使命任务。广东省第十三次党代会提出，抓住建设粤港澳大湾区、支持深圳建设中国特色社会主义先行示范区、建设横琴和前海两个合作区、深圳综合改革试点、建设粤港澳大湾区高水平人才高地等重大历史机遇，深化实施"1+1+9"工作部署，奋力在全面建设社会主义现代化国家新征程中走在全国前列、创造新的辉煌。

以高质量发展为牵引，高水平推进现代化建设，广东着重从以下几个方面进行路径探索。一是突出更大魄力、更高起点，全面深化改革开放，与时俱进全面深化改革，做好改革总体规划，推进"集成式"改革，建立健全推动改革落实的制度机制，永葆"闯"的精神、"创"的劲头、"干"的作风，努力续写更多"春天的故事"；锐意开拓全面扩大开放，优化对外开放布局，打出外贸、外资、外包、外经、外智"五外联动"组合拳，稳步扩大规则、规制、管理、标准等制度型开放，努力塑造广东开放型经济新优势。二是突出深化粤港澳合作，高水平谋划推进大湾区建设，统筹推进深圳先行示范区和横琴、前海、南沙三大平台等重大战略重大平台落地落实，探索三地协同发展新模式，在共同参与中国式现代化建设、共担民族复兴大任中展现大湾区建设的广阔空间、无限潜力。三是突出制造业当家，加快现代化产业体系建设，抓大产业、抓大平台、抓大项目，把制造业这份厚实的家当做优做强，在新的高度挺起广东现代化建设的产业"脊梁"。四是突出基础性战略性支撑，协同推进教育强省、科技创新强省和人才强省建设，加快构建起"基础研究+技术攻关+成果转化+科技金融+人才支撑"全过程创新生态链，把现代化建设的根基打得更稳更牢。五是突出县域振兴，推动城乡区域协调发展，实施"百县千镇万村高质量发展工程"，全力推动县域高质量发展，强化乡镇联城带村的节点功能，深入实施乡村建设行动，推动城乡区域协调发展取得更大突破性进展。六是突出绿美广东引领，擦亮高质量发展的生态底色，努力探索新时代绿水青山就是金山银山的广东路径。七是突出文化自信自强，推进"两个文明"相协调、相促进，不断做强岭南特色品牌，打造一批具有全国影响力的扛鼎之作，让"诗和远方"在广东触手可及。八是突出均衡性可及性，让老百姓生活步步高、喜洋洋，着力探索共同富裕的有效路径。①

二 浙江：奋力推进中国特色社会主义共同富裕先行和省域现代化先行

浙江作为中国革命红船起航的地方，作为习近平新时代中国特色社会主义思想重要萌发地，作为中国改革开放和中国式现代化建设先行的地方，作为高质量发展建设共同富裕示范区，在推进中国式现代化上拥有宝贵财富、肩负光荣使命。近年来，浙江始终把"八八战略"作为浙江全面推进习近平新时代中国特色社会主义思想省域生动实践的总抓手，作为引领浙江共同富裕和现代化的总纲领，把学懂弄通做实习近平新时代中国特色社会主义思想与一以贯之忠实践行"八八战略"结合起来，把扛起中国式现代化浙江使命与奋力推进"两个先行"结合起来，完善"国之大者"从宏观、中观到微观全贯通落实机制，全面推动习近平新时代中国特色社会主义思想在浙江落地生根、开花结果。

浙江的现代化建设有力地彰显了中国特色社会主义制度的优越性，展示出了我国的大国风采，为其他地区开展现代化建设提供了浙江探索和浙江方案，概括起来主要包括以下几个方面。一是高水平服务和融入新发展格局，加快打造高质量发展高地，争创高水平社会主义市场经济体制先发优势，创新实施扩大内需战略，建设更具活力创新力竞争力的现代化产业体系，高质量创建乡村振兴示范省，构建优势互补、高质量发展的区域经济布局和国土空间体系，扩大高水平对外开放。二是全面深化改革创新，加快打造数字变革高地，坚持以数字化改革引领系统性变革、以高水平科技创新引领高质量发展，全面推进教育优先发展、科技自立自强、人才引领驱动，全面发展数字文明，强化现代化建设的基础性、战略性支撑。三

---

① 李希：《忠诚拥护"两个确立"坚决做到"两个维护"奋力在全面建设社会主义现代化国家新征程中走在全国前列创造新的辉煌——在中国共产党广东省第十三次代表大会上的报告》，广东省人民政府网，http://www.gd.gov.cn/xxts/content/post_3940550.html？eqid=911531d600049cbc0000000664267f3c。

第五章　中国现代化的区域战略与实践

是全面深化民主法治建设，加快打造全过程人民民主实践高地，全面落实和加强人民当家做主制度保障，全面推进协商民主广泛多层制度化发展，丰富拓展基层民主实践。四是推进文化自信自强，加快打造新时代文化高地，建设具有强大凝聚力和引领力的社会主义意识形态，打响"文明中国看浙江"品牌。五是持续增进民生福祉，加快打造社会全面进步高地，坚持在发展中保障和改善民生，全面提升社会建设战略地位，推进公共服务优质共享，统筹富民惠民安民，创造更加幸福、和谐、平安的社会发展环境。六是深入践行"绿水青山就是金山银山"理念，加快打造生态文明高地，高水平推进美丽浙江建设，全力创建国家生态文明试验区，建设减污降碳协同创新区，加快全国生态环境数字化改革和生态环境大脑试点省建设，推进生态文明建设先行示范。七是协同推进物的全面丰富和人的全面发展，加快打造促进全体人民全面发展高地，深化党建统领多方协同助力共同富裕，探索构建促进全体人民全面发展制度体系，系统探索完善全民权利保障、能力发挥、素质发展、人际关系协调的制度，加快探索以人为核心的现代化省域路径。八是高水平推进以党的自我革命引领社会革命的省域实践，加快打造新时代党建高地和清廉建设高地。[1]

三　山东：以绿色低碳高质量发展先行区建设谱写中国式现代化"山东篇章"

山东作为东部沿海经济大省、人口大省、粮食大省，在全国区域经济格局中占有重要位置。近年来，山东坚定落实习近平总书记对山东工作的重要指示要求，锚定"走在前、开新局"，矢志推进强省建设，实施黄河重大国家战略获得重大进展，加快新旧动能转换取得重大成效，绿色低碳高质量发展先行区建设实现重大突破。站在新的历史起点上，作为东部沿海大省，在以中国式现代化全面推进中华民族伟大复兴的新征程上，坚持服从服务全国大局，着眼国家所需展现作为、彰显担当，山东责无旁贷。2023年山东省《政府工作报告》明确提出，以建设绿色低碳高质量发展先

---

[1] 《中共浙江省委关于全面学习贯彻党的二十大精神　忠实践行"八八战略"坚定捍卫"两个确立"坚决做到"两个维护"以"两个先行"打造"重要窗口"奋力谱写中国式现代化浙江篇章的决定》。

行区为总抓手，推进中国式现代化"山东实践"，努力在服务和融入新发展格局上走在前、在增强经济社会发展创新力上走在前、在推动黄河流域生态保护和高质量发展上走在前，不断改善人民生活、促进共同富裕，开创新时代社会主义现代化强省建设新局面。

围绕"强富高优美"强省内涵，山东省提出了推动实现"五个新跃升"，推动综合发展实力实现新跃升、推动人民生活品质实现新跃升、推动社会文明程度实现新跃升、推动生态环境质量实现新跃升、推动安全发展水平实现新跃升。在具体实践路径上，一是加快推动科技自立自强，构筑高能级创新平台，提升科技创新效能，引育一流创新人才，争当国家高水平科技自立自强排头兵。二是纵深推进新旧动能转换，全面提升传统产业，强力突破新兴产业，集中做强先进制造业，培育壮大数字动能，建设先进制造业强省，塑成高质量发展新优势。三是积极实施扩大内需战略，强化有效投资支撑，推动消费扩容提质，构建现代流通体系，增强内生动力和发展韧性。四是深入打造乡村振兴齐鲁样板，扛牢维护粮食安全重大责任，全面提高农业质量效益，扎实稳妥推进乡村建设，促进农民富裕富足。五是大力发展海洋经济，打造世界一流海洋港口，抢占海洋产业发展制高点，建设人海和谐美丽海洋，打造全国海洋经济引领区，努力做好经略海洋这篇大文章。六是扎实推进区域协调发展，发挥山东半岛城市群龙头作用，全面优化"一群两心三圈"格局，打造全国重要增长极和强劲动力源。七是坚定不移深化改革开放，纵深推进重点领域改革，坚决破除一切束缚发展的体制机制障碍，着力打造对外开放新高地，增强高质量发展动力活力。八是系统推进生态文明建设，以建设绿色低碳高质量发展先行区为引领，有序推进碳达峰碳中和，深入打好污染防治攻坚战，统筹生态系统保护修复。[1]

第三节 我国中西部省份的现代化实践与探索

随着西部大开发和促进中部地区崛起等国家战略的相继实施，中西部

---

[1] 李干杰：《牢记嘱托走在前 勇担使命开新局 为建设新时代社会主义现代化强省而努力奋斗——在中国共产党山东省第十二次代表大会上的报告》，山东省人民政府网，http://www.shandong.gov.cn/art/2022/6/10/art_97902_540635.html。

地区经济实力快速提升,社会民生持续改善,基础设施日益完善,生态保护成效显著,在全国发展大局中的地位愈发凸显。《中共中央 国务院关于新时代推动中部地区高质量发展的意见》明确提出,到2035年,中部地区要基本实现社会主义现代化,共同富裕取得更为明显的实质性进展。《中共中央 国务院关于新时代推进西部大开发形成新格局的指导意见》明确提出,到2035年,西部地区基本实现社会主义现代化,基本公共服务、基础设施通达程度、人民生活水平与东部地区大体相当。中西部地区也纷纷从各自实际出发,围绕社会主义现代化建设凝心聚力,不断开创新时代高质量发展新局面。

一 湖北:以流域综合治理为基础推进四化同步发展

改革开放以来,湖北省经济社会发展发生了翻天覆地的变化,实现了由短缺到丰富充裕的巨大转变,基础产业和基础设施得到了大发展,全面开放的整体格局基本形成,人民生活实现了从温饱不足到全面小康的巨大跨越。习近平总书记赋予了湖北"建成支点、走在前列、谱写新篇"的光荣使命。在新的历史条件下,湖北省第十二次党代会提出,努力建设全国构建新发展格局先行区,推动高质量发展,促进共同富裕,加快"建成支点、走在前列、谱写新篇",奋进全面建设社会主义现代化新征程。

治荆楚必先治水。湖北水系众多,是长江流域重要的水源涵养地和重要生态屏障,确保"一江清水东流""一库净水北送"是湖北的政治责任。水的问题,表象在江河湖库,根子在流域。基于此,湖北省出台了《湖北省流域综合治理和统筹发展规划纲要》,其中明确提出流域综合治理,以流域综合治理为基础,统筹推进四化同步发展。2023年湖北省《政府工作报告》提出,探索以流域综合治理为基础推进四化同步发展的中国式现代化湖北路径,为全面建设社会主义现代化国家贡献湖北力量。在具体举措上,一是坚持创新驱动发展,加快建设现代产业体系,充分发挥湖北的科教、人才、产业等比较优势,着力解决一批国家急迫需要和长远发展中的重大"卡脖子"问题,推动"三高地、两基地"建设,加快形成若干个具有全国辐射力和国际竞争力的骨干产业和产业集群。二是积极融入全国统一大市场,打造国内大循环的重要节点和国内国际双循环的重要枢纽,打造国内大循环的生产节点、流通节点、消费节点,构建国内国际双循环的要素链接、产能链接、市场链接。三是推进区域协调发展和新型城镇化，提高经济集聚度和城市竞争力，加快建设以武汉、襄阳、宜昌为中心的三大都市圈，推进长江中游城市群协同发展。四是以强县工程为抓手，全面推进乡村振兴，加快推进以县城为重要载体的就地城镇化和以县域为单元的城乡统筹发展，推动城乡协调发展，缩小城乡差距。五是全面深化改革开放，打造内陆开放新高地，以控制成本为核心优化营商环境，深化重点领域和关键环节改革，坚持内引外联、双向开放。六是坚定文化自信，加快文化强省建设步伐，推进荆楚文化创造性转化、创新性发展，激发奋进新征程、建功新时代的强大精神力量。七是更大力度保障和改善民生，夯实共同富裕基础，持续增加居民收入，加快发展社会事业，不断提升人民群众的获得感、幸福感、安全感。①

二 安徽：共同谱写现代化美好安徽建设新篇章

由于历史、地理等原因，在很长的一段时间里，安徽因为"不东不西"的尴尬处境而与中国的几次经济发展良机失之交臂，经济社会发展水平在全国处于落后地位。改革开放以来，安徽综合实力不断增强，产业结构持续优化，民生福祉显著改善，实现了从一穷二白到人民生活小康，从农业大省到轻工大省、工业大省的跨越，再到向制造业强省、"创新安徽"、五大发展美好安徽迈进。安徽既是长三角的腹地，又是中部地区与长三角联动发展的桥头堡，是长三角高质量一体化、中部崛起、长江经济带等多重战略叠加的交汇点，理当展现更多"安徽作为"，力争更多"安徽成就"，在全面建设社会主义现代化国家新征程中发挥更大作用。

安徽省第十一次党代会提出，加快打造具有重要影响力的科技创新策源地、新兴产业聚集地、改革开放新高地和经济社会发展全面绿色转型区，在高质量发展中促进共同富裕，共同谱写现代化美好安徽建设新篇章。为实现这一目标，安徽省的总体思路是，在未来一段时期，一是打造经济强的创新安徽，强化国家战略科技力量，强化合肥综合性国家科学中

---

① 王蒙徽：《立足新发展阶段 贯彻新发展理念 努力建设全国构建新发展格局先行区 奋进全面建设社会主义现代化新征程——在中国共产党湖北省第十二次代表大会上的报告》，湖北省人民政府网，http://www.hubei.gov.cn/zwgk/hbywqb/202206/t20220624_4190211.shtml。

心建设，强化科技成果转化应用，大力改造提升传统产业，大力培育壮大新兴产业，大力推进数字经济健康发展，大力发展现代服务业，建设具有重要影响力的科技创新策源地和具有重要影响力的新兴产业聚集地。二是打造格局新的共进安徽，着力统筹区域协调发展，推动皖北振兴，着力提升城市发展能级，推进中小城市建设，着力提升就业和社会保障水平，发展社会事业，同时坚定不移推动文化事业和文化产业高质量发展，拓展公共文化服务供给主渠道，培育"皖字号"文化产业主力军。三是打造环境优的美丽安徽，建设具有重要影响力的经济社会发展全面绿色转型区，以更高站位推进碳达峰碳中和，以更大力度改善生态环境质量，以更实举措推进生态系统保护修复，以更严要求推进生态环境治理。四是打造活力足的开放安徽，进一步激发市场主体活力，进一步健全高标准市场体系，进一步创新政府管理和服务方式，积极推进长三角一体化发展，积极推动中部地区高质量发展，积极打造美丽长江（安徽）经济带，积极参与"一带一路"建设，建设具有重要影响力的改革开放新高地。五是打造百姓富的幸福安徽，着力增加居民收入，推进乡村全面振兴，促进农业高质高效，促进乡村宜居宜业，促进农民富裕富足。①

三 四川：奋力谱写中国式现代化四川篇章

四川是全国人口大省、经济大省、科教大省、资源大省，成渝地区双城经济圈建设、"一带一路"建设、长江经济带发展、新时代西部大开发、西部陆海新通道建设等国家战略在此交汇。党的十八大以来，四川遵照习近平总书记关于四川发挥独特优势、更好服务国家发展全局的重要指示精神，抢抓国家重大战略机遇，以成渝地区双城经济圈建设为战略牵引，探索融入新发展格局的有效路径，深化拓展"一干多支、五区协同"战略部署，推动加快形成优势互补、高质量发展的区域经济布局。成渝地区双城经济圈建设成势见效，融入新时代西部大开发按下快进键，担起长江经济带建设上游责任，深化粤港澳大湾区合作跑出加速度，融入和服务"一

---

① 郑栅洁：《忠诚尽职 奋勇争先 全面强化"两个坚持"全力实现"两个更大"共同谱写现代化美好安徽建设新篇章——在中国共产党安徽省第十一次代表大会上的报告》，安徽省人民政府网，https://www.ah.gov.cn/zwyw/jryw/554057671.html？share_token=6946eb8d-ff28-437d-af24-11faef747b16。

带一路"建设成果丰硕,"一干多支、五区协同"战略部署深入实施,推动新时代治蜀兴川再上新台阶。①

四川省第十二次党代会提出,以成渝地区双城经济圈建设为总牵引,以"四化同步、城乡融合、五区共兴"为总抓手,坚持"讲政治、抓发展、惠民生、保安全"工作总思路,推动治蜀兴川再上新台阶,在新的征程上奋力谱写四川发展新篇章。"总抓手"是现代化四川建设的总揽,定方向、管全局、统各方,是写好中国式现代化四川篇章的总逻辑,指明了四川现代化建设的路径方向。在具体安排上,一是以成渝地区双城经济圈建设引领高水平区域协调发展,围绕建设具有全国影响力的重要经济中心、科技创新中心、改革开放新高地、高品质生活宜居地,强化经济承载和辐射带动功能、创新资源集聚和转化功能、改革集成和开放门户功能、人口吸纳和综合服务功能,推动形成有实力、有特色的双城经济圈。二是建设支撑高质量发展的现代化经济体系,深入实施创新驱动发展战略,按照旗舰领航、园区集聚、数字赋能、低碳转型的思路,推动高端化、智能化、绿色化并进,促进产业链、创新链、价值链融合,不断提升产业现代化水平。三是筑牢长江黄河上游生态屏障,进一步树牢上游意识、强化上游担当,加强流域生态保护,有力有序推进碳达峰碳中和,推动生态环境保护修复,建立健全现代环境治理体系,推进美丽四川建设。四是加快新时代文化强省建设,推动长征国家文化公园(四川段)、中国共产党四川历史展览馆、四川革命军事馆等建设,深入实施文化惠民工程,健全现代公共文化服务体系,更好满足群众多样化文化需求。五是朝着共同富裕目标持续增进民生福祉,持续扩大就业增加收入,加快推进教育现代化,深入推进健康四川建设,加快推进省内欠发达地区、革命老区、民族地区、盆周山区高质量发展,积极探索共同富裕实现路径。②

---

① 《推动新时代治蜀兴川再上新台阶——党的十八大以来四川发展综述》,四川党史文献网,http://www.scds.org.cn/2022-12/23/332-131-11489.htm。
② 王晓晖:《高举习近平新时代中国特色社会主义思想伟大旗帜 团结奋进全面建设社会主义现代化四川新征程——在中国共产党四川省第十二次代表大会上的报告》,四川省人民政府网,http://jst.sc.gov.cn/scjst/c101451/2022/6/6/19c55815ff82405d89edeede8e78c1e9.shtml。

四　贵州：谱写多彩贵州现代化建设新篇章

贵州位于我国西南地区，境内群山起伏、沟壑纵横、地形崎岖、山阻水隔的封闭环境，使其资源开发利用率低，在全国长期处于落后地位。近年来，贵州全面贯彻新发展理念，牢牢守好发展和生态两条底线，从以脱贫攻坚统揽全局转变为以高质量发展统揽全局，夯实基础设施，推进产业升级，扩大开放创新，加快生态建设，改善民生保障，综合经济实力大幅提升，创造了赶超跨越的"黄金十年"，与全国同步全面建成小康社会、实现了第一个百年奋斗目标。习近平总书记曾经赞誉："贵州取得的成绩，是党的十八大以来党和国家事业大踏步前进的一个缩影。"

贵州省第十三次党代会提出，坚持以高质量发展统揽全局，坚持以人民为中心的发展思想，守好发展和生态两条底线，统筹发展和安全，坚持围绕"四新"主攻"四化"主战略，全力建设"四区一高地"，奋力谱写多彩贵州现代化建设新篇章。围绕奋力谱写多彩贵州现代化建设新篇章的奋斗目标，贵州提出从以下几个方面进行重点发力。一是坚定不移推动"四化"，构建支撑高质量发展的现代产业体系，奋力推进工业大突破、城镇大提升、农业大发展和旅游大提质。二是深化改革扩大开放激活创新汇聚人才，增强高质量发展的动力活力，以战略思维、前瞻眼光谋划改革开放创新和人才工作，最大限度为高质量发展赋能增力，全力推进综合改革、内外开放、科技创新和人才汇聚。三是践行以人民为中心的发展思想，让人民群众在高质量发展中共享高品质生活，坚决完成巩固拓展脱贫攻坚成果硬任务，扎实做好乡村振兴大文章，抓好提高城乡居民收入"牛鼻子"，加快补齐基本公共服务短板，夯实城乡基础设施支撑。四是做好"绿水青山就是金山银山"这篇大文章，厚植高质量发展的生态优势，持之以恒推进生态文明建设，打通绿水青山与金山银山双向转换通道，推动经济高质量发展和生态环境高水平保护协同共进。五是大力发展社会主义民主法治，汇聚高质量发展的强大合力，最大限度汇聚热爱贵州、建设贵州、奉献贵州的磅礴力量。六是繁荣多彩贵州特色文化，凝聚高质量发展的强大精神力量，弘扬新时代贵州精神，构筑贵州人民自信自强的精神新高地。七是统筹发展和安全，为高质量发展营造和谐稳定的良好环境，坚决维护政治安全、经济安全、人民生命安全和社会和谐稳定。①

第四节 我国东北地区的现代化实践与探索

东北地区是新中国的"工业摇篮",苏联援建的150个项目中有57个都落在了东北,为建成独立、完整的工业体系和国民经济体系,为国家的改革开放和现代化建设作出了历史性的重大贡献。然而随着改革开放的深入,东北老工业基地的体制性机制性结构性问题日益显现,东北地区的经济发展速度逐渐落后于东部沿海地区。近年来,随着东北振兴战略的持续深入实施,东北三省经济发展和社会进步取得了积极可喜的成绩,经济总量迈上新台阶,国有企业竞争力增强,结构调整扎实推进,重大装备研制位于全国前列,粮食综合产能显著提高,生态环境持续优化,社会事业蓬勃发展,民生得到明显改善,在现代化建设新征程中不断焕发出新的生机和活力。

一 黑龙江:奋力谱写全面建设社会主义现代化国家龙江新篇章

黑龙江省是国家重要的粮食、能源、原材料和重型装备生产制造基地,科教实力雄厚、生态优势突出、对外开放区位优势明显,高质量发展基础坚实。近年来,特别是省第十二次党代会以来,黑龙江省的经济建设、社会发展取得了一系列的成就,社会和谐安康有序,民生福祉大力改善。中国共产党黑龙江省第十三届委员会第二次全体会议提出,坚决扛起维护国家"五大安全"政治责任,坚持质量引领、创新驱动、开放包容、绿色低碳、为民造福、勤政清廉,自信自强、守正创新,踔厉奋发、勇毅前行,加快推动振兴发展实现新突破、迈上新台阶、开创新局面,奋力谱写全面建设社会主义现代化国家龙江新篇章,为全面推进中华民族伟大复兴作出更大贡献。

---

① 谌贻琴:《高举伟大旗帜 牢记领袖嘱托 坚持以高质量发展统揽全局 奋力谱写多彩贵州现代化建设新篇章——在中国共产党贵州省第十三次代表大会上的报告》,贵州省人民政府网,https://www.guizhou.gov.cn/home/tt/202205/t20220505_73700245.html。

围绕奋力谱写全面建设社会主义现代化国家龙江新篇章的战略目标，黑龙江省提出，一是加快构建现代化产业体系，实施产业基础再造工程、重大技术装备攻关工程、专精特新企业发展工程，建设先进制造业优势产业集群，大力发展数字经济、生物经济、冰雪经济、创意设计产业，着力构建"4567"现代化产业体系。二是当好农业现代化建设排头兵，发挥农业大省优势，大力发展科技农业、绿色农业、质量农业、品牌农业，加快建成农业强省，在农业强国建设中率先实现农业现代化。三是全面推进乡村振兴，坚持农业农村优先发展，加快城乡融合发展，扎实推动乡村产业、人才、文化、生态、组织振兴。四是加快推进区域协调发展，深化龙粤合作、深哈合作，主动对接京津冀协同发展、长江经济带发展、粤港澳大湾区建设等国家区域重大战略，加快推进哈长城市群、哈尔滨现代化都市圈、哈大齐国家自主创新示范区、"藏粮于地、藏粮于技"战略核心区、沿边开放开发合作区、资源型地区转型发展区、大小兴安岭生态功能区建设。五是加快打造我国向北开放新高地，充分发挥对俄合作"桥头堡"作用，加强与俄远东地区开展战略对接，积极保障中俄能源合作，深化对俄农业合作，推动对俄贸易扩量提质，更好服务中俄新时代全面战略协作伙伴关系发展。六是推动重点领域改革取得突破，深化国资国企改革，支持央企深化改革和央地深度融合发展，加快打造市场化法治化国际化一流营商环境。七是坚定不移加强生态文明建设，实施生态振兴计划，协同推进经济高质量发展和生态环境高水平保护，着力打造"绿水青山就是金山银山，冰天雪地也是金山银山"实践地。[①]

二　吉林：在中国式现代化进程中推动吉林全面振兴取得新突破

吉林省具有沿边近海优势，是国家"一带一路"向北开放的重要窗口。作为我国传统的老工业基地，吉林加工制造业比较发达，汽车、石化、食品、装备制造、医药健康为五大重点产业，尤其是汽车、高铁制造在国内处于领先水平。近年来，吉林省深入贯彻习近平总书记视察吉林重要讲话和重要指示精神，全面实施"三个五"战略、"一主六双"高质量

---

① 《中共黑龙江省委关于认真学习宣传贯彻党的二十大精神 奋力谱写全面建设社会主义现代化国家龙江新篇章的决定》。

发展战略，经济竞争力、创新力、抗风险能力稳步增强，推动吉林振兴进入"上升期"和"快车道"，为全面建设社会主义现代化新吉林奠定了坚实基础。吉林省第十二次党代会提出，一以贯之推进"三个五"战略，全面实施"一主六双"高质量发展战略，推动中东西"三大板块"聚焦功能区定位、实现特色发展，守住"五大安全"底线，努力在服务党和国家工作全局中体现新担当，在走出一条质量更高、效益更好、结构更优、优势充分释放的发展新路上实现新突破，在加快推动新时代吉林全面振兴、全方位振兴的征程上展现新作为，奋力谱写全面建设社会主义现代化新吉林精彩篇章。

锚定全面建设社会主义现代化新吉林的主要目标，吉林省提出着力抓好七个方面工作。一是完整准确全面贯彻新发展理念，推动经济高质量发展，把新发展理念贯彻到经济社会发展全过程，加快建设现代化经济体系，不断迈向更高质量、更有效率、更加公平、更可持续、更为安全的发展。二是全面推进乡村振兴，加快实现农业农村现代化，把"三农"工作重心历史性转向全面推进乡村振兴，坚持党政同责、五级书记抓乡村振兴，加快农业农村现代化，保障好农产品等初级产品供给，牢牢守住保障国家粮食安全和不发生规模性返贫两条底线，促进农业高质高效、乡村宜居宜业、农民富裕富足。三是加快生态强省建设，厚植吉林发展亮丽底色，牢固树立"绿水青山就是金山银山，冰天雪地也是金山银山"的理念，坚定不移走生态优先、绿色发展之路，筑牢生态安全屏障，以良好的生态环境增进人民福祉，为共建清洁美丽中国作出更大贡献。四是坚定不移推进新时代改革开放，增强振兴发展的动力活力，坚持从解放思想抓起、从创新体制机制入手、从优化营商环境破局，推动更深层次改革，扩大更高水平开放，为实现高质量发展、创造高品质生活提供有力支撑。五是发展社会主义民主法治，汇聚推进新时代吉林振兴发展的磅礴力量，始终坚持党的领导、人民当家做主、依法治国有机统一，全面推进法治吉林建设，努力寻求最大公约数、画出最大同心圆。六是坚定文化自信，推动文化繁荣发展，以强烈的历史主动精神，讲好新时代吉林故事，为吉林振兴发展提供强大的价值引导力、文化凝聚力和精神推动力。七是持续增进民生福祉，在高质量发展中促进共同富裕，坚持以人民为中心的发展思想，把"蛋糕"做大做好、切好分好，尽力而为、量力而行，着力解决群众急难愁盼问题,更好保障和改善民生,不断向着共同富裕目标迈进。①

三 辽宁:以中国式现代化辽宁实践推动全面振兴取得新突破

辽宁地处环渤海和东北亚中心地带,是全国唯一一个既沿海又沿边又沿江的省份。得益于此,辽宁是中国近代开埠最早的省份之一,是我们国家最早实行对外开放政策的沿海省份之一。辽宁资源、科教、人才、基础设施等支撑能力较强,产业基础雄厚、工业体系完备,拥有一批关系国民经济命脉和国家安全的战略性产业,发展潜力巨大。近年来,在东北振兴的大布局中,辽宁正焕发出新的生机,数字辽宁、智造强省建设驶入快车道,高水平制度创新成果不断推出,营商环境正在加快改善,高质量发展项目不断集聚,发展新动能持续壮大,持续为全面建设社会主义现代化国家贡献辽宁力量。

辽宁省第十三次党代会提出,要补齐"四个短板"、做好"六项重点工作",建设数字辽宁、智造强省,奋力开创营商环境好、创新能力强、区域格局优、生态环境美、开放活力足、幸福指数高的振兴发展新局面。在具体推进路径上,一是坚持创新驱动发展,全面塑造振兴发展新优势,重点推进沈阳材料科学国家研究中心、国家机器人创新中心、国家区域医疗中心建设;支持中科院大连化物所建设第四代先进光源大科学装置,加快沈阳浑南科技城、大连英歌石科学城建设,提升沈大国家自主创新示范区建设水平;发挥辽宁在新材料、精细化工、高端装备制造、半导体芯片制造设备和工业基础软件等领域的产业底蕴和科技优势,解决一批"卡脖子"难题,为国家高水平科技自立自强贡献辽宁智慧。二是推动由制造大省向智造强省转变,扎实做好改造升级"老字号"、深度开发"原字号"、培育壮大"新字号"结构调整"三篇大文章",突出重点领域和关键环节,提升制造业核心竞争力,推动制造大省向智造强省转变。三是优化区域经济布局,增强发展的平衡性协调性,加快构建"一圈一带两区"区域发展格局,突出沈阳、大连"双核"牵动辐射作用,发挥各地比较优势,形成

---

① 景俊海:《高举旗帜牢记嘱托 踔厉奋发勇毅前行 奋力谱写全面建设社会主义现代化新吉林精彩篇章——在中国共产党吉林省第十二次代表大会上的报告》,吉林省人民政府网,http://www.jl.gov.cn/zw/yw/jlyw/202206/t20220627_8490278.html。

各展所长、协同共进的发展局面;加快建设沈阳现代化都市圈,推进以大连为龙头的辽宁沿海经济带开发开放,建设辽西融入京津冀协同发展战略先导区和辽东绿色经济区。四是持续优化营商环境,坚持把净化政治生态作为根本,把法治环境、信用环境建设作为优化营商环境最突出、最紧迫的任务,以政治生态的持续净化,法治环境、信用环境的持续改善来促进和保障营商环境的根本好转,以市场化法治化国际化为目标,全力打造办事方便、法治良好、成本竞争力强、生态宜居的营商环境。五是全力打造对外开放新前沿,释放沿海沿边沿江区位优势,深度融入共建"一带一路",高水平参与东北亚区域合作,实施辽宁自贸试验区深化方案,把制度创新作为自贸试验区建设的灵魂,形成更多独创性、突破性的创新经验;深入参与中蒙俄经济走廊建设,深化与日韩合作,推进中日(大连)地方发展合作示范区建设,加强经济开发区、综合保税区、跨境电商综试区等开放载体建设。[①]

第五节　经验与启示

他山之石,可以攻玉。无论是我国东部沿海,还是广大中西部地区,在推进现代化建设过程中都取得了巨大的成就,也创造了许多成功的经验。只有结合河南实际,不断学习和借鉴其他地区创造的宝贵经验,更好认识和把握现代化建设规律,才能顺利推进现代化建设的河南实践,为全面建设社会主义现代化国家贡献河南力量。

一　坚持党的全面正确领导为现代化建设提供根本保证

现代化是一项高度复杂的事业,既需要广泛动员社会参与,有效汲取社会资源,又需要统筹协调各种社会关系,妥善处理各类社会矛盾,需要坚强可靠的领导核心和组织力量。习近平总书记曾经指出,"党的领导直接关系中国式现代化的根本方向、前途命运、最终成败"。党的领导决定中国式现代化的根本性质,只有毫不动摇坚持党的领导,中国式现代化才

[①] 张国清:《全面贯彻习近平新时代中国特色社会主义思想 奋力开创辽宁全面振兴全方位振兴新局面——在中国共产党辽宁省第十三次代表大会上的报告》。

能前景光明、繁荣兴盛；否则就会偏离航向、丧失灵魂，甚至犯颠覆性错误。只有坚持党的领导，才能保证现代化建设的社会主义正确方向，才能制定和执行正确的路线方针政策，保证现代化建设不断取得进步和成功，才能为建设中国特色社会主义现代化事业创造一个安定团结的政治局面和社会环境，才能正确处理各种复杂的社会矛盾，协调各方面的利益关系，有效组织和领导现代化建设事业的顺利进行。改革开放40多年来，浙江有一条很深刻的认识，就是地域优势不如干部优势，政策优惠不如服务优质，通过不断地改革创新，打造审批事项最少、服务环境最优、老百姓最满意的党委政府，党政机关正在成为浙江最大的发展优势。对于河南来说，要坚持党的领导、人民当家做主、依法治国有机统一，坚持中国特色社会主义根本制度、基本制度、重要制度，发展全过程人民民主，强化法治引领保障作用，把制度优势更好转化为治理效能。

二　深化改革开放为现代化建设注入动力

我国现代化建设实践不断证明，改革开放是决定实现"两个一百年"奋斗目标、实现中华民族伟大复兴的关键一招。得益于改革开放"先行一步"，过去40多年，广东、浙江等沿海地区经济社会发展和现代化建设都取得了巨大成就。党的十八大以来，习近平总书记三次视察广东，都对广东改革开放作出重要要求，广东深刻认识自身在改革开放和社会主义现代化建设全局中的政治责任和历史使命，坚定扛起推进"双区"和两个合作区建设等重大国家战略的重要职责，牵引带动全省改革开放迈上历史性新台阶。浙江通过不断地深化改革，把先发优势不断地变成可持续的优势，其改革有以下几个特点：一是全面改革，涉及经济、政治、文化、社会、生态和党的建设方方面面；二是问题导向，改革直奔问题而去；三是顶层设计与基层探索相结合，浙江所有的改革经验几乎都是从基层总结出来的；四是把改革与规范紧密结合，通过制度建设和法律法规等形式，及时把成功的做法和经验规范起来，在率先规范中不断创造体制机制新优势。当前的河南，正处于经济社会发展加速转型升级的关键时期，经济增速放缓、结构调整加速、发展动力转换与我国更深度融入世界经济、全球影响力显著提升相互交织，新形势下改革与开放的意义更加凸显，必须要突出更大魄力更高起点，高水平谋划推进全面深化改革开放，形成全面建设社会主义现代化强省的强大动力。

三　推进高质量发展为现代化建设提供坚实的物质基础

发展是党执政兴国的第一要务，是解决我国一切问题的基础和关键。发展经济不仅是社会主义的本质要求，也是建设现代化强国的重要内容。经济高质量发展能够积累起丰厚的物质财富，为全面建成现代化强国提供坚实的物质技术基础。党的二十大报告指出："高质量发展是全面建设社会主义现代化国家的首要任务。"诸多沿海发达地区都将高质量发展作为现代化建设的引领和首要任务，比如，广东省提出"以高质量发展为牵引，高水平推进广东现代化建设"，浙江省提出"在高质量发展中奋力推进共同富裕先行和省域现代化先行"，山东省提出"以绿色低碳高质量发展先行区建设谱写中国式现代化山东篇章"。我们必须深刻认识到，河南虽然是经济大省，但不是经济强省，仍存在经济发展质量不高、科技创新投入强度不够、生态环境保护问题比较突出、制造业亟待转型升级、民营经济活跃度不高、乡村振兴战略推进不均衡等突出问题。在社会主义现代化新征程中，要深刻认识高质量发展的丰富内涵、核心要义和实践要求，牢牢把握高质量发展主题，切实增强推动高质量发展的政治自觉、思想自觉和行动自觉，努力探索符合河南实际的高质量发展之路。

四　提高科技创新能力为现代化建设提供有力支撑

科技是第一生产力、人才是第一资源、创新是第一动力。习近平总书记曾经说过"创新是发展的第一动力"以及要着力以科技创新为核心，促使产品、品牌、商业模式以及生产组织等方面得到全方位的创新，并在实现中国式现代化建设的整个过程中都深入贯彻以及落实创新驱动的发展战略。比如，广东省积极融入国家科技战略大局，全力推进粤港澳大湾区国际科技创新中心建设，区域创新综合能力连续多年保持全国首位，科技创新对经济高质量发展的支撑越来越强；浙江省大力实施科技创新和人才强省首位战略，主动抓住科技创新这个"牛鼻子"，"互联网+"、生命健康和新材料三大科创高地建设成效显著；湖北省将大力推动科技创新作为建设全国构建新发展格局先行区的重要抓手，湖北区域综合科技创新水平指数位居全国第八、中部第一，湖北进入全国科技创新水平"第一方阵"。

虽然河南省近年来通过实施创新发展战略，在提升创新能力方面取得了一系列成绩，但是不可否认的是河南在创新发展方面基础薄弱，面临的国内外竞争空前激烈，河南在全面推动创新驱动发展方面面临"低端锁定"、东部发达地区"虹吸效应"和中部省份本地"黏性效应"等巨大挑战。必须深刻认识并准确把握经济社会高质量发展的新要求和国内外科技创新的新趋势，坚持把科技创新摆在发展的逻辑起点，摆在现代化建设全局中的核心地位，确立河南科技创新和一流创新生态建设的发展目标和重点任务，深入实施创新驱动、科教兴省、人才强省战略，全力打造国家创新高地，为国家高水平科技自立自强作出河南新贡献。

五　加强生态文明建设筑牢现代化的绿色本底

习近平总书记在党的二十大报告中指出："人与自然和谐共生是中国式现代化的重要特色，促进人与自然和谐共生是中国式现代化的本质要求。"改革开放以来，浙江全面推进生态工业与清洁生产、生态环境治理、生态城镇建设、农村环境综合整治等十大重点领域建设，加快建设以循环经济为核心的生态经济体系、可持续利用的自然资源保障体系、山川秀美的生态环境体系、人与自然和谐的人口生态体系、科学高效的能力支持保障体系等五大体系，浙江在绿色发展和生态文明建设上走出了一条最具特色的发展之路。优良生态环境是贵州最大的发展优势和竞争优势，坚持生态优先、绿色发展，筑牢长江、珠江上游生态安全屏障，科学推进石漠化综合治理，构建完善生态文明制度体系，不断做好"绿水青山就是金山银山"这篇大文章，贵州生态文明建设先行区正在向"绿"而行，生态"风光"无限好。湖北省以前所未有的力度抓生态文明建设，生态环境保护发生了历史性、转折性、全局性变化，美丽湖北建设迈出坚实步伐，生态省建设稳居全国第一方阵。与高质量发展的时代要求相比，与人民群众对美好生态环境的需要相比，河南各地还不同程度上存在经济发展质量不高、环境保护压力居高不下、生态产品供给不足、能源资源消耗过高等问题和挑战。面向未来，河南必须牢固树立和践行绿水青山就是金山银山的理念，站在人与自然和谐共生的高度谋划发展，促进经济社会发展全面绿色转型，坚定不移走生产发展、生活富裕、生态良好的文明发展道路，实现河南永续发展。

六　紧紧依靠人民群众开创现代化建设新局面

马克思主义认为，人民是历史的创造者。习近平总书记在党的二十大报告中强调："全面建设社会主义现代化国家，必须充分发挥亿万人民的创造伟力。"人民群众中蕴含着丰富的智慧和无限的创造力。党的十八大以来，以习近平同志为核心的党中央坚持以人民为中心的发展思想，把人民主体地位贯穿治国理政各方面，广泛集中民智民力，充分调动人民的积极性、主动性和创造性，如期实现全面建成小康社会目标，党和国家事业取得历史性成就、发生历史性变革。比如，沿海的广东、浙江、江苏等地都非常善于把巨大的人口规模优势转化为人口红利、发展动能，实现经济跨越式发展；持续在推动区域协调发展、城乡公共服务均等化和农民富裕富足等方面下功夫，带领当地人民朝着共同富裕的目标不断迈进。对于拥有近一亿人口的河南来说，中国式现代化的河南实践必须坚持人民至上，始终把人民放在心中最高位置，始终牢记"我是谁、为了谁、依靠谁"。牢固树立人民群众的主体意识，尊重人民的首创精神，建立健全凝聚人心、集中民智、汇集民力的体制机制，集聚亿万人民的创造伟力。

第六章　河南在服务全国大局中的现代化探索

新中国成立以来，河南在服务全国大局中持续推进现代化建设，取得了显著成效，中原大地发生了翻天覆地的变化。进入新发展阶段，必须完整、准确、全面贯彻新发展理念，自觉融入和服务新发展格局，坚持以高质量发展为主题，加快推进河南现代化建设。

第一节　河南探索实现现代化的历程

新中国成立以来，河南探索推动现代化进程，这一历程大致可以分为探索起步、稳步推进、全面发力和提质跃升四个阶段。

一　探索起步阶段

中华人民共和国的成立，揭开了中国历史的新篇章。从此，河南进入了历史发展的新阶段。

1. 国民经济恢复和向社会主义社会过渡

1949年到1952年，在中国共产党的领导下，河南人民团结一致，同心同德，为巩固新生的人民民主政权而斗争，基本完成土地改革和其他民主改革任务，迅速恢复发展国民经济。1953年，按照党提出的过渡时期总路线，开始进行第一个五年计划的大规模经济建设。1956年，基本完成对农业、手工业和资本主义工商业的社会主义改造，初步确立起社会主义基本制度，为河南的发展进步奠定了根本政治前提和制度保障。

2. 社会主义建设良好开端和在探索中曲折发展

从1956年党的八大召开到1966年"文化大革命"发动前夕，河南全省上下精神振奋、意气风发地投入社会主义建设大潮，探索取得了初步成果。初步建立起独立的比较完整的工业体系，培养了一大批经济文化建设的骨干力量，积累了领导社会主义建设的宝贵经验，更铸就了生生不息的焦裕禄精神和红旗渠精神。但在这10年中，河南同全国一样，也先后经历了"大跃进"、人民公社化运动等严重挫折。觉察到失误后，河南党组织带领广大群众做了纠正"左"倾错误的努力。经过全面调整，国民经济得到顺利恢复和发展。

二 稳步推进阶段

党的十一届三中全会是新中国成立以来党和国家历史上具有深远意义的伟大转折，开启了以改革开放为鲜明特征的社会主义现代化建设新时期。河南认真学习贯彻党的十一届三中全会精神，实现全省工作重点顺利转移，开启了改革开放的伟大进程。党的十二大以后，改革开放全面展开，社会主义现代化建设出现新的局面。

1. 实现伟大历史转折

1978年12月，党的十一届三中全会召开，会议作出把党的工作重心转移到经济建设上来、实行改革开放的历史性决策，实现了党在指导思想上的拨乱反正。河南省委坚决贯彻党的十一届三中全会精神，果断地组织全省工作重点转移，领导全省人民进入改革开放和社会主义现代化建设新时期。1979年1月2日至20日，省委召开常委会扩大会议，传达学习党的十一届三中全会文件及中央工作会议精神，研究贯彻落实各项措施。1980年初，省委召开全省四级干部会议，动员全省人民同心同德，努力打好工作重点转移后四化建设的第一个战役，标志着河南胜利地实现了工作重点的战略转移。

2. 推进经济体制改革

1982年9月，中国共产党第十二次全国代表大会在北京召开，这是一次全面开创社会主义现代化建设新局面的大会。1984年9月，中共河南省第四次代表大会召开，会议进一步贯彻党的十二大精神，从河南实际出发，提出了"工农业总产值翻一番"的奋斗目标，为进一步开创河南改革开放和现代化建设的新局面指明了方向。1984年11月，河南省委召开四届二次全体（扩大）会议，研究制定了《关于认真贯彻〈中共中央关于经济体制改革的决定〉的意见》，要求进一步解放思想，放宽政策，把企业搞活，特别是要充分发挥大中型企业在国民经济中的重要地位。与此同时，农村改革不断深入，乡镇企业异军突起，科技教育体制改革持续推进。

3. 治理整顿加快发展

1990年11月8日至12日，中共河南省第五次代表大会在郑州召开。时任省委书记侯宗宾作了题为《团结奋进，振兴河南，为夺取社会主义现代化事业的新胜利而奋斗》的报告。大会号召广大党员、干部和群众，在党中央和新一届省委领导下，群策群力，团结奋斗，振兴河南。1991年1月20日，河南省委召开五届二次会议，讨论并原则通过了《河南省国民经济和社会发展十年规划和"八五"计划纲要（草案）》，明确了"八五"时期河南经济社会发展的指导思想和主要任务，并立足河南省情确定了"一高一低"战略目标，即经济发展速度和效益要略高于全国平均水平，人口增长速度要低于全国平均水平，从而为推动河南经济持续、快速、健康发展确立了行动纲领和战略方针。

三 全面发力阶段

以邓小平南方谈话和党的十四大的召开为标志，河南的改革开放和社会主义现代化建设进入新的发展阶段。河南省委高举邓小平理论伟大旗帜，带领全国人民认真贯彻党的十四大、十五大、十六大、十七大精神，聚焦"一高一低""中原崛起"等目标任务，实施一系列发展战略，持续深化各领域改革，先后提出"两大跨越、两大建设""两不牺牲、三化协调"的发展思路，促进了经济持续、健康、稳定的发展。

1. 建立社会主义市场经济体制

1992年1月18日至2月21日，邓小平先后到武昌、深圳、珠海、上海等地视察并发表了重要讲话。1992年3月，省委召开五届四次全会，对照邓小平南方谈话精神，联系河南实际，讨论分析了河南经济发展迈不开较大步子的10个方面的重要原因，并向全省党员干部提出了进一步解放思想的任务。同年10月12日至18日，中国共产党第十四次全国代表大会在北京召开。11月，省委召开五届五次全会通过了《关于落实十四大精神，加快改革开放和现代化建设的决定》。以学习邓小平南方谈话和党的十四大精神为动力，河南广大干部群众努力冲破一"左"一"右"的思想束缚，把思想认识统一到了党的基本路线上来，统一到了发展社会主义市场经济的观念上来，为20世纪90年代河南经济跃上一个新台阶打下了坚实的思想基础。

1993年11月，党的十四届三中全会作出《中共中央关于建立社会主义市场经济体制若干问题的决定》，制定了建立社会主义市场经济体制的总体规划。12月，省委召开五届八次全体（扩大）会议，审议通过了《关于贯彻〈中共中央关于建立社会主义市场经济体制若干问题的决定〉的实施意见》，将河南省经济体制改革的目标和基本原则具体化，制定了全省20世纪90年代经济体制改革的纲领。根据建立社会主义市场经济体制的要求，河南在国有企业改革、国民经济宏观管理体制、市场体系建设等方面进行了更深层次的改革。

2. 跨世纪发展战略的制定与实施

科教兴豫战略。河南是全国较早提出科教兴省的省份。1994年，河南省《政府工作报告》强调，继续实施"科技兴豫，教育为本"战略，牢固树立科学技术是第一生产力的观念。1995年5月，党中央、国务院作出《关于加速科学技术进步的决定》，正式提出科教兴国战略，随后又召开了全国科技大会，提出了实施科教兴国战略的目标、任务和要求。同年8月，河南省委省政府在"科技兴豫，教育为本"战略的基础上，正式作出《关于加速科技进步，实施科教兴豫战略的决定》，不久又提出"积极实施科教兴豫、开放带动、可持续发展战略"，进一步确定了科教兴豫战略在河南经济发展中的主导地位。

开放带动战略。按照"团结奋进、振兴河南"的要求，围绕"一高一低"战略发展目标，党的十四大以后，河南立足省情在大力发展县域经济，推动形成"十八罗汉闹中原"、县域经济大发展的同时，进一步加快了对外开放的步伐。1994年7月，省委五届九次全会首次作出全面实施开放带动战略的重大决策，要求把对外开放提高到振兴河南的战略高度，摆在经济工作的突出位置，以开放促改革、促发展，促进和带动河南经济的全面振兴。全省各地结合实际，制定实施了加快豫港合作、发展旅游业以及鼓励外商投资、加强对外经济技术合作等一系列优惠政策，把开放带动战略落到实处，对推动河南经济发展和各项事业全面进步起到了积极作用。

可持续发展战略。1995年12月，中共河南省第六次代表大会召开，时任省委书记李长春作工作报告，大会明确提出了"九五"期间河南经济社会发展的基本思路，标志着科教兴豫、开放带动、可持续发展三大战略的正式形成。自1996年8月起，河南开始推行污染物排放总量控制制度，标志着河南省环境管理工作从定性管理向定量管理转变。河南有步骤、有重点地实施了几次大规模污染防治行动，工业污染防治能力显著增强，淮河、海河和黄河流域水污染防治取得明显成效。逐步加大生态环境保护工作力度，通过实施黄河故道防护林、治沙治碱、荒山绿化、小流域治理、旱地农业、秸秆禁烧以及生态示范区、自然保护区建设等多项工程，生态环境保护和建设得到加强，生态环境进一步得到改善。

东引西进战略。在国家实施西部大开发战略大局中，1999年河南省委省政府果断决策，提出"东引西进"的发展战略。"东引"就是进一步加强与东部地区的经济技术合作，充分利用其人才、资金、技术、品牌等优势，与河南的市场、资源、劳动力和区位优势结合起来，实现共同开发，优势互补。"西进"是鼓励河南优势产业和各种经济成分积极参与西部开发，努力拓展河南发展空间。"东引西进"战略的实施，对加快对外开放步伐、河南现代化建设发挥了积极作用。

3. 布局中原崛起总体目标

2002年11月，中国共产党第十六次全国代表大会在北京举行。大会确立"三个代表"重要思想为党的指导思想，提出了全面建设小康社会的奋斗目标，并从经济、政治、文化等方面勾画了全面建设小康社会的宏伟蓝图。2003年8月底9月初，胡锦涛同志在江西考察时提出要牢固树立协调发展、全面发展、可持续发展的科学发展观。为加快推进河南全面建设小康社会进程，河南省委认真贯彻落实科学发展观，正式提出并系统布局中原崛起战略任务。

2003年3月，时任河南省委书记李克强在参加全国人大会议期间，完整阐述了"中原崛起"概念。2003年12月，李克强在省委七届六次全会上进一步深刻阐述了中原崛起的内涵问题。河南在"一高一低"战略目标基础上，提出了"两个较高"的目标，即要通过结构调整，在保持经济快速增长的同时，把质量和效益摆在突出位置，实现国民经济较快的增长速度和较高的增长质量。

2006年，随着中部崛起战略正式进入实施阶段，河南敏锐地抓住这一历史性战略机遇，提出了河南加快经济大省向经济强省跨越、文化资源大省向文化强省跨越的"两大跨越"发展战略。2006年10月，中共河南省第八次代表大会召开，时任省委书记徐光春作了题为《全面贯彻落实科学发展观，为加快中原崛起而努力奋斗》的报告，进一步明确提出了加快"两大跨越"、推进"两大建设"。2010年11月，省委八届十一次全会审议并通过《中原经济区建设纲要（试行）》。2011年9月，国务院下发《关于支持河南省加快建设中原经济区的指导意见》，标志着中原经济区建设正式上升为国家战略。2011年10月，中共河南省第九次代表大会上，时任省委书记卢展工作了题为《贯彻落实科学发展观，全面推进中原经济区建设，为加快中原崛起河南振兴而努力奋斗》的报告，提出了"两不三新、三化协调"的发展思路。为了加快中原崛起，这一时期河南还提出了全面推进"一个载体、三个体系"建设。

四　提质跃升阶段

党的十八大以来，以习近平同志为核心的党中央团结带领全党全国各族人民锐意进取、攻坚克难、继往开来，推动党和国家事业取得历史性成就、发生历史性变革，中国特色社会主义进入新时代。站在新的历史起点，"实现'两个一百年'奋斗目标、实现中华民族伟大复兴的中国梦，需要中原更加出彩"，习近平总书记对河南的殷殷嘱托，激发了亿万中原儿女追梦逐梦的奋斗激情，"中原更加出彩"成为引领新时代河南发展的最强音。

1. 打造"四个河南"，推进"两项建设"

河南认真贯彻落实党的十八大和十八届历次全会精神，对标对表全面建设小康社会目标，结合河南发展实际，推动党中央决策部署在中原大地落地生根、开花结果，夯实全面建成小康社会的基础。2012年12月，省委召开九届五次全会，审议通过《中共河南省委关于深入学习贯彻党的十八大精神，加快推进中原经济区建设的决议》。之后又结合河南省情和实践提出打造富强河南、文明河南、平安河南、美丽河南"四个河南"和推进社会主义民主政治制度建设、加强和提高党的执政能力制度建设"两项建设"。

2014年3月和5月，习近平总书记两次亲临河南调研指导工作并发表重要讲话，指出实现中华民族伟大复兴的中国梦需要中原更加出彩，围绕"中原更加出彩"，他提出了坚持"四个着力"、打好"四张牌"、推动县域治理"三起来"以及做到乡镇工作"三结合"的要求，为河南经济社会持续健康发展指明了方向、提供了遵循。2014年12月，省委九届八次会议召开，审议通过了《河南省全面建成小康社会加快现代化建设战略纲要》，明确了全面建设小康社会加快现代化建设的战略目标、战略方针、战略布局、战略重点、战略举措和战略保证，为河南未来发展作出了总体设计。

2. "三个高地、三大提升"发展目标

为深入贯彻落实党的十八届六中全会精神和党中央治国理政新理念新思想新战略，实现决胜全面小康、让中原更加出彩，2016年10月，中共河南省第十次代表大会召开，时任省委书记谢伏瞻作了题为《深入贯彻党中央治国理政新理念新思想新战略，为决胜全面小康让中原更加出彩而努力奋斗》的报告，会议明确了确保与全国一道全面建成小康社会，进一步提升河南在全国发展大局中的地位和作用，今后五年需要奋力实现的主要目标，即加快建设经济强省、打造"三个高地"、实现"三大提升"。

3. "两个高质量"战略目标

2017年11月13日，省委十届四次全会审议通过了《中共河南省委关于深入学习贯彻党的十九大精神，决胜全面建成小康社会，开启新时代河南全面建设社会主义现代化新征程的意见》，就河南学习宣传、贯彻落实党的十九大精神和十九大确立的目标任务进行安排部署，明确提出到2020年与全国一道全面建成小康社会的目标。此后，在贯彻落实习近平新时代中国特色社会主义思想和党的十九大精神的具体实践中，河南逐步形成了"以党的建设高质量推进经济发展高质量"的工作导向，并于2018年6月在省委十届六次全会暨省委工作会议提出了"两个高质量"的战略目标，要求以党的建设高质量推动经济发展高质量。

4. 锚定"两个确保"，实施"十大战略"，建设"十个河南"

2021年10月26日，中国共产党河南省第十一次代表大会在郑州召开。省委书记楼阳生作报告，主要内容包括确立"两个确保"奋斗目标，全面实施"十大战略"，建设国家创新高地，推动中心城市"起高峰"、县域经济"成高原",全面推进乡村振兴,促进全体人民共同富裕,坚定不移推进全面从严治党。"两个确保"奋斗目标,即确保高质量建设现代化河南、高水平实现现代化河南。实施"十大战略",即实施创新驱动、科教兴省、人才强省战略,实施优势再造战略,实施数字化转型战略,实施换道领跑战略,实施文旅文创融合战略,实施以人为核心的新型城镇化战略,实施乡村振兴战略,实施绿色低碳转型战略,实施制度型开放战略,实施全面深化改革战略。通过实施一大批变革性、牵引性、标志性举措,引领河南更好地育先机、开新局。扎实推进"十个河南"建设,即技能河南、设计河南、信用河南、标准河南、体育河南、书香河南、法治河南、平安河南、美丽河南、清廉河南。

第二节 河南探索实现现代化的成就

新中国成立以来,尤其是改革开放以来,河南省委省政府始终坚持以经济建设为中心,不动摇、不摇摆、不折腾,一届接着一届干,一张蓝图绘到底,河南现代化建设取得了令人瞩目的成就,中原大地发生了翻天覆地的变化。

一 综合实力实现跨越提升

河南曾经是全国最贫穷的省份之一。1949年,河南人口4174万人,工农业总产值21.02亿元,仅占全国工农业总产值的4.5%,人均工农业总产值50.3元,为全国平均水平的59%。1990年,河南GDP为934.65亿元,人口8647万人,人均GDP仅为1091元。1991年初,河南省委省政府确定了"一高一低"的战略目标。经过不懈努力,河南经济快速发展,经济实力显著增强。2022年,河南GDP达到61345.05亿元,稳居全国第五位和中西部地区首位,人均GDP达到62071元,与全国平均水平的差距大幅缩小。

二 创新驱动发展动能强劲

创新综合实力显著提升。2020年,河南全省规模以上工业企业研究与试验发展经费投入为686亿元,有效发明专利数为36500件,与2015年的

369 亿元、11305 件相比，分别增加了 317 亿元、25195 件，增长率分别为 86%、223%。2020 年，河南申请专利 186369 件，授权专利 122809 件，与 2015 年的 74373 件和 47766 件相比，均有较大幅度攀升，分别增长了 111996 件和 75043 件，增长率分别为 151% 和 157%。创新支撑体系不断完善。2021 年 7 月 17 日到 10 月 20 日，嵩山实验室、神农种业实验室、黄河实验室三家省级实验室先后揭牌成立，标志着河南在打造国家创新高地方面迈出坚实步伐。河南省科学院重建重振工作顺利推进，于 2021 年 12 月 28 日揭牌运行。截至 2021 年，尼龙新材料、农机装备、氢能与燃料电池汽车等 10 家产业研究院，高端装备、环保与精细化工新材料、生物医药 CXO 一体化等 8 家中试基地开始运行。

三　由乡村社会跨入城市型社会

新中国成立之初，河南城镇人口只占总人口的 6.4%。改革开放以来特别是 20 世纪 90 年代以来，省委省政府谋划发展中原城市群，实施中心城市带动战略，推动农业人口向城镇转移。党的十八大以来，河南省委省政府坚持以人为核心的新型城镇化，积极推进农业转移人口市民化，走出了一条具有时代特征、符合河南特点的新型城镇化道路。全省城镇人口由 1978 年的 963 万人，增长到 2021 年的 5579 万人，城镇化率由 13.60% 提高到 56.45%，整体上实现了由乡村社会向城市型社会的历史性转变。

四　实现从温饱不足到全面小康的历史巨变

为改变贫穷落后的面貌，河南坚持以经济建设为中心，大力推进"小康""富民"工程。2003 年 8 月，制定《河南省全面建设小康社会规划纲要》。2014 年 12 月，制定《河南省全面建成小康社会加快现代化建设战略纲要》。经过全省上下接续奋斗，全面建成小康社会取得重大进展，人民群众生活得到极大改善。2021 年，河南城镇居民人均可支配收入达到 37095 元，农村居民人均可支配收入达到 17533 元，与 2016 年的 27233 元和 11097 元相比，分别增长了 36.21% 和 58.00%，城乡收入差距逐步缩小。截至 2020 年初，在现行标准下，农村贫困人口实现脱贫，53 个贫困县全部摘帽，新时代脱贫攻坚目标任务如期完成。当前，河南加大脱贫攻坚与乡村振兴有机衔接力度，推动城乡共同富裕。

五 区位和综合交通优势充分彰显

以郑州为中心的"米"字形高铁网和"米+井"综合运输通道基本形成。中原城市群主要城市间以轨道交通、高速公路、快速通道为骨架的城际交通网初步形成。空中、网上等"四条丝绸之路"联通世界,郑州机场客货运吞吐量跃居中部地区"双第一",中欧班列(郑州)辐射30多个国家130多个城市。以郑州为中心的4小时高铁圈、1.5小时航空圈覆盖全国主要经济区域,多式联运、高效集疏的现代物流体系加快形成。郑州国家级互联网骨干直联点扩容提速,县城以上城区实现第五代移动通信网络全覆盖。郑州枢纽优势正在加快向物流优势、产业优势转化。

六 高质量发展迈出坚实步伐

现代经济体系加快形成。2022年全省三大产业结构为9.5∶41.5∶49.0,实现由"一二三"到"二三一"再到"三二一"的历史性转变。制造业转型升级加快,战略性新兴产业增加值占规模以上工业比重超过20%。城乡区域发展更趋协调。城镇化空间格局持续优化,大中小城市和小城镇协调发展的格局基本形成。郑州进入国家中心城市建设行列,对周边区域的辐射带动能力持续提升。城乡基本公共服务制度加快接轨,统一的城乡居民基本养老保险、基本医疗保险制度基本建立。以美丽乡村为导向,乡村振兴战略全面实施。蓝天、碧水、净土三大保卫战扎实推进,国土绿化提质增量,生态环境质量明显改善。

第三节 河南与有关省份现代化水平的比较

选取人均GDP、城镇化率、第三产业增加值占GDP比重等重要指标,以广东、浙江、四川等为参照省份,通过数据比较分析,从经济发展、社会进步等不同维度,客观刻画河南现代化发展的相对水平。

一 经济发展状况比较

1. 人均GDP

2021年,河南人均GDP为59410元,与浙江的113032元、广东的

98285元相比,差距较大;与同处中部地区的湖北的86416元相比,也有一定的差距。从人均GDP年均增速看,河南人均GDP从2012年的31499元增加到2021年的59410元,年均增长率为7.30%,这一增速慢于贵州的11.09%、安徽的10.43%、湖北的9.38%、四川的9.00%以及江苏的8.04%(见表6-1)。

表6-1 部分省份人均GDP及年均增速

单位:元,%

省份	2012年	2021年	年均增速	省份	2012年	2021年	年均增速
河南	31499	59410	7.30	安徽	28792	70321	10.43
辽宁	56649	65026	1.54	山东	51768	81727	5.20
吉林	43415	55450	2.76	湖北	38572	86416	9.38
黑龙江	35711	47266	3.16	广东	54095	98285	6.86
江苏	68347	137039	8.04	四川	29608	64326	9.00
浙江	63374	113032	6.64	贵州	19710	50808	11.09

资料来源:《中国统计年鉴2013》《中国统计年鉴2022》。

2. 城镇化率

城镇化程度既是现代化建设的重要内容之一,可以反映一个地区社会生产方式、生活方式、科技活动、文化思想等方面的发展程度,也是衡量一个国家或地区现代化水平的重要指标。2021年,河南城镇化率为56.45%,无论是与同期广东省的74.63%、江苏省的73.94%、浙江省的72.66%,还是与湖北省的64.09%、山东省的63.94%相比,均有一定的差距。2012年至2021年,河南城镇化率由41.99%提升至56.45%,增长了34.44%,增速较快,与沿海发达省份的差距正在缩小(见表6-2)。

3. 第三产业增加值占GDP比重

第三产业增加值占GDP比重是衡量一个国家或地区经济社会发展程度和现代化水平的重要标志,其值越高,意味着一个国家或地区的工业化越成熟。2021年,河南第三产业增加值占GDP比重为49.1%,与2012年的30.9%相比,提升了58.90%。2021年,广东省、浙江省第三产业增加值占GDP比重分别为55.6%、54.6%,河南与两省的差距较大(见表6-3)。

表 6-2　部分省份城镇化率及增长率

单位：%

省份	2012年	2021年	增长率	省份	2012年	2021年	增长率
河南	41.99	56.45	34.44	安徽	46.30	59.39	28.27
辽宁	65.65	72.81	10.91	山东	52.03	63.94	22.89
吉林	54.54	63.36	16.17	湖北	53.23	64.09	20.40
黑龙江	56.88	65.69	15.49	广东	67.15	74.63	11.14
江苏	63.01	73.94	17.35	四川	43.35	57.82	33.38
浙江	62.91	72.66	15.50	贵州	36.30	54.33	49.67

资料来源：《中国统计年鉴2013》《中国统计年鉴2022》。

表 6-3　部分省份第三产业增加值占 GDP 比重及增长率

单位：%

省份	2012年	2021年	增长率	省份	2012年	2021年	增长率
河南	30.9	49.1	58.90	安徽	32.7	51.2	56.57
辽宁	38.1	51.6	35.43	山东	40.0	52.8	32.00
吉林	34.8	52.2	50.00	湖北	36.9	52.8	43.09
黑龙江	40.5	50.0	23.46	广东	46.5	55.6	19.57
江苏	43.5	51.4	18.16	四川	34.5	52.5	52.17
浙江	45.2	54.6	20.80	贵州	47.9	50.4	5.22

资料来源：《中国统计年鉴2013》《中国统计年鉴2022》。

二　社会进步状况比较

1. 登记失业率

就业是民生之本。高质量充分就业，是实现全体人民共同富裕的中国式现代化必须要达到的目标。2021年，河南登记失业人员为65.3万人，登记失业率为3.4%，明显高于江苏省、安徽省和广东省的2.5%，也高于浙江省的2.6%和山东省的2.9%（见表6-4）。

表 6-4　部分省份登记失业率

单位：%

省份	2010 年	2015 年	2021 年	省份	2010 年	2015 年	2021 年
河南	3.4	3.0	3.4	安徽	3.7	3.1	2.5
辽宁	3.6	3.4	4.3	山东	3.4	3.4	2.9
吉林	3.8	3.5	3.3	湖北	4.2	2.6	3.0
黑龙江	4.3	4.5	3.2	广东	2.5	2.5	2.5
江苏	3.2	3.0	2.5	四川	4.1	4.1	3.6
浙江	3.2	2.9	2.6	贵州	3.6	3.3	4.5

资料来源：《中国统计年鉴2022》。

2. 每千人口卫生技术人员

医疗条件的改善既是保障人民身体健康的重要条件，也是衡量居民生活质量的一个非常重要的指标。2021年，河南每千人口卫生技术人员的拥有量为7.65人，与2012年的4.56人相比，增长了67.76%。但是，横向比较表明，2021年河南每千人口卫生技术人员7.65人，与兄弟省份存在差距，与吉林省的9.15人相比，差距较大，与浙江省的8.85人、山东省的8.39人、江苏省的8.13人相比，也有一定的差距（见表6-5）。

表 6-5　部分省份每千人口卫生技术人员及增长率

单位：人，%

省份	2012 年	2021 年	增长率	省份	2012 年	2021 年	增长率
河南	4.56	7.65	67.76	安徽	3.94	7.12	80.71
辽宁	5.62	7.90	40.57	山东	5.47	8.39	53.38
吉林	5.24	9.15	74.62	湖北	5.00	7.83	56.60
黑龙江	5.25	7.95	51.43	广东	4.89	6.88	40.70
江苏	5.00	8.13	62.60	四川	4.82	8.04	66.80
浙江	6.02	8.85	47.01	贵州	3.72	8.03	115.86

资料来源：《中国统计年鉴2013》《中国统计年鉴2022》。

三 教育与科技发展状况比较

1. 教育经费投入

2020年,河南教育经费投入总额为2802.23亿元,与广东省的5386.96亿元、江苏省的3371.73亿元、山东省的3102.26亿元相比,均有一定的差距。2010年到2020年,河南教育经费投入总额由911.12亿元增加到2802.23亿元,年均增长率为11.89%,慢于贵州省的14.71%、广东省的13.39%(见表6-6)。

表6-6 部分省份教育经费投入及年均增长率

单位:亿元,%

省份	2010年	2020年	年均增长率	省份	2010年	2020年	年均增长率
河南	911.12	2802.23	11.89	安徽	599.09	1747.86	11.30
辽宁	624.26	1098.86	5.82	山东	1039.59	3102.26	11.55
吉林	344.56	720.48	7.66	湖北	586.92	1678.31	11.08
黑龙江	404.86	842.27	7.60	广东	1532.73	5386.96	13.39
江苏	1314.62	3371.73	9.88	四川	895.18	2466.00	10.66
浙江	1062.57	2884.61	10.50	贵州	366.96	1447.94	14.71

资料来源:《中国统计年鉴2011》《中国统计年鉴2021》。

2. 研发经费投入强度

2020年,河南研发经费投入强度为1.64%,与广东省的3.14%、江苏省的2.93%、浙江省的2.88%相比,有较大差距。与同属中部地区的湖北省的2.31%、安徽省的2.28%相比,也有一定的提升空间(见表6-7)。

表6-7 部分省份研发经费投入强度

单位:%

省份	2012年	2016年	2020年	省份	2012年	2016年	2020年
河南	1.07	1.23	1.64	安徽	1.54	1.81	2.28
辽宁	2.19	1.83	2.19	山东	2.38	2.67	2.30
吉林	1.27	1.34	1.30	湖北	1.70	1.80	2.31
黑龙江	1.32	1.28	1.26	广东	2.17	2.48	3.14
江苏	2.40	2.62	2.93	四川	1.47	1.69	2.17
浙江	2.10	2.39	2.88	贵州	0.62	0.62	0.91

资料来源:《中国科技统计年鉴2021》。

四 居民生活变化状况比较

1. 居民人均可支配收入

2021年,河南居民人均可支配收入为26811.2元,与浙江省的57540.5元、江苏省的47498.3元、广东省的44993.3元相比,差距较大。2015年到2021年,河南居民人均可支配收入由17124.8元增加到26811.2元,年均增长率为7.76%,这一增速慢于贵州省的9.80%、四川省的9.12%、安徽省的9.06%(见表6-8)。

表6-8 部分省份居民人均可支配收入及年均增长率

单位:元,%

省份	2015年	2021年	年均增长率	省份	2015年	2021年	年均增长率
河南	17124.8	26811.2	7.76	安徽	18362.6	30904.3	9.06
辽宁	24575.6	35111.7	6.13	山东	22703.2	35705.1	7.84
吉林	18683.7	27769.8	6.83	湖北	20025.6	30829.3	7.46
黑龙江	18592.7	27159.0	6.52	广东	27858.9	44993.3	8.32
江苏	29538.9	47498.3	8.24	四川	17221.0	29080.1	9.12
浙江	35537.1	57540.5	8.36	贵州	13696.6	23996.2	9.80

资料来源:《中国统计年鉴2022》。

2. 恩格尔系数

恩格尔系数是食品支出总额占个人消费支出总额的比重。[①] 国际上,通常用恩格尔系数来衡量一个国家和地区人民生活水平的状况,一个国家或地区家庭生活越富裕,恩格尔系数越小;反之,生活越贫困,恩格尔系数越大。2021年,河南居民人均消费支出18391.3元,其中,食品烟酒支出5231.5元,恩格尔系数为28.45%,高于山东省的27.15%、江苏省的27.54%、浙江省的27.71%(见表6-9)。

---

① 限于统计数据的可获得性,恩格尔系数的计算以食品烟酒支出近似替代食品支出。

表 6-9　2021 年部分省份居民人均消费支出及恩格尔系数

单位：元，%

省份	消费支出	食品烟酒支出	恩格尔系数	省份	消费支出	食品烟酒支出	恩格尔系数
河南	18391.3	5231.5	28.45	安徽	21910.9	7142.6	32.60
辽宁	23830.8	6915.6	29.02	山东	22820.9	6196.1	27.15
吉林	19604.6	5499.4	28.05	湖北	23846.1	7276.1	30.51
黑龙江	20635.9	6281.9	30.44	广东	31589.3	10484.6	33.19
江苏	31451.4	8660.6	27.54	四川	21518.0	7549.0	35.08
浙江	36668.1	10160.3	27.71	贵州	17957.3	5553.7	30.93

资料来源：《中国统计年鉴 2022》。

3. 人口平均预期寿命

随着现代化水平的不断提升，人口平均预期寿命普遍在增加。2020年，河南人口平均预期寿命为 71.54 岁，与 1990 年的 70.15 岁相比，增加了 1.39 岁，增长了 1.98%。2020 年，河南人口平均预期寿命为 71.54 岁，与浙江省的 74.70 岁、山东省的 73.92 岁、江苏省的 73.91 岁相比，仍有一定的差距（见表 6-10）。

表 6-10　部分省份人口平均预期寿命及增长率

单位：岁，%

省份	1990 年	2020 年	增长率	省份	1990 年	2020 年	增长率
河南	70.15	71.54	1.98	安徽	69.48	71.85	3.41
辽宁	70.22	73.34	4.44	山东	70.57	73.92	4.75
吉林	67.95	73.10	7.58	湖北	67.25	71.08	5.70
黑龙江	66.97	72.37	8.06	广东	72.52	73.27	1.03
江苏	71.37	73.91	3.56	四川	66.33	71.20	7.34
浙江	71.78	74.70	4.07	贵州	64.29	65.96	2.60

资料来源：《中国人口和就业统计年鉴 2021》。

第七章　河南践行中国式现代化的机遇与挑战

面对百年未有之大变局，站在新的历史起点，锚定建设中国式现代化的新征程，河南践行中国式现代化具备诸多有利条件，同时也面临系列风险挑战。河南要保持战略定力，在历史主动中把握重大机遇，在砥砺奋进中化解风险挑战，将诸多有利因素转化为建设现代化河南的优势胜势，全面推动高质量建设现代化河南、高水平实现现代化河南。

第一节　河南践行中国式现代化的重要意义

党的二十大明确提出新时代新征程中国共产党的使命任务，吹响了以中国式现代化全面推进中华民族伟大复兴的前进号角。河南是经济大省、人口大省、文化大省，中国式现代化的重要特征在河南都有更为集中的体现，河南的现代化建设在全国现代化建设"一盘棋"中具有重要的典型意义。

一　河南践行中国式现代化是高水平服务全国大局的过程

当前，河南已经进入新发展阶段，开启了现代化建设新征程，走到了由大到强、实现更大发展的重要关口，站上了可以大有作为，为全国大局作出更大贡献的新起点。在这一历史方位下，河南以"两个确保"践行中国式现代化，站位服务全国发展大局，抓住我国的社会主义现代化是"人口规模巨大的现代化"这一基本特征，把河南放在全国大局中来谋划，放在实现"两个一百年"奋斗目标和实现中华民族伟大复兴中国梦中来定位，主动抬高坐标、提升目标，在更高的起点上谋求在服务全国现代化建设大局中肩负新使命，勇于新担当。"中国梦归根到底是人民的梦"，拥有近一亿人口的河南能够高质量建设现代化、高水平建成现代化，就会有力支撑和促进我国全面建成社会主义现代化强国的历史进程，进而在现代化强国建设的历史进程中作出河南的独特贡献。

二 河南践行中国式现代化是经济大省向经济强省跨越的过程

河南作为全国经济大省，正处于新型工业化、信息化、城镇化、农业现代化同步发展的关键期，这就要求把高质量发展作为现代化建设的首要任务，加快建设现代化经济体系，推动经济实现质的有效提升和量的合理增长，推动经济大省向经济强省全面跃升。一方面，在推动高质量建设现代化河南的进程中，通过传统产业改造升级、新兴产业重点培育、未来产业谋篇布局，促进产业链、供应链、创新链、要素链、制度链深度耦合，激发发展动力，挖掘发展潜能，突破惯性思维，打破路径依赖，实现直道冲刺、弯道超车、换道领跑，不断做大河南经济的总量和规模；另一方面，牢固树立"质量第一、效率优先"理念，通过实施创新驱动、科教兴省、人才强省战略，数字化转型战略，绿色低碳转型战略，实现发展模式由粗放型向集约型、发展动力由要素驱动向创新驱动转变，持续增强发展"质"的含金量，向着大而优、大而新、大而强和高又快、上台阶不断迈进。

三 河南践行中国式现代化是人口大省整体实现共同富裕的过程

河南践行中国式现代化是从社会主义现代化"坚持注重效率与维护社会公平相协调"这一核心要义出发，立足"一亿人口"这个基本省情，推动人口大省整体实现共同富裕的过程。河南以人的全面发展、全体人民共同富裕为根本目的，紧紧抓住我国社会主要矛盾变化的历史大势，一方面，坚持以推动高质量发展为主题，以深化供给侧结构性改革为主线，通过实施"十大战略"，推动河南从经济大省向经济强省转变，着力做大"蛋糕"；另一方面，在推动高质量发展的基础上，着力分好"蛋糕"，通过解决好不平衡不充分问题，大力提升发展质量和效益，更好满足人民在经济、政治、文化、社会、生态等方面日益增长的需要，更加强调以人为本的包容性发展，推动人的全面发展、社会全面进步，实现共同富裕。

四 河南践行中国式现代化是生态大省实现人与自然和谐共生的过程

河南是生态大省,在全国生态安全格局中地位独特。河南要建设的社会主义现代化,是人与自然和谐共生的现代化,是物质文明与生态文明相统一的现代化。"两个确保"描绘的新蓝图,意味着河南的现代化应坚持生产发展、生活富裕、生态良好相结合,坚持生态优先、绿色发展,以人与自然和谐共生为导向,锚定碳达峰碳中和刚性任务,实施绿色低碳转型战略,强调保护生态环境就是保护生产力,改善生态环境就是发展生产力,着力创造更多物质财富和精神财富以满足人民日益增长的美好生活需要,着力提供更多优质生态产品以满足人民日益增长的优美生态环境需要,在高质量建设现代化河南、高水平实现现代化河南进程中,推动资源、环境、生态与经济社会之间相互容纳、和谐共生。这就要求坚定推动生态优先绿色发展,加快建设美丽河南,让绿色成为河南现代化的最美底色,为中华民族永续发展作出更大贡献。

五 河南践行中国式现代化是统筹发展与安全为全国稳定大局尽责的过程

河南是个大省,大省有大省的好处,也有大省的难处,特别是自然灾害易发多发,面临诸多困难挑战。河南特殊的治理难题和复杂多样的省情,是现代化建设进程中躲不开、绕不过的问题,必须增强底线思维、极限思维,全面提升治理体系和治理能力现代化水平,以牢牢守住安全发展为底线,以切实提高防范和化解重大风险的能力为基本保障,牢固树立总体国家安全观,把安全发展贯穿经济社会发展各领域和全过程,强化预警预防,围绕全周期防范化解风险,增强主动排雷而不被动等待爆雷的意识,不断健全防范化解重大风险体制机制,不断提高防范化解重大风险的能力,不断提升有效防范"黑天鹅""灰犀牛""蝴蝶效应"的水平,构建人人有责、人人尽责、人人享有的社会治理共同体,在确保河南社会主义现代化建设行稳致远的前提下,以河南一域之稳定为全国大局之稳定尽责任、作贡献。

第二节　河南践行中国式现代化的有利条件

站在新的历史起点，河南作为典型的农业大省和人口大省、全国重要的新兴工业大省和极具影响力的文化大省、正在加速崛起的经济大省和内陆开放大省，已到了由大到强、实现更快更好发展的重要关口，河南践行中国式现代化重大机遇显著，有利条件众多，现实基础扎实，发展潜力巨大，出彩前景可期。

一　重大机遇

1. 全球经济格局"东升西降"为河南参与全球经济治理提供新契机

当前，世界百年未有之大变局加速演进，世界经济格局正在发生近代以来最具革命性的变化，全球经济格局"东升西降"趋势日趋明显，以中国为代表的新兴市场和发展中经济体快速崛起，发展态势明显强于发达经济体，成为全球经济增长的主要动力，对世界经济、科技、文化、安全、政治格局等都产生了深刻影响，国际地位和话语权不断提高，推动全球治理体系正在发生深刻变革。在此背景下，随着我国经济体量的不断扩大，深度参与全球经济治理的能力和水平日益提升，伴随着双循环新格局的加快形成，加之国内市场一体化进程的不断加速，河南作为全国经济大省，凭借全国领先的区位交通优势、制造业基础优势和人力资源优势，将迎来全球产业梯度转移和随之而来的要素回流等重要机遇，为河南深度参与全球产业链重塑、价值链重构，进而参与全球经济治理提供新契机。

2. 新科技革命方兴未艾为河南产业向价值链高端迈进提供新机遇

当今世界，新一轮科技革命和产业变革深入发展，正在以前所未有的深度和广度重构经济结构和产业版图，催生新的产业形态，建构新的产业模式，重塑新的产业逻辑。一方面，以新一代信息技术为引领，生物技术、新能源技术、新材料技术等多领域技术相互渗透、交叉融合，重大颠覆性创新不时出现，"技术变轨"和"市场变轨"机会窗口开启，这将为河南利用新技术"变轨"，加速产业迭代变革，推动产业升级，实现弯道超车，提供关键的时间窗口；另一方面，新科技革命与产业变革的深度融合，使得传统意义上的基础研究、应用研究、技术开发和产业化的边界日益模糊，基础研究和应用开发的关联度不断增强，技术更新和成果转化更加快捷，产业更新换代不断加快，在此背景下，科技经济融合日趋紧密，加速科技成果转化，将为河南布局新兴产业、重塑产业优势、推动产业向价值链高端迈进提供巨大的发展机遇。

3. 世界经济新变量不断涌现为河南深度融入全球网络提供新空间

当前，影响世界经济增长的因素正在发生深刻变化，"一带一路"倡议、国际投资贸易规则新变化、全球经济区域化周边化、大国经济政策溢出效应等重大新变量、新因素正在深刻冲击和改变传统世界经济增长格局，潜在地推动世界经济增长模式创新和发展。在此背景下，随着全球产业链重构的推进，产业链区域化、本土化、近岸化、在岸化趋势日趋明显，使得我国在国际分工中的地位随着产业结构的升级日益强化，全球产业链的区域化有利于"一带一路"沿线国家合作升级，加之经贸整合模式陆权崛起，"一带一路"交通基础设施实现欧亚大陆国家的连接，有利于河南以更高水平融入国际分工和对外开放新格局。此外，随着RCEP协定落地生效，未来我国还将积极开展中日韩自贸区谈判、DEPA谈判和CPTPP谈判，RCEP协定和中日韩自贸区将促进亚洲市场一体化，强化中国在全球产业链和供应链的中心位置，也为河南制造业、服务业等多业态南向、东向开拓国际市场创造新机遇。

4. 多重国家战略平台密集落地为河南经济高质量发展提供新动力

党的十八大以来，十余项国家战略规划和平台密集落地河南、厚植中原，共同构成了引领带动全省经济社会发展的战略组合，标志着河南进入集中释放国家战略叠加效应、借助"综合红利"全方位提升发展水平的新阶段，为河南高质量发展带来了前所未有的改革、创新、开放等综合红利。在谱写中原更加出彩的绚丽篇章的新发展阶段，河南大地又迎来了构建新发展格局、促进中部地区崛起、黄河流域生态保护和高质量发展三大国家战略的交汇，"国字号"战略方阵被赋予了更加丰富的时代内涵，每一个国字号战略都寄托着国家层面对中原崛起的鼎力支持，彰显着河南在新发展格局中肩负的无可替代的历史使命与国家责任，也标注着河南在新时期实现高质量发展、服务全国发展大局的重要着力点，为河南锚定"两个确保"提供了宝贵的历史机遇和强劲动能。

5. 深化区域合作与国家战略同频共振为河南融入新发展格局提供机遇

党的十八大以来，党中央、国务院围绕区域协调发展部署了系列重大国家战略，为河南加快建立更加有效的区域协调发展新机制、新路径、新模式指明了前进方向、提供了根本遵循。作为黄河流域生态保护和高质量发展、新时代推动中部地区高质量发展国家战略的交汇地，京津冀、长三角、粤港澳大湾区等国内主要增长极的链接枢纽，河南高度重视融入对接重大国家战略，在制度型开放战略中就区域合作工作进行了新的谋篇布局，强调要强化与京津冀、长三角、粤港澳大湾区等的战略合作，推动建设郑洛西高质量发展合作带，深化晋陕豫黄河金三角区域合作，协同推进淮河生态经济带、汉江生态经济带建设，打造中原—长三角经济走廊，加强毗邻地区省际合作，这为河南紧抓构建新发展格局战略机遇，在全国产业分工调整中抢点布局，在区域经济格局优化中抢先定位，在更广阔空间下加强优质资源要素支撑，在区域融合发展中实现高水平崛起，加快形成优势互补、高质量发展的区域经济格局，谱写新时代中原更加出彩的绚丽篇章注入了强劲动力。

二 显著优势

1. 比较优势突出

近年来，面对复杂的国际国内经济形势，河南始终紧跟时代步伐，坚持"敢"字当头，在改革开放中不断巩固区位交通优势，培育枢纽经济优势，提升对外开放优势，综合竞争优势不断增强，为践行中国式现代化的河南实践集聚了强劲势能。首先，区位交通优势根基牢固。河南处于衔接东西部、联通南北方的核心位置，优越的区位条件孕育出河南得天独厚的交通优势，目前，全国"十纵十横"综合运输大通道中有5个经过河南，"米"字形高速铁路网基本建成，"米+井"综合运输通道和多层次枢纽体系基本形成。郑州机场货运吞吐量跻身全国前六，郑州成为全国20个国际性综合交通枢纽城市之一。其次，枢纽经济优势蓄势待发。河南以通道枢纽为基础，以高效物流为纽带，以优质服务为依托，实施枢纽能级提升、物流提质发展、枢纽偏好型产业培育"三大行动"，推动各类要素资源向交通枢纽集聚布局，枢纽能级优势持续提升。最后，对外开放优势稳步提升。近年来，河南依托区位交通优势，打通了陆上、空中、网上、海上

"四条丝绸之路","四路协同"联通世界,"五区联动"能级提升,内陆开放高地加快形成,多层次开放平台体系日趋完善,开放型经济发展呈现良好态势,成为新时代中部地区崛起的新亮点。综上所述,河南虽然地处内陆腹地,却将得天独厚的传统优势转化为强劲有力的后发赶超优势,比较优势越发凸显,为河南践行中国式现代化创造了条件、赢得了主动。

2. 产业体系完整

长期以来,河南高度重视实体经济发展,走出了一条不以牺牲农业和粮食、生态和环境为代价的新型工业化路子,工业规模居全国第五位、中西部第一位,构建了比较完整、特色鲜明的现代工业体系,产业门类完备齐全,产业基础实力扎实,产业升级潜力巨大,新兴工业大省快速崛起,为河南践行中国式现代化奠定了坚实的产业基础。一方面,产业门类完备齐全。目前,河南实体经济基础扎实,工业门类齐全、体系完整,产业配套能力强,拥有41个工业行业大类中的40个、207个种类中的199个,是国内很多产业循环的发起点、支撑点、结合点。自2004年以来经济总量连续18年居全国第五位,工业增加值稳居全国前列,制造业占规模以上工业比重超过85%,具有明显的产业基础优势。另一方面,产业基础实力雄厚。近年来,河南坚持优化存量和扩大增量并重、发展先进制造业和壮大现代服务业并举,已经培育出装备制造、食品制造两个万亿级产业集群和电子信息、生物医药、现代轻纺、现代化工等19个千亿级特色优势产业集群,新能源客车、盾构机、智能手机已成为河南制造的新名片。战略性新兴产业和数字经济加速发展,战略性新兴产业占全部工业增加值比重已达22.4%,服务业增加值占比接近50%,高新技术企业数量翻两番以上,2021年第三产业增加值达到2.89万亿元,服务业对经济增长的贡献率达50%。

3. 市场空间巨大

随着河南全面融入新发展格局,人口红利和市场规模等传统优势潜能将被进一步释放,现有的广阔市场空间可以转化为超大规模市场优势和内需潜力,为河南践行中国式现代化提供坚实的战略支撑。一方面,社会消费空间巨大。根据第七次全国人口普查数据,河南省常住人口9937万人,位列全国第三,近10年来人口增加534万人,增长规模位居全国第五(前四位分别为广东、浙江、江苏、山东);其中郑州常住人口超过1260万人，跃居中部地区城市第一位，河南巨大的人口总量孕育着庞大的消费市场空间。社会经济消费活跃，2017~2021年河南省社会消费品零售总额增长显著，2021年全省社会消费品零售总额24381.70亿元，比上年增长8.3%。分城乡看，城镇消费品零售额20029.82亿元，增长8.4%；乡村消费品零售额4351.89亿元，增长8.0%。除此之外，河南未来五年还将面临每年约150万人的城镇化进程、2万多亿元的社会消费水平，消费升级需求也日趋明显，对各类技术、产品、服务的需求空间广阔，蕴藏着巨大的市场需求和消费潜力。另一方面，投资需求不断增长。今后一段时期，随着河南在创新驱动、新型城镇化、产业结构优化升级、社会民生及基础设施领域"补短板"力度的不断加大，工业投资和基础设施建设投资增长空间巨大，民生领域的教育、医疗、养老、环保等领域的有效投资将持续增加，投资对经济发展的拉动效应会进一步显现，必将为河南践行中国式现代化提供强大的内生动力。

4. 人力资源丰富

改革开放以来，作为人力资源大省，河南充分利用和发掘丰富的人口红利，通过人口数量政策、人口质量政策和人才强省战略，加快人力资源从数量到质量的转变，实现了在区域竞争中的位次前移，从传统农业大省一跃成为重要的工业大省和经济大省。站在新的历史节点，随着河南由"人口数量红利"向"人口质量红利"转变，人力资源优势将进一步提升为人才资源优势，将为践行中国式现代化提供强劲的人力资源支撑。一方面，巨大的人口体量是河南践行中国式现代化的重要基石。当前和今后一个时期，人口老龄化不断加剧是基本国情，人口红利减弱是必然趋势。在此背景下，全省6500多万劳动力的优势将更加凸显，而且随着教育水平的提高和职业技能培训力度的加大，人力资源呈现结构优化、层次提升的良好态势。同时，人口多，蕴藏的创业商机就多，孕育的创新活力就强，蕴含的市场需求就大，全省每年约150万人的城镇化进程、2万多亿元的社会消费水平，对各类技术、产品、服务的需求空间广阔，使得中原市场成为构建国内统一大市场的战略要地，将为河南践行中国式现代化提供巨大的战略空间。另一方面，优质的人力资源为河南践行中国式现代化提供了充足的人才支撑。人才资源是第一资源，是重要的创新供给要素，根据第七次全国人口普查数据，河南省常住人口中，拥有大学（大专及以上）文化程度的人口为 1166 万人，其中 15~59 岁人口为 584 万人，占比 50.09%。2020 年，河南普通高等教育招生 82.86 万人，在校生 249.22 万人，毕业生 63.82 万人，居全国首位。未来，河南丰富的人力资源优势必将逐步转化为人才优势，为全面建设现代化河南提供有力支撑。

5. 城镇化前景广阔

城镇化是现代化的必由之路和重要标志。未来一段时期，河南城镇化进程仍处于重要战略机遇期，城镇化发展进入动力转换期，城镇化格局进入重塑优化期，城乡关系进入加速融合期，河南城镇化发展前景广阔，潜力巨大，为确保高质量建设现代化河南、确保高水平实现现代化河南提供了重要动力。一方面，河南城镇化进程仍处于重要战略机遇期。未来十五年，河南城镇常住人口将持续增加，城镇化动力依然较强。城镇化既是河南未来发展的最大潜力，也是支撑全国城镇化水平持续提升的重要板块。预计未来五年河南常住人口城镇化率将突破 60%，新增城镇常住人口达 600 万人左右，到 2035 年，全省城镇人口增量将超过 2100 万人，约占全国城镇人口增加总量的 1/10，前景十分广阔。作为农村人口大省，以人为核心的新型城镇化战略，是河南要打好的"四张牌"之一，未来十五年全省将有 700 多万农村人口向城镇转移、超过 2200 万的中等收入群体消费迭代升级，"乡土河南"加速朝着"城镇河南"转变，将成为推动河南践行中国式现代化的重要力量源泉。另一方面，河南城镇化进入格局优化潜力释放期。随着河南推进中心城市"起高峰"、县域经济"成高原"，两端集聚的趋势将进一步延续，在此背景下，河南人口众多、消费需求旺盛的优势将进一步释放，随着河南工业化城镇化持续深入推进，消费量将会不断加大，城市的人均消费水平是农村的 2~3 倍，不断增加的城镇人口也会不断推动消费增长，这是河南在新发展格局中的重要优势，更是支撑河南践行中国式现代化的重要基础。

6. 文化历史厚重

文化兴则国运兴，文化强则民族强。厚重的文化是推进现代化河南建设的重要资源和独特优势，将文化资源优势加快转变为发展优势，有利于以中原文化凝聚建设现代化河南的磅礴伟力，以文化创意创新支撑国家创新高地建设，以文旅文创融合发展引领经济社会高质量发展，是建设现代化河南、谱写中原出彩新篇章的战略选择。一方面，厚重的文化底蕴为践行中国式现代化凝聚强大的精神动力。河南历史文化资源极为丰厚,"伸手一摸就是春秋文化,两脚一踩就是秦砖汉瓦","集齐"黄河、长城、大运河、长征四大文化元素,以黄河文化、中原文化、红色文化、根亲文化、功夫文化等为代表的中原文化底蕴厚重。站在新起点,落实黄河流域生态保护和高质量发展重大国家战略,推动新时代中部地区高质量发展,迫切需要保护传承弘扬黄河文化、实现中原文化更加出彩。开启新征程,确保高质量建设现代化河南、确保高水平实现现代化河南,迫切需要从中原文化、黄河文化的力量源泉中凝聚磅礴伟力、坚定文化自信,激发起共筑中国梦、中原更出彩的磅礴力量,为新时代全面建设现代化河南提供不竭动力。另一方面,依托丰富的文化资源塑造文旅产业新优势为践行中国式现代化提供新动力。近年来,河南以中原文化、黄河文化、古都文化为依托,将传统厚重的历史文化与现代化元素相结合,不断探索文化产业转型发展新模式,随着历史文化资源的深度挖掘和传承活化,中原文化在守正创新中不断焕发新的生机活力,形成了独具特色的文旅融合发展新优势,文化需求将会成为内需的增长点,文化资源将会成为发展的动力源,文化魅力将会成为新的竞争力,为河南践行中国式现代化提供新动力。

第三节 河南践行中国式现代化的不利因素

践行中国式现代化,需要在发挥优势长板的同时,清醒地认识当前河南发展环境面临的突出挑战,以及在发展基础、发展动力等方面存在的不充分不平衡不协调等突出制约和短板,在此基础上,明晰补短板挖潜力的发力点,找准化劣势为优势的着力点,进而加快推进全面建设现代化河南的历史进程。

一 主要挑战

1. 地缘政治博弈加剧产业链供应链失稳风险

近年来,美国对我国的遏制打压围堵有增无减,呈现出"全方位、多层次、长短结合"的特点,美国持续强化与盟友合作,在传统贸易、多边出口管制、半导体全球供应链、清洁能源技术、新兴技术标准制定等方面达成排他性合作,加快"去中国化",推动制造业产业链转出中国,我国产业链供应链安全面临更大挑战。在全球产业链"客观"断裂和"主观"断裂的共同作用下，全球经济在产业链领域可能逐渐形成两套体系，以此为基础，大国之间的分化组合将推动世界向涉及领域更加广泛的平行体系迈进。当前，美国对华博弈开始由"同规博弈"转向"异规博弈"，并在意识形态、经贸投资、科技研发、军事安全等领域展开不同规则体系下的竞争，从而推动构筑中美各居一方、相对独立、交往受限的平行体系。在此背景下，地缘政治博弈导致的高新技术贸易壁垒对河南高技术产业创新发展带来挑战，对充分参与产业贸易竞争造成阻碍，贸易摩擦的不确定性造成河南扩大国际贸易难度增加，对外贸易高速增长的动能将逐步减弱，且存在较大波动风险。

2. 逆全球化暗流涌动导致对外开放空间受限

近年来，全球性问题凸显，逆全球化思潮抬头，单边主义、保护主义明显上升，在应对气候变化、防控传染性疾病、保障粮食安全和能源安全等方面的问题和挑战不断出现，给全球治理提出新的课题。特别是乌克兰危机爆发与美西方对俄实施全面制裁进一步恶化了外部环境。我国是最大的能源进口国，全球能源的供应短缺和价格波动对我国能源安全形成挑战。气候变化、地缘政治冲突也给世界贸易和投资、全球金融市场稳定、全球粮食安全等造成严重影响。美国等西方发达国家为维护既有利益，还频频采取金融、科技、贸易等手段遏制新兴市场国家和发展中国家，不断挑起贸易摩擦，造成世界经济增长持续低迷，严重阻碍了全球产业链、供应链的有序重构。在逆全球化暗流涌动的背景下，上述问题对我国应对全球性问题和参与全球治理提出了新的挑战，对河南持续扩大对外开放，深度融入世界经济分工体系形成了新的障碍。

3. 世界经济复苏乏力造成经济增长拉力式微

当前，全球经济复苏减速降挡，滞胀程度继续加深，2022年以来全球经济复苏进程因供应瓶颈、俄乌冲突、发达经济体货币政策收紧而中断，增速下挫，加之通胀持续攀升，滞胀程度继续加深，全球经济陷入失速风险。全球经济增速的放缓和供需缺口的收窄意味着我国出口高速增长的有利条件在减少。同时，从贸易竞争国来看，随着之前遭受疫情重创的一些新兴国家生产逐渐恢复，发达国家对我国的出口份额有一部分将转移至这些贸易竞争国。此外，随着越来越多的国家消费重心逐渐从商品消费转向服务消费,这也不利于我国货物贸易出口高增速的维持,在此背景下,河南进出口贸易将会面临严峻的挑战,出口对经济增长的拉动效应面临暂时衰退的风险。

4. 国内经济三重压力引发经济运行风险叠加

当前,国内经济面临着需求收缩、供给冲击、预期转弱"三重压力"等超预期因素的复杂局面,宏观经济遇到了财政赤字扩大与通货膨胀风险、国内外供应链阻隔与市场割裂风险、企业资金链断裂与要素链梗阻风险、劳动力失业与社会保障风险、企业生存压力与产业迭代风险等多重风险叠加的挑战,在此背景下,河南经济运行面临的风险将进一步凸显。首先,就业压力仍然突出,面对不断扩大的高校毕业生规模和增量,并叠加疫情、经济增速放缓等影响,河南就业压力将加大。其次,中小企业经营困难仍在加剧,面对消费乏力,叠加原材料、物流、人工等成本上涨,全省中小企业经营困难正在增大。最后,重点领域风险隐患仍然存在,在失业潮、倒闭潮现实约束下,加之宏观经济杠杆居高不下,房地产风险、地方债务风险、企业信用违约风险等隐患依然存在,上述风险的叠加传导将对河南经济未来发展形成较大的压力和挑战。

二 突出短板

1. 人均发展水平低

河南作为发展中的内陆大省,与沿海地区相比经济规模和发展质量还存在一定差距,特别是人均经济指标普遍低于全国平均水平,是实现"两个确保"的突出短板。一是人均GDP低。2020年,全省人均GDP为5.5万元,居全国第17位、中部地区第5位,仅相当于全国平均水平的76.9%,北京和上海的1/3左右,江苏、福建和浙江的一半左右,广东的2/3左右,湖北、内蒙古和山东的3/4左右。二是人均一般公共预算收入低。2020年,全省人均一般公共预算收入为4182元,仅相当于广东、江苏、浙江的四成左右,山东的2/3左右。三是居民收入低。2020年,全省居民人均可支配收入为24810元,仅相当于全国平均水平的77.1%,居全国第24位、中部第6位。因此,要实现"两个确保",必须努力保持一定的追赶速度,加快缩小与全国平均水平和先进省份的差距。

2. 结构调整任务重

河南作为农业大省、人口大省和传统产业大省，发展不平衡不充分问题更加凸显，经济转型升级任务繁重，是实现"两个确保"的突出制约。一是城乡结构不优。2020年，全省城镇化率仅为55.43%，比全国低8.46个百分点，仍有4428.7万人居住在农村，城镇居民人均可支配收入和人均消费支出分别是农村的2.16倍和1.69倍。二是产业结构不优。农业大而不强、工业全而不优、服务业不大不强不优，尽管近年来全省加快传统产业改造和新兴产业培育，但2020年规模以上工业增加值中战略性新兴产业、高技术制造业占比分别仅为22.4%、11.1%，传统产业和高耗能产业占比分别为46.2%、35.8%，传统产业比重仍然较大，新兴产业支撑明显不足，新经济新业态新模式发展相对滞后。三是质量效益不优。2020年，全省一般公共预算收入与生产总值之比为7.56%，全国排名靠后，工业增加值尽管仍居全国第5位，但规模以上工业企业营业收入和利润总额由2016年均为全国第4位，分别下降到2020年的第6位、第8位。

3. 创新发展能力弱

近年来，虽然河南科技创新能力持续提升，取得了明显成效，但河南科技创新整体实力不强、引领带动能力不足的基本面没有根本改变。其主要表现，一是科技创新投入不足，2022年，全社会研发投入1018.8亿元，居全国第10位；研发投入强度1.73%，居全国第17位。二是高层次创新平台、重大科技基础设施较少，国家实验室还是空白；建有16个国家重点实验室，占比仅3%。三是创新主体实力不强，高新技术企业数量刚刚突破1万家，占比不到3%；"双一流"高校只有2家；中科院在全国共有114家直属机构，河南还是空白。四是高层次创新人才匮乏，河南两院院士仅占全国的1%，国家杰青仅占全国的0.3%。综上所述，科技创新依然是制约河南发展的突出短板，必须紧抓发展机遇，坚定信心决心，紧紧围绕党的二十大确立的目标任务，以前瞻30年的眼光想问题、做决策、抓发展，在拉高标杆中争先进位，在加压奋进中开创新局。

4. 龙头带动作用小

作为省会城市，郑州近年来战略地位日益提升，但首位度与国家中心城市地位不相称，对省域发展影响力大而引领带动力不足，成为制约"两个确保"的重要因素。在经济首位度上，2020年，郑州市经济总量占全省的21.8%，在全国经济总量前9位的省份中（第10位是上海市），城市首位度仅居第6位；在全国27个省会城市中倒数第6、中部倒数第1，分别低于西安、成都、武汉、长沙、合肥、杭州、太原16.5个、14.7个、14.2个、7.3个、4.2个、3.1个、1.7个百分点；即便加上洛阳，全省经济前两城的经济总量合计也仅占全省的31.1%，这一比重在9个经济大省中仅居第7位，比居首位的广东省低16.5个百分点。在人口首位度上，2020年郑州常住人口占全省的12.7%，在全国27个省会城市中倒数第3、中部倒数第1，分别低于西安、成都、武汉、杭州、合肥、太原、长沙20.1个、12.3个、8.6个、5.8个、2.7个、2.5个、2.4个百分点。

5. 区域发展不均衡

当前，河南区域发展总体不均衡，市域、县域经济发展能级普遍不强，制约着"两个确保"的基本盘。在市域发展上，2020年，除郑州外，仅有洛阳生产总值超5000亿元，鹤壁、济源示范区生产总值不到1000亿元，而江苏有9座城市生产总值超5000亿元；人均GDP 5万元以下的城市，河南有10个，比湖北、江西多6个，比安徽多4个；人均GDP 5万～10万元的城市，河南比湖北少3个；河南目前还没有人均GDP 10万元以上的城市，而湖北、安徽分别有2个，湖南有1个；第七次全国人口普查数据显示，郑州常住人口10年间增量最大，达397.4万人，新乡、洛阳常住人口增量超50万人，而鹤壁、焦作、漯河、三门峡、驻马店、南阳人口负增长，特别是南阳减少55万人。在县域发展上，根据2021年赛迪发布的县域百强县名单，河南占7席，与湖北并列第4位，但缺乏GDP超千亿元的头部县域，而江苏、浙江分别有16个、9个，湖南、江西也分别有3个、1个。2019年，一般公共预算收入超过20亿元的县（市）只有22个，其中超过50亿元的只有3个，而10亿元以下的多达33个。

第四节 河南抓住机遇迎接挑战的应对策略

面对河南践行中国式现代化过程中的机遇和挑战，在深刻把握河南经济长期向好基本面没有改变，经济持续恢复态势没有改变，发展潜力大、韧性足、空间广的特点也没有改变的基础上，立足"七个坚持"，化挑战为机遇，化压力为动力，化短板为潜力，化优势为胜势，推动河南在践行中国式现代化道路上行稳致远。

一 坚持以守规律促发展开新局

坚持按客观规律办事，立足实际、实事求是，准确判断社会主要矛盾，制定正确政策，采取正确行动，推动高质量建设现代化河南、高水平实现现代化河南不断取得新的伟大胜利。发展是解决一切问题的基础和关键，应坚持一切从实际出发，坚持辩证思维，面对"危""机"并存的内外部形势，抓住事物本质，把握事物的主要矛盾和矛盾的主要方面，保持战略定力，集中力量办好自己的事，坚持稳中求进工作总基调，坚持新发展理念，高水平深化改革扩大开放，稳住实体经济这个基本盘。坚持底线思维、增强忧患意识，保持"乱云飞渡仍从容"的战略定力，在深刻把握经济发展态势和趋势、遵循经济规律的基础上，着力处理好高质量发展与实现赶超发展的关系、稳增长促发展与防风险保安全的关系、投资驱动与创新驱动的关系、发挥综合优势与弥补短板弱项的关系、发挥市场主体作用与改进政府管理的关系、生态保护与经济发展的关系，综合运用系统观念、法治思维、改革精神、创新办法、市场机制推动工作、解决问题，努力在危机中育新机、于变局中开新局，推动高质量建设现代化河南、高水平实现现代化河南行稳致远。

二 坚持以求实效破重点带全局

面对河南践行中国式现代化道路上的各类风险挑战，一方面，需要保持战略定力，力求工作实效。阶段不能逾越，但台阶可以跨越，只要战略对，通过努力一定胜。要胸怀"两个大局"，牢记"国之大者"，自觉在大局下定位摆布、在变局中掌握主动、在全局中守好一域。要统筹当前长远，锁定目标，既步步为营、久久为功，也只争朝夕、倍道而进，以当前目标的完成为长远目标的实现创造条件。要切实敢打敢胜，临事而惧、好谋而成，在变压力为动力、化危为机中勇攀新高。要立足落实见效，把结果导向作为一种工作理念、一种工作方法、一种工作制度、一种工作标准，以结果论英雄、从过程找经验、用实绩来检验。另一方面，突出工作重点，以重点突破带动全局发展。没有重点就没有全局。要坚持两点论与重点论的统一，善于抓住主要矛盾和矛盾的主要方面，牵住"牛鼻子"，实行非均衡发展，以重点突破带动全局整体跃升。加快动能转换，大抓创新，推动传统产业改造升级、新兴产业重点培育、未来产业谋篇布局。坚持项目为王，从项目切入、以项目推动、用项目支撑，不断催生调结构突破点、新动能生长点、稳增长关键点。壮大市场主体、创新主体，把工作聚焦产业、企业、企业家、科学家，持续释放潜力、激发活力。

三 坚持以扩内需促消费激活力

在国际环境多变、外部需求波动承压的现实情况下，河南应把加快培育完整内需体系作为重中之重，坚持稳投资、促消费，扩大有效需求，激活经济发展内生动力。一是要以"项目建设"为牵引着力扩大有效投资。一以贯之坚持"项目为王"，持续深化"万人助万企"活动和"三个一批"项目建设，协调解决重大项目推进中的瓶颈，做好项目服务保障，坚持要素跟着项目走，全力保障项目用地、用能等方面需求，做到能开尽开、能开快开，最大限度发挥投资拉动内需"压舱石"作用。二是要以"消费升级"为方向着力释放消费潜力。健全教育、养老、医疗、育幼等政策体系，促进解决居民消费后顾之忧，提升社会整体消费能力；要加快补齐农村和城市流通体系短板，加强农产品仓储保鲜设施建设，畅通工业品下乡、农产品进城渠道，促进产销高效对接；要促进线上线下深度融合、商品和服务消费互动融合、流通和生产对接融合，开展技术创新、产品创新、模式创新、服务创新，迭代发展首店经济、夜间经济、户外经济、小店经济、定制消费等特色消费，积极培育信息消费、绿色消费、数字消费、时尚消费、云消费等新型消费；提振汽车、家电等大宗商品消费，发挥其拉动作用。

四 坚持以深改革扩开放添动能

为抓住全球经济格局"东升西降"、世界新经济变量涌入带来的机遇、更好应对逆全球化等外部挑战，河南应坚定不移深化改革开放，加强改革系统集成、推动内外联动，全面激活经济发展动力活力。一是要全面深化改革。坚持社会主义市场经济改革方向，建设高标准市场体系，优化营商环境；打造"有为政府"，深化政府流程再造，坚持组织实施重大项目开工会、协调会、工作会，树立干事创业、奖优罚劣的鲜明导向；激活"有效市场"，深化要素市场化配置改革，大力推进"亩均论英雄"、开发园区"标准地"改革、土地"全域治理"，实施企业上市倍增行动；服务"市场主体"，深化国资国企改革，实施民营经济上台阶行动，继续开展"万人助万企"活动，改进工作作风，为民办实事、为企优环境。二是要持续扩大开放。以制度性开放的新突破加快塑造参与国际合作和竞争新优势；以郑州—卢森堡"空中丝绸之路"为引领，统筹推进陆上、网上、海上丝绸之路建设；加快完善航空、铁路、公路和水运立体发展的物流网络体系，打造枢纽经济新优势；深度融入"一带一路"建设，抢抓 RCEP 实施机遇，推进贸易投资、产业发展等领域深度合作，不断扩大对 RCEP 成员国的进出口，以不断扩大国际经贸合作圈开拓更广阔的发展空间加快培育创新型企业。

五　坚持以强创新稳链条增韧性

为抓住新一轮科技革命和产业变革带来的新机遇，有效应对国外供应链阻隔与市场割裂风险，河南应坚持把创新发展和增强产业链供应链安全放在更加重要的位置，通过实施首位战略，构建自主可控、安全高效的产业链供应链，不断增强经济发展韧性。一是要实施首位战略。加快培育创新型企业，鼓励龙头企业牵头组建创新联合体，完善优势互补、成果共享、风险共担的产学研用合作机制；支持高校、科研机构加大对领军人才、高端人才、潜力人才的引进培育力度；主动对接国家战略科技力量体系，以嵩山实验室、神农种业实验室、黄河实验室建设为重点加快全省实验室体系重塑重构进程；加快构建一流创新生态，着力形成"基础研究+技术攻关+成果转化+科技金融+人才支撑"的全过程创新生态链。二是要保持产业链供应链安全通畅。以产业应用需求为牵引点，并行推进补短板与锻长板。聚焦重点领域和核心零部件，靶向攻关"卡脖子"关键技术。发挥行业龙头企业引领作用，引导和推动产业链上下游企业在原料供应、物流配送等方面展开深度合作，着力提升产业链供应链韧性与稳定性。前瞻性研究少数国家对河南产业发展的围堵布局与遏制政策，强化系统应对、细化预案举措，加快构建基于国际形势变化的战略洞察体系。

六　坚持以助实体保就业强支撑

为有效应对外部变化以及企业生存压力与产业迭代风险，河南应把经济发展的着力点放在壮大实体经济和稳定就业上，围绕激活民间投资、稳住市场主体、稳定和促进就业，构筑未来发展新优势的重要支撑。一是聚焦投资信心，激活民间投资。努力提升生产活动的稳定性和可预期性，改善营商环境，减少非经济因素对生产活动可持续性的外部冲击，增强民间投资信心；要加强对企业资产负债表健康程度的关注，充分发挥政策的减负纾困作用和预期引导作用，营造健康的投资环境。二是聚焦市场主体，推动实体经济发展。围绕稳定大企业生产经营、减轻中小企业负担、帮扶特殊困难行业，落实落细相关纾困政策，并根据市场主体实际困难和需求，动态调整政策组合，确保各项纾困解难政策直达、精准、高效；引导市场主体主动适应外部环境变化，盯紧产业发展前沿动态，持续推进产品创新、技术创新、商业模式创新、管理创新、制度创新，充分激发市场主体发展内生动力，增强市场主体发展活力、竞争活力、创新活力，让市场主体"好起来"；注重发挥重点企业的示范带动作用，确保重点企业稳定运行，引领带动产业上下游联动发展，不断夯实经济稳定运行的基础。三是聚焦重点人群，稳定和促进就业。继续实施应届高校毕业生就业目标引领计划，稳定"三支一扶"等基层项目招募规模；进一步疏通农民工就业通道，做好"豫见·省外"劳务输出活动扩面升级；积极开展规范化灵活就业人员就业试点工作，鼓励更多劳动者灵活就业；深入实施豫商豫才回归工程，不断深化"人人持证、技能河南"建设。

七　坚持以防风险补短板筑底线

面对世界经济持续衰退、"三重压力"持续影响，河南应聚焦重点领域、紧盯关键短板，科学预判、认真研判，筑牢安全底线，护航发展前行。一是多措并举促进房地产产业良性健康发展。积极落实"16条"政策，稳妥推进"保交楼，稳民生"，加强地方政府、金融机构、企业协同发力，通过房地产纾困专项基金、引入国资平台、并购重组、专项贷款支持等纾困方式，保障项目复工交付；加力提振预期，恢复市场信心，因城施策，加大房地产政策优化调整力度，供需双侧发力扭转预期；加快构建长效新模式，扩大保障性租赁住房供给，探索建立"人地房钱"联动新模式。二是多路并进防范化解财政金融风险。落实防范化解地方债务风险各项措施，坚决防止隐形债务增量，妥善处理隐形债务存量；科学预判政府投融资平台财政风险，优化治理结构；积极稳妥处理村镇银行风险，探索构建新型农村金融体系。三是多点发力防范化解重点领域风险。抓好矿山、道路交通、燃气、自建房、旅游景区等领域安全隐患排查整治，坚决守好社会稳定、安全生产、粮食安全、能源安全、产业链供应链安全等"一排底线"，为经济快速稳定发展创造良好环境。

第八章　河南实现现代化的愿景与布局

2021年10月，河南省委第十一次党代会站位建设社会主义现代化的全局，提出锚定"两个确保"、实施"十大战略"。"两个确保"，即确保高质量建设现代化河南，确保高水平实现现代化河南。"两个确保"体现了河南作为人口大省、经济大省，对于推进中国式现代化的责任和担当。锚定"两个确保"、实施"十大战略"，为今后河南30年发展和现代化建设指明了方向、规划了路径，明确了现代化河南的奋斗目标，符合建设社会主义现代化河南的核心要义，回答了"建设什么样的现代化河南"和"怎样建设现代化河南"的重大问题。

第一节　河南实现现代化的两个阶段

党的十九大在全面建成小康社会、实现第一个百年奋斗目标的基础上，对全面建成现代化国家、实现第二个百年奋斗目标进行了战略安排，提出了新时代的"两步走"战略，即"第一个阶段，从2020年到2035年，在全面建成小康社会的基础上，再奋斗十五年，基本实现社会主义现代化。……第二个阶段，从2035年到本世纪中叶，在基本实现现代化的基础上，再奋斗十五年，把我国建成富强民主文明和谐美丽的社会主义现代化强国"[①]。

河南省第十一次党代会，是在中国共产党成立100周年的重要节点、开启全面建设社会主义现代化河南新征程的重要时刻召开的一次重要的大

---

① 习近平：《决胜全面建成小康社会 夺取新时代中国特色社会主义伟大胜利——在中国共产党第十九次全国代表大会上的报告》，2017年10月18日。

会。大会高举中国特色社会主义伟大旗帜，深入贯彻习近平总书记视察河南重要讲话和重要指示精神，主动站位于新时代的"两步走"战略，提出了"两个确保"的战略目标，以前瞻30年的眼光，提出到2035年和21世纪中叶的河南版"两步走"谋划，为河南未来发展擘画了蓝图。

一 第一阶段：2020年到2035年

2017年10月，党的十九大对新时代"两步走"战略进行了谋划，其中对第一个阶段的表述为"从2020年到2035年，在全面建成小康社会的基础上，再奋斗十五年，基本实现社会主义现代化。到那时，我国经济实力、科技实力将大幅跃升，跻身创新型国家前列；人民平等参与、平等发展权利得到充分保障，法治国家、法治政府、法治社会基本建成，各方面制度更加完善，国家治理体系和治理能力现代化基本实现；社会文明程度达到新的高度，国家文化软实力显著增强，中华文化影响更加广泛深入；人民生活更为宽裕，中等收入群体比例明显提高，城乡区域发展差距和居民生活水平差距显著缩小，基本公共服务均等化基本实现，全体人民共同富裕迈出坚实步伐；现代社会治理格局基本形成，社会充满活力又和谐有序；生态环境根本好转，美丽中国目标基本实现"[1]。

2020年10月，党的十九届五中全会对"十四五"时期的发展和2035年远景目标进行了谋划。充分考虑到我国发展的国内国外环境变化，对2035年远景目标加入了更加详细的表述，例如"综合国力将大幅跃升""经济总量和城乡居民人均收入将再迈上新的大台阶""关键核心技术实现重大突破""基本实现新型工业化、信息化、城镇化、农业现代化，建成现代化经济体系""建成文化强国、教育强国、人才强国、体育强国、健康中国，国民素质和社会文明程度达到新高度""碳排放达峰后稳中有降""形成对外开放新格局""人均国内生产总值达到中等发达国家水平"等[2]，其中体现了对科技独立自主、"双碳"等方面的新要求。党的二十大报告关于2035年发展目标的表述，与党的十九届五中全会基本保持一致，

---

[1] 习近平：《决胜全面建成小康社会 夺取新时代中国特色社会主义伟大胜利——在中国共产党第十九次全国代表大会上的报告》，2017年10月18日。
[2] 《中共中央关于制定国民经济和社会发展第十四个五年规划和2035年远景目标的建议》，2020年10月29日。

同时，对文字表述进行了一定的精炼。

河南省贯彻中央的战略部署，河南省委十届十二次全会及《河南省国民经济和社会发展第十四个五年规划和2035年远景目标纲要》提出，到2035年基本建成"四个强省、一个高地、一个家园"的社会主义现代化河南，其中，四个强省即经济强省、文化强省、生态强省、开放强省，一个高地即中西部创新高地，一个家园即幸福美好家园。

2021年10月，结合新形势、新任务，河南省委十一次党代会提出"两个确保"的宏伟目标，即"确保高质量建设现代化河南，确保高水平实现现代化河南"，贯彻党的十九届五中全会中的安排部署，提出"到2035年，河南省综合实力、创新能力进入全国前列，人均GDP达到中等发达国家水平，治理体系和治理能力现代化基本实现，文化软实力显著增强，中等收入群体规模翻一番，共同富裕取得实质性进展，生态系统健康稳定，碳排放达峰后稳中有降，基本建成经济强省、文化强省、生态强省、开放强省和国家创新高地、幸福美好家园"[1]，这将成为"第一个15年"河南发展和奋斗的目标。

二 第二阶段：2035年到21世纪中叶

党的十九大报告对于新时代的"第二步走"提出"第二个阶段，从2035年到本世纪中叶，在基本实现现代化的基础上，再奋斗十五年，把我国建成富强民主文明和谐美丽的社会主义现代化强国。到那时，我国物质文明、政治文明、精神文明、社会文明、生态文明将全面提升，实现国家治理体系和治理能力现代化，成为综合国力和国际影响力领先的国家，全体人民共同富裕基本实现，我国人民将享有更加幸福安康的生活，中华民族将以更加昂扬的姿态屹立于世界民族之林"[2]。

河南省第十一次党代会对新时代河南"第二步走"的表述为"到本世纪中叶，物质文明、政治文明、精神文明、社会文明、生态文明全面达到

---

[1] 楼阳生：《高举伟大旗帜 牢记领袖嘱托 为确保高质量建设现代化河南 确保高水平实现现代化河南而努力奋斗——在中国共产党河南省第十一次代表大会上的报告》，2021年10月26日。

[2] 习近平：《决胜全面建成小康社会 夺取新时代中国特色社会主义伟大胜利——在中国共产党第十九次全国代表大会上的报告》，2017年10月18日。

新高度，实现治理体系和治理能力现代化，碳中和取得重大进展，共同富裕基本实现，建成富强民主文明和谐美丽的社会主义现代化强省"①。

第二节 河南实现现代化的愿景

2021年10月，河南省第十一次党代会提出"两个确保"的宏伟目标，谋划了现代化河南的宏伟蓝图，明确了现代化河南的奋斗目标，具有鲜明的政治性、时代性、科学性、导向性。"两个确保"，把河南放在全国大局中来谋划、摆在推进中国式现代化和实现中华民族伟大复兴中来定位，体现了牢记"国之大者"的使命和担当。

一 确保高质量建设现代化河南

确保高质量建设现代化河南就是强调，在推进中国式现代化的河南实践过程中，必须牢牢把握高质量发展这个首要任务。河南省委以新发展阶段、新发展理念、新发展格局为战略指引，基于对新发展阶段量变与质变的内在逻辑的深刻把握，坚持新发展理念在经济社会发展全过程和各领域的全面贯彻，抓住主动服务并深度融入新发展格局的战略机遇，提出锚定"两个确保"、实施"十大战略"。

"两个确保"立足河南人口多、底子薄、基础弱、人均水平低、发展不平衡的基本省情，以人的全面发展、全体人民共同富裕为根本目的，从省情出发，顺应发展大势，从着力解决方向性、根本性、全局性问题入手，坚持以推动高质量发展为主题，明确提出了实施"十大战略"，围绕扬优势、补短板、释潜能、激活力等方面发力。其中，创新驱动、换道领跑等引领性战略，指明了未来河南现代化建设的动力和方向，优势再造、实施数字化转型、文旅文创融合、新型城镇化、乡村振兴、绿色低碳转型等支撑性战略，进一步明晰了全面建设现代化河南的战略重点和战略路径，制度型开放、全面深化改革等保障性战略，通过优化制度供给，为建

---

① 楼阳生：《高举伟大旗帜 牢记领袖嘱托 为确保高质量建设现代化河南 确保高水平实现现代化河南而努力奋斗——在中国共产党河南省第十一次代表大会上的报告》，2021年10月26日。

设现代化河南提供了坚实的制度保障。

"两个确保"推进过程中,坚持贯彻新发展理念,力争在综合实力、创新能力、文化软实力、生态系统建设、对外开放、治理体系和治理能力现代化等方面取得突破性进展。坚持以破解不平衡不充分问题为导向,一方面,通过实施"十大战略",推动河南从经济大省向经济强省转变,着力做大"蛋糕";另一方面,着力分好"蛋糕",更好满足人民在经济、政治、文化、社会、生态等方面日益增长的需要,推动人的全面发展、社会全面进步,实现共同富裕。坚持把创新摆在发展的逻辑起点、现代化建设的核心位置,坚持面向世界科技前沿、面向经济主战场、面向国家重大需求、面向人民生命健康,完善科技创新体系,打造一流创新生态,推动创新链、产业链、供应链、要素链、制度链共生耦合,增强科技硬实力、经济创新力。坚持规模和效益的统一,一方面,在推动高质量建设现代化河南进程中发挥工业规模基础大、门类齐全以及近一亿人口内需市场优势;另一方面,通过创新推动生产方式转变、传统产业改造升级、新兴产业重点培育、未来产业谋篇布局,激发发展动力,实现三大变革。坚持顶层谋划和深化改革相结合,一方面,要求紧抓构建新发展格局、黄河流域生态保护和高质量发展、新时代中部地区高质量发展三大战略机遇,实施"十大战略",着力补短板、强产业、促协调、扩内需、畅循环;另一方面,围绕创新发展、人才强省、营商环境、县域经济、要素配置等关键领域,全面深化重点领域改革,提升资源配置效率。坚持人与自然和谐共生,坚持尊重自然、顺应自然、保护自然,坚持以节约优先、保护优先、自然恢复为主,完善生态保护格局,加强黄河流域生态保护治理,确保一泓清水永续北送,持续打好污染防治攻坚战,统筹有序推进"双碳"目标。坚持统筹发展和安全,加快融入构建"双循环"新发展格局,大力加快自主创新,大力推进综合交通枢纽建设,着力畅通堵点,保障产业链、供应链安全,扛稳粮食安全重任,不断提高防范化解重大风险的能力,统筹做好金融、生产、卫生、灾害、社会治理等领域安全,建设更高水平的平安河南、法治河南,以河南一域之稳定为全国大局之稳定尽责任、作贡献。

二 确保高水平实现现代化河南

确保高水平实现现代化河南,从目标上看,必须是与全国人民一道高水平实现的现代化，绝不"拖后腿""打折扣"。河南省第十一次党代会明确提出以经济实力、科技实力、综合实力大幅跃升为标志推动现代化河南建设的新要求，确定了规模、总量、质量、效益相统一的发展目标，以"十大战略"为引领，明确了社会、经济、文化、生态等领域高质量建设现代化的具体路径，体现了"高"和"新"的时代内涵，统筹了"高"和"新"的目标要求。

"两个确保"站位服务全国发展大局，抓住我国的社会主义现代化是"人口规模巨大的现代化"这一基本特征，把河南放在实现"两个一百年"奋斗目标和实现中华民族伟大复兴中国梦中来定位，主动抬高坐标、提升目标。"中国梦归根到底是人民的梦"，拥有近一亿人口的河南能够高质量建设现代化、高水平建成现代化，就会有力支撑和促进我国全面建成社会主义现代化强国的历史进程，进而在现代化强国建设的历史进程中作出河南的独特贡献。这也体现出第十一届河南省委团结带领一亿河南人民在新时代团结奋斗、创新创造的拼搏精神和责任担当。

"两个确保"在现实基础和民心基础两个维度均具有切实可行性，为全面建设现代化河南提供了强大的凝聚力。从现实基础看，河南不仅是全国重要的工业大省、农业大省和有影响力的文化大省，更是正在加速崛起的经济大省、内陆开放大省。河南产业基础雄厚，实现"两个确保"具备强大实力保障；国家战略叠加，实现"两个确保"具备重大发展势能；开放优势彰显，实现"两个确保"具备强劲发展动能，河南有基础、有能力去实现"两个确保"。从民心基础看，"两个确保"紧紧围绕"发展为了人民，发展依靠人民，发展成果惠及全体人民"的核心理念，把符合人民根本利益作为发展的价值标尺，把人民对美好生活的向往作为奋斗目标，前瞻性谋划、系统化布局，顺应了亿万中原儿女的热切期盼。这必将激发起亿万中原儿女建设现代化河南的磅礴伟力，高水平实现建设现代化河南的宏伟目标。

第三节　河南实现现代化的指标测算

河南作为中部大省，做到"两个确保"，在推进中国式现代化的伟大征程中肩负起历史使命，就要在现代化建设进程中同步或快于全国平均水平，部分领域要赶超发达国家的先进水平。为此，必须在一些关键性、核心性指标上，与全国水平、发达国家水平进行对标对表，从而更加科学、有序地推进中国式现代化的河南实践。

一 核心指标界定

党的十九大提出了新时代"两步走"的战略安排，即第一个阶段，从2020年到2035年，在全面建成小康社会的基础上，再奋斗15年，基本实现社会主义现代化；第二个阶段，从2035年到21世纪中叶，在基本实现现代化的基础上，再奋斗15年，把我国建成富强民主文明和谐美丽的社会主义现代化强国。① 其中，党的十九大关于现代化建设的表述基本都属于定性化表达，量化方面的表述如到2035年"中等收入群体比例明显提高，城乡区域发展差距和居民生活水平差距显著缩小"，仍属于方向性的表述。

党的十九届五中全会通过的《中共中央关于制定国民经济和社会发展第十四个五年规划和2035年远景目标的建议》，对2035年的发展目标进行了更加详细的表述，其中，"我国经济实力、科技实力、综合国力将大幅跃升，经济总量和城乡居民人均收入将再迈上新的大台阶""进入创新型国家前列，基本实现新型工业化、信息化、城镇化、农业现代化""人均国内生产总值达到中等发达国家水平，中等收入群体显著扩大，基本公共服务实现均等化，城乡区域发展差距和居民生活水平差距显著缩小"等表述，都体现了定量化的要求。从中可以看出，2020年到2035年，我国的GDP、人均GDP、科技经费支出、城镇化率、互联网普及程度、城乡居民收入比等指标，需要大幅提升，或达到发达国家水平。党的二十大报告中，对两步走目标的表述与党的十九届五中全会基本一致，并进行了一定的精炼。

在这些定量表述中，比较明确的是"人均国内生产总值达到中等发达国家水平"。关于什么是"发达国家"（Developed Country），在世界上并没有统一的标准。通常来说，"工业化国家"（Industrialized Country）、"高收入国家"（High-income Country）、"先进国家"（Advanced Country）、"更

---

① 习近平：《决胜全面建成小康社会 夺取新时代中国特色社会主义伟大胜利——在中国共产党第十九次全国代表大会上的报告》，2017年10月18日。

发达的国家"（More Developed Country，MDC）、经济更发达的国家（More Economically Developed Country，MEDC）、后工业化国家（Post-industrial Country）等表述，在不同使用环境下等同于"发达国家"。人们普遍认为，发达国家特点主要包括人均GDP高、人均收入高，基础设施和居民生活水平比较高。除此之外，工业化程度、科学技术水平也是发达国家的重要衡量标准。例如卡塔尔、沙特等资源输出型国家，尽管它们人均生产总值比较高，但人们通常也不认为它们是发达国家。联合国统计署曾经表示，在联合国系统内并没有划分"发达国家"和"发展中国家"的确切标准。

国际组织曾经对"发达国家"进行过一些研究。联合国开发计划署从1990年开始编制人类发展指数（Human Development Index，HDI），并认为人类指数极高的国家（大于0.8）是发达国家。作为国际上衡量发达国家水平的重要指标之一，联合国开发计划署的人类发展指数主要包含了人均寿命、人均受教育程度和人均GDP，相对综合地评价经济体的发达程度，当中不仅考虑经济因素，还注重人本身的因素。因此，人均预期寿命、人均受教育年限应当被作为现代化的重要衡量因素。

世界银行从1978年出版第一份《世界发展报告》（World Development Report）时，根据人均国民收入高低，将世界划分为高收入经济体、中等收入经济体和欠发达国家三个类别。自1983年起，又进一步将中等收入经济体划分为低中等收入经济体和上中等收入经济体。由于国家经济发展变化和通货膨胀等因素，《世界发展报告》中划分不同收入水平国家的标准在不断调整变化。根据世界银行2022年7月的划分标准，高收入经济体的人均国民收入标准为13205美元以上，上中等收入经济体的人均国民收入标准为4256~13205美元，低中等收入经济体的人均国民收入标准为1086~4255美元，低收入经济体的人均国民收入在1086美元以下。

国际货币基金组织（IMF）在2021年的《世界经济展望》中，划分出39个"先进经济体"（Advanced Economy），其中包括美国、日本、德国、英国、法国、意大利、加拿大、奥地利、希腊、荷兰、比利时、爱尔兰、葡萄牙、塞浦路斯、斯洛伐克、爱沙尼亚、拉脱维亚、斯洛文尼亚、芬兰、立陶宛、西班牙、卢森堡、马耳他、澳大利亚、韩国、新加坡、捷克、澳门特别行政区、瑞典、丹麦、新西兰、瑞士、香港特别行政区、挪威、中国台湾省、冰岛、波多黎各、以色列、圣马力诺。此外，七国集团

（G7）、国际经合组织（OECD）通常被认为是发达国家俱乐部。美国中央情报局（CIA）、英国《经济学人》杂志、美国《新闻周刊》杂志等机构也有不同标准的"发达国家名单"。

综合来看，要肩负起中国式现代化的河南使命、实现"两个确保"，未来三十年，河南需要在GDP、人均GDP、科技经费支出、城镇化率、人均预期寿命、人均受教育程度、互联网普及程度、城乡居民收入比、基尼系数等指标方面，确保与全国同步或领先全国发展。

二 核心指标测算

1. 国内生产总值

根据世界银行WDI（World Development Indicators，世界发展指标）数据库，我国2021年GDP为17.73万亿美元，排在213个经济体中的第2位，经济总量超过了欧盟地区。河南省2021年生产总值为5.81万亿元，对比中国GDP数据进行同比例折算后为8958.98亿美元，放在世界银行WDI数据库中与全世界国家和地区相对比，大体能够排在第18位（第17位的荷兰为10128.46亿美元，第18位的沙特阿拉伯为8335.41亿美元）。从中可以看出，河南作为我国的经济大省，具备较大市场规模和腹地的优势，已经与一些排名比较靠前经济体的经济规模相当。世界上部分主要经济体GDP数据如表8-1所示。

表8-1 2021年全球及部分主要经济体GDP和排名

单位：万亿美元

经济体	GDP	世界排名
全球	96.53	
美国	23.32	1
欧盟	17.18	
中国	17.73	2
日本	4.94	3
德国	4.26	4
印度	3.18	5

续表

经济体	GDP	世界排名
英国	3.13	6
法国	2.96	7
韩国	1.81	10
俄罗斯	1.78	11
巴西	1.61	12
澳大利亚	1.55	13
印度尼西亚	1.19	16

2. 人均GDP

要实现"两个确保",河南省人均GDP的提高需要从两个维度去考量,一方面,是要和全国一道,到2035年达到中等发达国家水平;另一方面,要尽可能到2035年赶上或超过全国平均水平。根据国家统计局和世界银行的数据库,2021年,全国GDP为114.92万亿元,人均GDP为81370元,分别折合17.73万亿美元、12556.3美元。2021年,河南省GDP为5.81万亿元,人均GDP为58587元,按照全国数据的折算汇率分别为8958.98亿美元、9040.6美元。关于人均GDP指标,做出如下测算。

(1) 对标中等发达国家水平

按照世界银行2020年高收入经济体人均国民收入标准12695美元,而2005年世界银行高收入经济体标准为10725美元,15年间累计增长18.37%。假定按照同样的增长速度,预计世界银行2035年高收入经济体人均国民收入标准为15027美元。2021年,河南省人均GDP为9040.6美元,那么,到2035年,河南省的人均GDP水平达到世界银行高收入经济体标准,需要3.7%左右的年均增速。尽管中国经济已经从高速增长阶段转向高质量发展阶段,经济增速相对于过去已经出现明显下降。当前中国经济增长速度总体保持在5%左右,而河南作为我国的后发展省份,增长潜力更大。另外,由于中美之间的贸易顺差,人民币兑美元的汇率在未来15年内可能出现升值。到2035年,河南省人均GDP完全能够超过世界银行高收入经济体标准。

（2）对标接近和赶超全国平均水平

2022年，全国人均GDP为85698元，河南省人均GDP为62106元。推进中国式现代化的征程中，如果到2035年，河南要追上全国人均GDP水平，需要年均高于全国2.5个百分点的增长速度；如果到2050年，河南要追上全国人均GDP水平，则需要年均高于全国1.1个百分点的增长速度。

从过往的经验来看。过往十多年以来，河南人均GDP年均增速高于全国的差值有逐步减小的趋势。2012年以前，河南省人均GDP年均增速高于全国2个百分点左右，2012年到2019年，河南省人均GDP年均增速高于全国1个百分点左右，而2020年和2021年受各种因素影响，河南人均GDP增速分别低于全国1.3个和2个百分点（见图8-1）。展望未来，河南在城镇化、承接产业转移、承接技术外溢等方面有着明显的潜力，继续保持高于全国1个百分点左右的增速是完全有可能的，如果要达到高于全国1.8个百分点的增速，则要在科技创新以及塑造新优势等方面取得显著的突破。

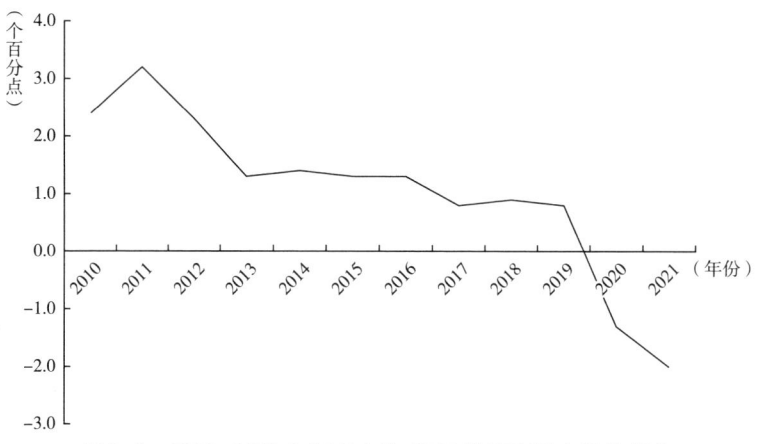

图8-1 2010~2021年河南人均GDP增速高于全国的幅度

3. 研发经费投入强度

2020年，全国研发经费投入强度为2.40%，河南省研发经费投入强度为1.64%。2019年，美国、日本、德国、英国、法国、韩国的研发经费投入强度分别为3.1%、3.2%、3.2%、1.8%、2.2%、4.6%。按照2035年达到2.8%、2050年达到3.0%的目标测算，未来两个15年分别需年均提高0.08个、0.013个百分点。

2015~2020年，河南省的研发经费投入强度分别为1.18%、1.23%、1.31%、1.40%、1.46%和1.64%，5年间累计提高了0.46个百分点。进入新发展阶段，党中央将自主创新放在了前所未有的重要位置，随着全国、全省对于科技创新领域的投入不断提高，计划目标应当能够顺利实现。到2035年，按照地区生产总值年均7%的增速、研发经费投入强度达到2.8%计算，相对于2020年，2035年河南省的研发经费投入总额将实现5倍左右的增长。

4. 城镇化率

根据第七次全国人口普查数据，2020年，我国城镇人口为9.02亿人，城镇化率为63.89%。河南省城镇人口为5507.9万人，城镇化率为55.43%。与世界银行WDI数据库中的数据对比，我国城镇人口数量排在全世界第1位，河南省城镇人口数量可以排在第16位（介于英国、法国之间）。2020年，世界银行划分的高收入经济体平均城镇化率、OECD国家平均城镇化率、全世界平均城镇化率分别为82%、81%和56%。河南省的城镇化率"十三五"时期实际、"十四五"预期年均分别提高1.68个、1.51个百分点。

按照2035年达到72%、2050年达到77%测算，2026~2035年、2036~2050年，河南分别需年均提高0.9个、0.33个百分点。就目前而言，河南省城镇化率低于全国8.46个百分点，同时，城乡收入比仍在2倍以上，城镇化进程仍有较强的动力。即使考虑到城镇化率接近或超过60%以后总体呈现增速放缓规律，2035年和2050年城镇化率目标通过努力也能够顺利达到。

5. 人均预期寿命

根据世界卫生组织（WHO）2020年发布的报告，我国2019年人均寿命为77.4岁，高于全世界人均预期寿命（73.3岁）4.1岁，在183个国家或地区中排在第48位。2019年，澳大利亚、法国、德国、英国、美国、日本、韩国的人均预期寿命分别为83岁、82.5岁、81.7岁、81.4岁、78.4岁、84.3岁、83.3岁，可以看出，我国与欧美发达国家仍存在一定的差距，与地理毗邻、人种相近的日本和韩国存在明显差距。

2020年，河南省人均预期寿命为77.7岁，与世界卫生组织报告中的国家和地区相对比，能够排在第47位。近10年来，河南省人均预期寿命年均提高0.2岁。按照2035年达到80岁、2050年达到83岁测算，未来两个15年分别需年均提高0.15岁、0.2岁，与近10年年均增幅持平。此外，考虑到我国1978年改革开放以来，医疗卫生水平、人民群众生活水平显著提高，到2035年和2050年，1978年出生的人口分别为57岁和72岁。因此可以预见，河南省的人均预期寿命在未来30年应当能够继续保持逐步提升的态势，2035年和2050年的目标能够实现。

6. 人均受教育程度

根据国家"十四五"规划中的数据，2020年，我国劳动年龄人口平均受教育年限为10.8年，预期到2025年末达到11.3年。根据联合国教科文组织统计研究所（UNESCO Institute for Statistics）数据库中的数据，目前美国、英国、法国、德国、韩国、澳大利亚的25岁以上人口受教育年限分别为13.5年、13.16年、11.41年、14.08年、12.12年、12.55年。

从发展历程看。1986年我国出台《中华人民共和国义务教育法》，为9年义务教育提供了法律保障。多年来，我国高中教育、职业教育蓬勃发展。1999年我国高等院校开始扩招。2019年，我国高中教育毛入学率为89.5%，高等教育毛入学率超过50%，进入高等教育普及化阶段。按照九年义务教育普及、高中3年、高等教育3.5年粗略计算，2019年高中一年级适龄人口的人均受教育年限可以达到13.435年。因此可以预见，到2050年，我国劳动人口受教育年限将不断提高，并达到欧美发达国家水平。

2020年，河南省劳动年龄人口平均受教育年限为10.65年，"十三五"实际年均提高0.11年。按照2035年达到12年、2050年达到13.5年测算，未来两个15年分别需年均提高0.09年、0.1年，以河南省教育事业的发展态势看，能够如期实现。

7. 互联网普及程度

根据国家统计局数据，2021年我国上网人数为10.32亿人，互联网普及率为73.1%。根据国际电信联盟发布的数据[1]，全世界互联网普及率为

---

[1] 国际电信联盟（ITU）2020年发布的 Measuring Digital Development: Factsand Figures 2020。

51.4%，而发达国家的互联网普及率为86.7%，美洲和欧洲的互联网普及率分别为76.7%和82.5%。可以看出，我国互联网普及率已经大大高于全世界平均水平和发展中国家平均水平，但与欧美发达国家仍存在一定的差距。

2021年，河南省互联网用户数为12642.4万户，已经高于常住人口数量，可以看出，河南省互联网普及率已经较高。随着人均收入不断提高，以及我国和河南省对于以5G为代表的新基建的大力投资，到2035年、2050年，河南省的互联网用户普及率将能够达到发达国家水平。

8. 城乡居民收入比和基尼系数

城乡居民收入比和基尼系数都是关于居民收入差距的指标。其中，基尼系数衡量全体人民的收入差距，在国际上更为通行；城乡居民收入比衡量城镇居民和农村居民的收入差距。

基尼系数方面，根据国家统计局公布的数据，2021年，我国居民人均可支配收入基尼系数为0.466。近年来，我国省级层面的基尼系数没有公开的官方统计数据。从2008年以来，我国的居民人均可支配收入基尼系数总体上呈现了明显的下降趋势（见图8-2）。根据联合国开发计划署等组织制定的标准，基尼系数低于0.2表示收入高度平均，0.2~0.29表示收入比较平均，0.3~0.39表示收入相对合理，0.4~0.59表示收入差距较大，0.6及以上表示收入差距悬殊。

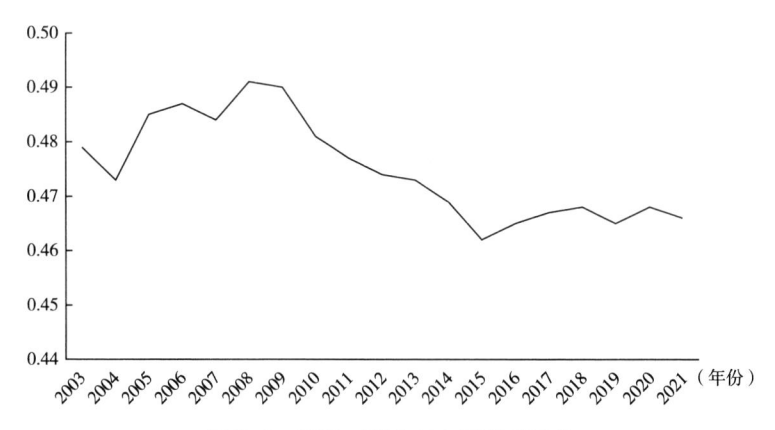

图8-2 2003~2021年中国基尼系数

党的十九大和十九届五中全会，对在新时代"两步走"战略中实现共同富裕提出了明确要求。党的二十大报告中，更是将实现全体人民共同富裕作为中国式现代化的特征和本质要求，并在2035年总体目标中提出"居民人均可支配收入再上新台阶，中等收入群体比重明显提高"。中央提出的乡村振兴战略、区域协调发展战略、区域重大战略、新型城镇化战略等能够通过缩小区域差距、城乡差距来缩小居民收入差距。此外，党的二十大报告中提出要完善分配制度，坚持以按劳分配为主体、多种分配方式并存，构建初次分配、再分配、第三次分配协调配套的制度体系。不断扩大中等收入群体比重，增加低收入群体收入，使全体人民朝着共同富裕目标扎实迈进。可以预见，未来15年，全国和河南的基尼系数都将逐渐降低。

从城乡居民收入比来看，根据国家统计局数据，2021年，我国城镇居民人均可支配收入为47412元，农村居民人均可支配收入为18931元，城乡居民收入比为2.50∶1；河南城镇居民人均可支配收入为37095元，农村居民人均可支配收入为17533元，城乡居民收入为2.12∶1。可以看出，河南省的城乡居民收入比低于全国平均水平。从近年河南城乡居民收入比发展态势看，2013年，河南省城镇和农村居民人均可支配收入比为2.42∶1，到2021年，河南省城乡居民收入差距已明显缩小。随着新型城镇化、乡村振兴等战略的实施，到2035年，河南省城乡居民收入差距将进一步缩小。

三 河南实现现代化的总体估计

通过测算可以看出，到2035年，河南省人均GDP要赶超全国平均水平存在一定的难度。但是，到2035年，河南省人均GDP要确保达到发达国家标准，以及到2050年赶超全国平均水平，通过努力是完全可以达到的。研发经费投入、城镇化率、人均预期寿命、人均受教育程度、互联网普及程度、居民收入差距等方面的核心指标，河南省通过努力完全可以确保达到现代化目标。

从现实逻辑看，在以习近平同志为核心的党中央领导下，在一亿河南人民的努力奋斗下，河南有信心战胜前进路上的一切困难。同时，河南仍处在推进工业化、城镇化的进程中，产业结构、城镇化率、科技创新等方面与全国先进水平相比还有一定的差距，而在国家构建新发展格局的过程中，河南的区位交通、人口腹地、市场规模等方面优势将进一步彰显，成为河南经济社会持续快速发展的巨大潜力。未来30年，河南将发挥新型城镇化的最大内需、科技创新第一动力、一亿人口的巨大市场规模、5000年的历史文化底蕴、国家战略叠加的优势，围绕"奋勇争先、更加出彩"，在中国式现代化的河南实践道路上阔步前进，确保高质量建设现代化河南，确保高水平实现现代化河南。

第四节 河南实现现代化的战略布局

河南省第十一次党代会主动抬高坐标、提升目标，在更高的起点上谋求河南服务全国大局中肩负的新使命，对河南今后一个时期的发展进行前瞻性的展望、全局性的谋划和系统性的分析，提出锚定"两个确保"实施"十大战略"，明确了落实国家新阶段"两步走"战略安排的河南路径，使河南的发展思路更加清晰、发展目标更加明确。河南省锚定"两个确保"，以前瞻30年的眼光想问题、作决策、抓发展，作出实施"十大战略"的决策部署，提出建设"十个河南"、推动新发展格局下县域经济高质量发展等战略举措，为现代化河南建设立柱架梁、落子布局。

一 实施十大战略

河南省第十一次党代会上，河南省委以前瞻30年的战略眼光，对未来河南发展进行了系统谋篇布局，提出实施"十大战略"。"十大战略"建立在深刻研读河南的机遇、优势和短板的基础上，确定了河南实现社会主义现代化的基本指向，符合建设社会主义现代化河南的核心要义，对于"建设什么样的现代化河南"和"怎样建设现代化河南"意义重大。

实施创新驱动、科教兴省、人才强省战略。把创新摆在发展的逻辑起点、现代化建设的核心位置，坚持发展是第一要务，人才是第一资源，创新是第一动力。坚持面向世界科技前沿、面向经济主战场、面向国家重大需求、面向人民生命健康，主动对接、深度嵌入国家战略科技力量体系，围绕河南重大战略需求，打造一流创新生态，建设一流创新平台，凝练一流创新课题，培育一流创新主体，集聚一流创新团队，创设一流创新队伍，厚植一流创新文化，深化"放管服"改革和科技体制机制改革，推动创新链、产业链、供应链、要素链、制度链共生耦合，增强科技硬实力、经济创新力，力争在战略性前沿技术研发、关键共性技术攻关、基础研究原始创新领域取得重大突破，全力建设国家创新高地。

实施优势再造战略。推动交通区位优势向枢纽经济优势转变，围绕"通道+枢纽+网络+产业"，构建交通网络、物流枢纽、关联产业互动融合、协同发展的枢纽经济体系。继续提升"十+米+井+人"综合通道，加快完善"1+3+4+N"枢纽体系，培育壮大航空偏好型、高铁偏好型、陆港偏好型、临港偏好型4个枢纽经济产业。推动产业基础优势向现代产业体系优势转变，发挥门类齐全、体系完备、链条完善等优势，提质发展传统产业，聚焦食品、装备、生物医药、新能源汽车等领域在细分行业打造一批具有全球影响力的标志性产业链。推动内需规模优势向产业链供应链协同优势转变，把握构建新发展格局的机遇，培育内需升级新动能促进供给与需求动态平衡，推动现代物流、现代金融、科技服务、中介服务、服务贸易等生产性服务业向专业化和价值链高端延伸，推动文化旅游、健康养老、家政物业、商贸服务等生活性服务业向高品质和多样化升级，促进产业链供应链协同发展。

实施数字化转型战略。充分发挥数字化的引领、撬动、赋能作用，鼓励数字技术催生新模式、新业态，推动数字产业化、产业数字化、数字化治理、数据价值化互促共进。大力发展数字经济核心产业，做强电子信息制造业、软件和信息技术服务业。利用互联网、大数据、云计算、人工智能、区块链技术对传统产业进行全方位、全链条改造，全面推进制造业、服务业、农业数字化。加快信息基础设施建设，推进新一代网络商业化规模化应用，全面增强数据感知、传输、存储、运算能力，构建工业互联网平台体系和公共服务体系，推动传统基础设施智慧化升级，建设远程医疗、在线教育等民生设施。提升社会治理、政务服务、城乡管理、安全生产、生态保护等智能化水平，建立健全数据流通机制、应用体系、监管与安全体系。

实施换道领跑战略。在传统产业上高位嫁接，在新兴产业上抢滩占先，在未来产业上前瞻布局，要聚焦新型显示和智能终端、生物医药、新能源及网联汽车、网络安全、智能装备、智能传感器等发展基础较好的领域，大力补链强链延链，增强核心竞争力、品牌影响力、行业话语权。聚焦新一代人工智能、节能环保、5G等极具潜力的领域，加强规划布局和政策引导，推动创新突破和融合应用。大力发展新型功能材料、高性能化工材料、先进金属材料等，打造材料强省。在氢能与储能、量子信息领域，加强前沿技术多路径探索和交叉融合，培育具有引领作用的龙头企业。推动类脑智能产业孵化和应用，积极建立未来网络技术研发、生产制造、应用服务体系，超前部署生命健康科学、前沿新材料，力争在关键领域、细分领域抢占发展先机。

实施文旅文创融合战略。坚持创意驱动和科技赋能，将河南厚重的历史文化资源优势加快转变为发展优势，推动文化旅游在新的历史起点上实现全域深度融合。围绕黄河、根亲、功夫、古都、文字等享誉世界的中华文化IP，建设一批具有世界影响力的文化旅游目的地，建设世界文化旅游胜地。聚焦传统业态、优势业态、新兴业态三大领域，围绕古都旅游、乡村旅游、研学旅游、红色旅游、康养旅游、考古旅游等优势资源与经典线路，通过数字化改造、品牌化提升、多元化培育、特色化创新，丰富旅游新产品、新业态，着力提升旅客体验，全力打造河南现代文化旅游产业体系。把握文化创造性转化和创新性发展的时代趋势，将创意、设计、艺术等元素充分融入文化旅游发展全链条，推动传统文化的时尚化、现代化表达，加快推动河南文化产业创意化发展。

实施以人为核心的新型城镇化战略。推动中原城市群一体化高质量发展，加快构建主副引领、四区协同、多点支撑的发展格局。加快转变城镇化发展方式、提升城市品质韧性、促进城市与区域协调发展，加快构建以中原城市群为主体、大中小城市和小城镇协调发展的多中心、组团型、网络化、集约型空间格局，加快推动县域高质量发展。综合考虑人口分布、经济布局、国土利用、生态环境保护等因素，合理确定各地主体功能，分类精准施策。积极发展宜居、创新、智慧、绿色、人文、韧性城市，加快基础设施补短板、公共服务提升，突出城市特色、展现人文风貌，实施城市提质、住房保障行动，改善城市面貌、提升居住品质，提升城市治理水平，提升市民文明素质，打造满足人民美好生活要求的更高质量、更好品质的生活空间。

实施乡村振兴战略。毫不放松抓好粮食生产，抓牢粮食生产功能区和重要农产品生产保护区建设，推动粮食生产由数量型向质量型转变。落实最严格的耕地保护制度，实施高标准农田建设工程和"四水同治"。完善现代农业产业技术体系，建设种业强省，建设国家农机装备创新中心，打造"中原农谷"。聚焦河南粮食核心竞争力，抓好"粮头食尾""农头工尾"，坚持"三链"同构，加快提升绿色化、优质化、特色化、品牌化，打造优质原粮供应、现代仓储物流、粮油市场供应和质量安全保障体系，发展休闲式、体验式消费等新业态。持续巩固拓展脱贫攻坚成果，实施乡村建设行动，一体推进乡村设施改造、服务提升、乡风塑造和治理创新，持续推进城乡基础设施建设一体化、基本公共服务均等化。积极稳妥推进农村土地、产权制度改革，激发农村发展活力。发展壮大"回归经济"，加快培养高素质农民队伍，多种渠道促进农村发展、农民增收。

实施绿色低碳转型战略。深入贯彻习近平生态文明思想，践行"绿水青山就是金山银山"理念，坚持尊重自然、顺应自然、保护自然，坚持节约优先、保护优先、自然恢复为主。加快构建"一带三屏三廊多点"的生态保护格局，加强黄河流域生态保护治理，确保一泓清水永续北送，统筹山水林田湖草沙综合治理、系统治理、源头治理，以更高标准打好蓝天、碧水、净土保卫战。统筹抓好节能降碳提效、绿色低碳循环、绿色生活创建，促进经济社会发展全面绿色转型。建设绿色低碳能源体系，开展煤炭消费减量替代，拓展外电外气入豫通道，大力发展新能源和可再生能源，提高能源供应稳定性和安全性。发展绿色低碳产业，强化全民环保意识，持续开展大规模国土绿化，加强生物多样性保护，深化生态保护补偿制度改革，建设生态强省。

实施制度型开放战略。对标对接国际贸易和投资通行规则，构建稳定透明可预期的开放政策制度体系，提高开放型经济发展水平。深度融入共建"一带一路"，拓展与区域全面经济伙伴关系协定成员国地方经贸合作，打造市场化、法治化、国际化营商环境，加快建设开放强省。高水平建设河南自贸试验区2.0版，开展首创性、集成性、差异化改革探索，推动区域扩展。以"空中丝绸之路"为引领，推动"四条丝绸之路"融合并进，提升郑州航空港经济综合实验区开放能级，建设中欧班列（郑州）集结中心和国际陆港新节点，布局双向跨境电子商务贸易平台和海外仓，提升铁海联运班列运营水平。推动内外贸一体化发展，提升贸易综合竞争力。创新产业链招商等新方式,持续招大引强、招新引尖。深化友好省州、国际友好城市建设。

实施全面深化改革战略。在全面上做文章、深化上下功夫,实现改革举措有机衔接、有效贯通、有序联动。实施创新发展综合配套改革,建设高标准市场体系,激发各类市场主体活力。加快转变政府职能,全面落实政府权责清单制度,分类推进行政审批制度改革,推行企业投资项目承诺制和"一枚印章管审批"。坚持"两个毫不动摇",推动国有资本向战略性新兴产业和优势产业集中,推进国有企业混合所有制改革,健全现代企业制度,建立穿透式国资监管制度机制;完善和落实支持民营企业改革发展的政策体系,构建亲清政商关系。推动开发区转型提质,推行"管委会+公司"运行模式,推行领导班子任期制、员工全员聘任制、工资绩效薪酬制。推进财税制度改革,坚持紧日子保基本、调结构保战略,完善零基预算制度,加快财政事权和支出责任划分改革,深化税收征管改革,健全政府债务管理制度。深化地方金融改革,健全地方金融监管体系。做好党政机构改革"后半篇文章",在机构设置、机制运转、职能发挥上优化重塑。推进事业单位改革,科学确定布局结构和编制配置,实现政事分开、事企分开、管办分离。

"十大战略"是以习近平新时代中国特色社会主义思想为指导,持续落实习近平总书记视察河南工作时提出的"四个着力"、打好"四张牌"等重大要求的具体体现。通过实施一大批变革性、牵引性、标志性举措,把准战略方向、突出战略重点、明晰战略路径,既是路线图,又是施工图,高起点、全方位、多层次、系统性地构建了实现"两个确保"的战略体系,构成了支撑现代化河南建设的"四梁八柱"。

二 建设"十个河南"

河南省委第十一次全会提出,为了实现"两个确保"的宏伟目标,在全面推动"十大战略"落地实施的基础上,要扎实推进"十个河南"建设,即技能河南、设计河南、信用河南、标准河南、体育河南、书香河南、法治河南、平安河南、美丽河南、清廉河南。一要明确教育培训对象,做强教育培训主体,优化教育培训内容,完善职业技能评价体系,高质量推进"人人持证、技能河南"建设。二要以发展设计产业作为战略新选择，把设计融入产业发展，增强设计关联产业的一体化联动，高质量打造"设计河南"。三要着力加强法治保障能力建设，加强智慧信用支撑能力建设，加强信用监管能力建设，加强信用应用服务能力建设，加强诚信文化教育引导能力建设，引领"信用河南"建设。四要建设标准河南，加快构建推动高质量发展的标准体系，推进标准化在经济社会各领域普及应用，构建市场规范有标可循、公共利益有标可量、社会治理有标可依的新格局。五要着力满足人民群众体育健身需求，着力提升竞技体育争光出彩实力，着力推动体育产业高质量发展，着力抓好体育改革发展，全力加快"体育河南"建设。六要完善终身学习体系，提倡全民阅读，建设"书香河南"。七要以解决法治领域突出问题为着力点，推进治理体系和治理能力现代化，持续营造学的氛围、严的氛围、干的氛围，加快"法治河南"建设。八要始终坚持人民主体地位，进一步强化底线思维，善于运用法治思维和法治方式，更高水平推动"平安河南"建设。九要积极构建生态文明体系、生态文化体系、生态经济体系、目标责任体系、生态文明制度体系、生态安全体系，推进产业结构绿色转型、生产方式绿色转型、生活方式绿色低碳转变，加快"美丽河南"建设。十要推进政治生态持续优化、权力运行规范透明、政务服务高效便捷、执法司法公正文明、市场竞争公平有序、党风政风和社风民风相互浸润及相得益彰，努力打造干部清正、政府清廉、政治清明、社会清朗的"清廉河南"。

建设"十个河南"体现了党的十九届五中全会、党的二十大对到2035年基本实现社会主义现代化目标的要求。如果说实施"十大战略"主要解决的是高质量发展的问题，那么，"十个河南"则主要针对的是"全面"和"以人为本"的问题，其中，技能河南、体育河南、书香河南建设主要解决的是人的全面发展，信用河南、标准河南主要解决的是建设现代市场体系，设计河南、法治河南、平安河南、美丽河南、清廉河南建设旨在不断满足人民群众对于美好生活的向往。因此，建设"十个河南"是推进中国式现代化河南实践的必然要求，是实现"两个确保"的题中应有之义。

第九章 河南实现现代化的主要任务

作为在建设中国式现代化中勇挑大梁的经济大省之一,河南要确保高质量建设现代化河南,确保高水平实现现代化河南,实施"十大战略",建设"十个河南",需要遵循中国式现代化的本质要求与丰富内涵,从发展、文化、生态、创新、治理等经济社会各个层面入手,立体化全方位推进实践活动。

第一节 建成五个强省

河南具有体系完备、基础扎实的三大产业,占据连贯东西、承接南北的交通区位,拥有体量巨大、潜力可期的市场人口规模,现代化河南需要以此为基础,充分发挥自身优势,立足时代变局,实现从"大"到"强"的全面突破与跨越。

一 农业强省

河南耕地占全国的1/6,多年来粮食产量稳定占到全国的1/10,小麦占到全国的1/4,作为全国五个粮食净调出省份之一,是典型的粮食大省、农业大省。2023年中央一号文件发布,首提建设"农业强国"。对于河南而言,粮食生产是优势、是王牌,也是核心竞争力,农业现代化是现代化河南的使命担当,建设农业强省是立足河南基础、响应"农业强国"号召的河南本色。

1. 确保完成粮食生产重任

积极对接国家新一轮千亿斤粮食产能提升行动,严守耕地红线,压实耕地保护责任,确保粮食播种面积稳定在1.61亿亩以上,高质量完成粮食和农业生产目标。推进高标准农田建设,同期进行高标准农田更新计划与拓展新建行动，检查、修整前期高标准农田，对于破损老化设施予以及时完善修复。总结、复制、推广现有高标准农田示范区建设经验，指导3000多亩中低产田建设，充分挖掘河南高标准农田建设潜力，完成到2025年建成1500万亩高标准农田示范区新任务，实现粮食产量从1300亿斤向1400亿斤的跃升。

2. 全面促进乡村产业振兴

发展设施农业，建设多元化食物供给体系。跟随食物消费结构升级趋势，在保障主粮食物的同时，积极建设设施蔬菜、设施食用菌、设施渔业、设施水果等，稳定生猪、畜禽、油料作物生产，丰富以主粮为主的食物供给结构。发展特色农产品，做强特色农业。在乡村特色农产品"选品"上下功夫，坚持品质取胜、特色胜出，开展"一村一品""一乡一品""一县一品"等特色农产品评选工程，大力宣传推介，包装推广，增加农产品附加值，提高农民收入。做强食品产业，带动乡村产业发展。立足河南农业产业基础和特色农产品资源，振兴白酒、红酒、中医药等食品产业，借鉴数字经济、新经济要素，重塑包装设计、更新产品全流程运营逻辑，打造一批驰名中外的河南农产品IP。支持双汇、牧原等龙头企业跨界发展，整合产业链、供应链资源，积极开发休闲食品、特色功能食品、预制菜等，走规模化集群化发展道路，为河南形成万亿级现代食品产业奠定基础。

3. 推动农业农村数字化转型

一是发展数字农业，以数字技术引领智慧农业升级。建设数字农田、数字果园、数字菜园、农业物联网等，推广临颖"5G+智慧辣椒"种植示范等成功案例，加大"天空地"一体化农业智能监测预警系统建设覆盖范围，依靠智能传感器、大数据、云计算等数字设施和技术指导农业育种、灌溉、施肥、收割等行为，从初始环节实现农业生产降本增效，逐步推广农产品全流程数字化改造，建立农产品从田间到餐桌的绿色生产可溯源制度，为发展现代化集约高效安全农业提供技术支撑。二是加强农产品数字营销，探索"数商兴农"新模式。打造线上直播带货与线下特色博览馆、展销会同步进行的销售矩阵。持续发展电子商务进农村综合示范项目，推动电商进农村，与淘宝、京东、拼多多、西域美农等数字经济平台商和盒马、麦德龙等大型采购商开展广泛合作，依靠完备的三级物流运输通道体系，打开农产品营销渠道。

4. 实施科技强农兴农工程

一是培育高能级农业科技创新平台，整合壮大农业科技创新力量。高标准建设"中原农谷"种业基地，推动周口国家农业高新技术产业示范区、国家小麦技术创新中心、中国农科院中原研究中心等项目建设，推动中国农业大学、中国农科院与省农科院共建全国重点实验室和研究基地，支持中国农科院建设中原农业研究中心等，将河南打造成为现代农业科技创新高地。二是大力支持种业创新，提升种业核心竞争力。加快组建河南种业集团，支持河南种业集团落户种业基地，以基地为依托，引进培育一批具有核心研发能力的领军企业、隐形冠军企业和专业平台化企业，引导资金、人才等资源向"中原农谷"优势企业集中。支持神农种业实验室创建国家实验室，着力解决育种效率低、育种资源匮乏问题，并联合相关院校与农科院等研发机构开展核心种源技术协同攻关。主动对接国家种业振兴行动，在小麦、花生、芝麻等河南优势种业上深化创新，在保持领先地位的同时，对果蔬、花卉、食用菌、中草药等河南潜力领域不断深耕，突破一批绿色、安全、高效的经济品种。

二　经济强省

经过多年发展，河南已经从传统农业大省进化为经济大省，GDP连续18年稳坐全国第五，接续前力，推动河南从经济大省向经济强省蜕变，是河南实现现代化的重要经济目标。而实体经济是经济发展的重要着力点，数字经济是经济增长的关键新引擎，建设制造业强省与数字经济强省是建设经济强省的双重主线任务。

1. 建设制造业强省

构建先进制造体系。一是注重传统优势产业转型升级。加快实施《河南省加快传统产业提质发展行动方案》，针对钢铁、食品、有色等8个传统产业，采用延链补链、智能化改造等手段进行高位嫁接。发展智能装备制造，扩大工业母机、智能机器人、高端仪器仪表等产业规模。推动食品产业转型升级步伐，打造适应新消费时代的产业运营体系。抓住国家扩大内需、构建新发展格局的关键机遇，利用食品产业在河南资源禀赋优渥、体量规模突出，基础好、经验足的优势，通过数字技术、新消费等新经济元素加持，更快更好释放新动能。二是加速培育壮大新兴产业。加快实施

《河南省加快新兴产业重点培育行动方案》。围绕新能源及智能网联汽车产业、新能源产业、节能环保产业、新一代信息技术产业、新材料产业等高技术制造业和战略性新兴产业主抓重大项目投资,持续做好"三个一批"工作,以项目建设吸引资金、人才、技术等关键要素。推动郑州比亚迪新能源乘用车及动力电池、洛阳宁德时代电池、上汽新能源二期、奇瑞新能源二期等项目尽快投产达产,加快产业链上下游配套企业集聚发展,力争到 2025 年汽车产业产值突破 1 万亿元,打造全国重要的新能源乘用车生产基地。加强对关键原辅料、生产工艺等环节的技术攻关力度,提高生物医药产业竞争力。三是抢滩布局未来产业。推动省级未来产业先导区建设,突出重点率先在氢能与储能、量子信息、前沿新材料等前沿科技和产业变革领域取得突破。加速郑汴洛濮氢走廊建设,在省内完整培育氢能各环节及装备制造领域全产业链,打造千亿级氢能产业集群。

提升产业基础能力。一是聚焦市场主体,形成梯级培育机制。针对传统产业、新兴产业、未来产业,针对不同产业链,培育遴选 5 家左右综合实力强、质量效益高、行业地位领先的龙头企业,支持龙头企业通过兼并重组等方式做大做强,从中新培育 100 家头雁企业、100 家国家级专精特新"小巨人"企业、2600 家工业企业上规。二是突出重点领域,培育先进制造集群。大力发展先进基础材料、关键战略材料、关键金属材料,推动河南材料产业向高端化、智能化、绿色化转型,到 2025 年新材料产业突破万亿规模。针对发展潜力大、市场前景好、科技含量高的传统产业、新兴产业、未来产业,实施"十亿上百""百亿上千""千亿上万"工程,重点通过延链补链强链、布局产业生态等,提升产业现代化水平,形成一批先进制造产业集群与特色产业集群。三是推动标准河南、设计河南建设。发展全域标准化,构建推动高质量发展的标准体系。支持龙头企业、隐形冠军企业主动引领、参与行业国内、国际标准制定,聚焦优势领域,形成一批质量高、竞争强、名声响的河南标准。大力引进国内外知名设计企业与行业高技术人才,发挥现代工业设计对于产品增值、产业赋能、支撑发展的作用,树立设计理念,将设计活动贯穿企业研发、生产、制造、营销等各个环节。支持规上企业、特色企业与相关科研院所、研发机构设立工业设计中心或工业设计研究院,支持河南工业大学等高等院校成立工业设计专业,全面增强本土工业设计力量,打造一批工业设计示范园区。

2. 建设数字经济强省

持续发力数字基础设施建设。数字基础设施是数字经济发展底座，立足河南在数字基建上挺进国家第一梯队的成绩，持续夯实数字基建，壮大数字产业化发展规模，促进产业数字化转型顺利实现。一是进一步优化升级网络基础设施。推进超高速、大容量骨干网升级改造和5G独立组网网络规模部署，增强核心网承载能力。深入推进"全光网河南"，升级互联网省际出口带宽、郑州国家级互联网骨干直联点总带宽和郑州、开封、洛阳互联网国际专用通道带宽。二是谋划下一代互联网规模部署。提高互联网协议第六版（IPv6）活跃用户和流量占比。统筹移动互联网和窄带物联网（NB-IoT）协同发展，完善支持NB-IoT的全省性网络，积极探索天地一体化、第六代移动通信技术等未来网络布局建设。三是稳步推进工业互联网发展。持续完善"1+37"工业互联网平台体系建设，强化制造业数字化转型的基础支撑。加快工业互联网标识解析体系二级节点建设和应用推广，加速更多二级节点上线运营并接入国家顶级节点。

推动数字产业化创新集聚发展。集中优势资源，以先发地区龙头企业为驱动，聚焦数字技术突破，率先做大做强优势地区、优势领域数字经济核心产业。一是抓住重点地区引领发展。郑州、洛阳作为河南数字经济发展的"主副双核"，以及省内科技创新能力强、经济发展水平高的代表，在数字经济核心产业发展方面要充分发挥引领带动作用。支持郑州依托国家新一代人工智能创新发展试验区、国家级区块链发展先导区、中原科技城、省级区块链产业园区等载体，布局元宇宙、区块链等未来产业，支持洛阳依托国家大数据新型工业化示范基地等布局大数据产业，形成更强的数字经济核心产业带动力。二是锚定优势产业壮大规模。立足河南在计算产业、智能终端产业、大数据产业、智能传感器行业、工业互联网等方面的积累，不断培育形成更大的规模质量优势。以郑州航空港区智能终端产业园、紫光智慧计算终端全球总部基地等为平台，以浪潮、超聚变等龙头企业为依托，吸引上下游企业、配套企业落户发展。支持许昌、三门峡、漯河等地因地制宜、错位发展，共同打造良好的上下游核心产业生态，谋取共赢局面，全省通力打造万亿级电子信息产业集群。

全维度推动全省产业数字化纵深转型。一是利用数字经济属性降低中小企业数字化转型成本。当前数字经济核心产业不断迭代，数字技术可以被打包反复取用，轻态化流转于实体经济发展各个环节等新特征，引导中小企业对接成熟平台，轻资产化应用数字技术对产业发展进行转型升级，同时引培各个细分行业数字化转型服务提供商与解决方案供应商，完善产业数字化转型生态。二是选树经典转型案例形成科学示范带动效应。针对重点产业链重点企业，从不同细分行业选编经典案例，供同类型的企业参考借鉴，鼓励企业从解决问题角度出发将数字化转型与提高自身获利能力相结合。三是引导各个地区因地制宜挖掘数字化应用场景。各地要根据自身数字经济发展进程与产业结构类型、居民消费偏好特征等，充分发掘合适的切入点、切入环节，实施多领域深度融合发展工程，紧抓资源特色，推动智能制造、智慧农业、智慧文旅、现代服务业等包括但不限于三大产业的全产业深度数字化转型。

三　文化强省

河南作为华夏文明发源地之一，历史文化资源丰厚，建设文化强省是增强文化自信，为建设现代化河南提供强大精神支撑的需要，也是充分发挥河南文化资源大省优势，增强现代化河南软实力的重要举措。

1. 抓住国家战略机遇，打造黄河文化新地标

抢抓黄河流域生态保护和高质量发展重大国家战略机遇，贯彻落实《黄河文化保护传承弘扬规划》，对黄河流经的三门峡、焦作、洛阳、郑州、新乡、开封、濮阳等地，推进黄河文化遗产的系统性保护，同时创新对黄河文化遗产的传承利用方式，讲好新时代黄河故事。做精做优中华文化溯源之旅、大河风光体验之旅、治黄水利水工研学之旅三条黄河文化特色主题游线路，针对不同年龄段、不同文化知识背景、不同目的的受众，定向开发多样化组和线路。高标准建设"黄河文化千里研学之旅"实践基地，围绕首批10处工程，培育设计研学课程，推出精品研学线路，打造黄河文化研学实践高地。全力办好以黄河文化为主题的各类美术作品展、文物展等活动，创新性建设好黄河国家文化公园、黄河文化博物馆等各类场所，吸引中外游客广泛参与其中，深度感受河南的黄河文化魅力。

2. 深挖文化资源宝藏，打造河南文化知名品牌

一是搭建高端平台载体，提升河南文化知名度。高质量推进省博物院新院、省美术馆新馆、省科技馆新馆等标志性项目建设。举办好中国（郑

州）国际旅游城市市长论坛、中国洛阳牡丹文化节、中国开封菊花文化节、南阳世界月季洲际大会、中国焦作国际太极拳交流大赛暨云台山旅游节等重大会议及节庆日，向国内外宣传推介河南特色的历史古迹、文化名人、风景名胜资源，提升河南文化资源影响力、辐射力与竞争力，打造天下黄河、华夏古都、老家河南等名片。二是创新形式与表达，深度传播河南文化。系统性引进经验丰富、理念前沿的综艺设计人、影像制作人等，对河南文化进行融合构思，包装再创作，产生一批深入人心、引发共鸣、有趣生动、有感情、有温度、有深度的文艺作品。抓住文化类综艺近年来全面爆发的机遇，学习《故事里的中国》《国家宝藏》《诗词大会》等节目的制作经验与思路，杂糅综艺、戏剧、歌舞等多种元素，通过传统电视、短视频、微信、微博等多类渠道，推动河南文化全方位走出去。持续深耕河南"节日奇妙游"系列作品，打造河南文化独树一帜品牌IP，依托"节日奇妙游"出圈热度，赋能带动河南文旅文创产业链高端跨越式发展。

3. 发挥"文化+"优势，推动"文化+"融合发展

一是"以文促旅，以旅彰文"推动文化旅游融合发展。顺应新时代产业结构升级与消费升级导向，紧跟产业融合发展趋势，加速文旅产业创新，催生新场景、新模式。推动文化与数字经济、农业、工业、养老、医疗、教育等不同业态深度融合。发展田园综合体、城市夜间游、工业旅游、研学旅游、康养旅游、元宇宙体验游等多种模式，促进文旅产业全面升级，着力推动文化旅游业从门票经济向产业经济转变，从粗放低效方式向精细高效方式转变。二是践行协同发展，助力"文化+"价值全面实现。推动文化资源开发、文化旅游与新型城镇化、县域经济高质量发展、乡村产业振兴、绿色生态保护等协同发展，做大文化产业规模，提升文化产业带动效应，充分发挥文化强省对于经济强省、生态强省等经济社会各个层面的深度影响作用。

四 生态强省

现代化河南以绿色发展理念为引领，建设生态强省，持续提升环境生态功能，稳步发展绿色生态经济，推动经济社会发展全面绿色化转型，增强人民群众获得感、幸福感、安全感，实现经济与社会、人与自然全面现代化。

1. 系统对接国家重大战略，深入实施一批生态战略行动

对接国家对于生态层面的各项重大战略，围绕重点领域、重点区域实施一批基础性、引领性战略工程。开展黄河流域生态环境保护行动，严守黄河流域生态环境安全底线，形成节约资源和环境友好的绿色发展格局，全力打造黄河流域生态保护和高质量发展示范区。开展南水北调中线水源地生态安全保障行动，建设渠首高效生态经济示范区。开展大运河绿色生态带建设行动，有机统一运河沿岸文化、生态、环境，建设风景秀丽兼具人文魅力的绿色生态带。开展革命老区绿色振兴发展行动，在保护老区生态环境的基础上，发展多样化生态农业、生态研学观光等，绿色振兴大别山、太行山等革命老区，率先在革命老区践行生态富民工程，打造革命老区高质量绿色发展示范区。开展乡村生态振兴与城市生态环境提质行动，整治优化农村生产生活空间环境与打造魅力宜居城市协同推进。

2. 合理调整产业布局与结构，践行绿色发展方式

一是对不同类别产业、行业分类指导、实施有序搬迁。围绕人群密集区、城市建成区、生态环境重点保护区等周边重点观测，根据城市发展规划，对于存在一定生态安全、环境污染隐患的企业予以限期改造、关停或集中搬迁处置。优化调整钢铁、有色、建材等传统产业分布，推动化工、铸造、有色、玻璃、耐火材料、陶瓷、农副食品加工、印染、制革等行业入园区集聚发展，以园区为单位进行资源循环利用和污染物集中安全处置等，建设绿色循环生态示范园区。二是依法依规淘汰落后产能。综合运用大数据、物联网等数字技术以及工艺升级、技术改造、推广绿色装备等多种手段对钢铁、水泥、电解铝、玻璃等重点行业进行产能置换，提高绿色化生产水平。三是提升资源能源利用效率。对高耗电、高耗水、高耗能行业进行节能技术改造、资源回收利用改造，开展资源利用效率对标提升行动。优化能源利用结构。大力发展、使用风能、氢能等绿色能源，提高工业余热、电厂热力的利用效率。

3. 深入打好污染防治攻坚战，持续改善生态环境质量

一是打好蓝天保卫战。从源头严控入手，围绕 2035 年远景目标，制定城乡空气质量达标路线图，加强省市 O_3 及 $PM_{2.5}$ 精准预报，完善轻中度污染天气应对机制。持续巩固钢铁、水泥等重点行业超低排放成果，坚决杜绝无组织排放行为，对焦化、建材、耐火材料等重点行业加速实施超低排放改造，制定修订重点行业大气污染排放标准。打好碧水保卫战。重点对丹江口水库、南水北调中线总干渠等水源地及流经周边地带加强饮用水安全保护，建立饮用水水源地信息监测全覆盖机制，对周边实施动态无死角实时监测管理与预警防控。加强黄河、伊洛河等四大流域生态修护与湿地修护，建立河流生态缓冲带，创建"美丽河湖"。打好净土保卫战。对土壤环境与地下水环境统一规划监管，常态化排查、监测耕地周边涉重金属重点企业与行业工业废物排放，严控项目环境准入关审核。

五 开放强省

建设开放强省，推动高水平开放合作是河南立足新发展时代，深度融入国内大循环与国内国际双循环新发展格局，以开放促创新、以开放促发展，打造内陆高水平开放高地的根本要求。

1. 提高开放能级

一是探索制度型开放新路径，建设内陆开放新高地。把握国家推动沿海沿边开放向内陆开放转型机遇，深化规则、规制、管理、标准等制度型开放，推动开放层级从商品要素流动型向规则制度引领型跃升，由标准化向定制化转变，制定分工台账，重点落实跟进，引领高水平开放门户发展。二是融入开放发展新格局，高标准对接实践国际经贸准则。深度融入"一带一路"建设，抢抓CPTPP（全面与进步跨太平洋伙伴关系协定）、RCEP（区域全面经济伙伴关系协定）等战略机遇，制定实施政策对接明细，利用CPTPP、RCEP服务贸易和投资承诺开放力度大等特点，推动电子信息、现代物流等优势制造业和高端服务业融合发展，在河南打造若干CPTPP、RCEP经贸合作先行区。

2. 营造一流营商环境

一是深化"放管服效改革"。加强一体化信息管理政务服务网络平台建设，提升"一网通办"服务能力，增加企业生产经营高频事项免证可办数量，推动95%以上涉企事项全程网办，严格落实最多跑一次、"三集中"、"三到位"等政策，打造全国数字化营商环境改革先进示范区。二是推动系统性制度创新。打造河南自贸试验区2.0版本，综合性建设好郑州航空港经济综合实验区、郑洛新国家自主创新示范区、跨境电商综试区等一批国家级战略开放平台，发挥平台在推动体制机制创新中的作用，如率先试点在若干领域放宽外商投资准入、市场准入限制等,做好外资企业服务工作,从重点领域突破到全面深化覆盖,打造积极有效利用外资的制度环境。

3. 大力发展口岸经济

推动郑州航空、铁路 2 个一类口岸,新郑、经开 2 个综保区,以及汽车、粮食、邮政进口药品等 10 个功能性口岸体系化建设,促进口岸、枢纽、平台和产业协调联动发展。培育临港经济,形成以港兴产、以产促港的良性循环格局,构建国内国际双循环的重要支点。对标国际先进口岸最高标准,深层次实施通关便利化提升工程。保障航空口岸"7×24"全天候通关,随到随检确保"零延时"快速通关。以电子信息、生物医药等产业为试点,率先落实"提前申报"与"极简申报",推进口岸通关执法的单一功能向服务产业发展的全链条模式转变,提供物流运输、税费支付等多功能、全周期、便捷化服务。

4. 创新产业项目招引方式

抢抓国内外产业链供应链调整机遇,提高开放合作水平,链接先进资源要素。围绕转型升级传统产业、培育壮大新兴产业、抢滩突破未来产业的核心需求,广泛开展产业链招商、飞地招商、回归招商、组团招商、以商引商、以企引企等模式,重点招引一批链主型、引领型、研发型、上下游带动型优质项目落地河南,以重大项目投资为产业高质量发展注入新动力。积极发展建筑业、人力资源、现代金融、科技研发等多类别总部经济,引导跨国企业和国内大型企业集团在河南布局区域总部、功能总部等。

第二节 建成国家创新高地

创新驱动、科教兴省、人才强省战略是"十大战略"之首,也是推动优势再造、数字化转型、换道领跑、乡村振兴、绿色化转型等其他战略深入实施,顺利实现"两个确保"的动力源泉。

一 强化企业创新主体地位,提高企业创新能力

加快实现规上工业企业研发机构全覆盖,支持企业设立工业设计中

心、企业技术中心、工程研究中心、技术创新中心与实验室、制造业创新中心、产业创新中心等研究机构。围绕优势产业、重点行业梳理一批核心企业、龙头企业，政府引导对接同领域高等研发院校、专业投资机构等，打造以企业为主体、以市场需求为导向的技术创新体系。建立大中小企业融通创新机制，鼓励龙头企业发挥产业链影响力和驱动力，联合上下游企业开展产业共性问题联合技术攻关。实施高新技术企业和科技型中小企业倍增计划，扩充高新技术企业和科技型中小企业后备库，对具备创新潜力的中小企业进行挖掘培育，及时开展精准服务，补充科技创新后备力量。形成以创新龙头企业为引领、以高新技术企业为支撑、以科技型中小企业为基础的培育发展体系，逐步构建"微成长、小升高、高变强"创新型企业"雁阵"培育机制。

二 建设高能级创新载体，打造区域科技创新中心

一是依托省实验室体系，打造质素过硬的科技战略力量。发挥嵩山、神农种业、黄河、龙门、中原关键金属、龙湖现代免疫、龙子湖新能源、中原食品等8家河南省实验室以及11家省实验室基地在新一代信息技术、种业、关键金属、生物医药、新能源等产业方面承载的核心研发作用。高质量推动省科学院重建重振与中原科技城共促发展，发挥围绕光学精密制造等重点产业组建的21家省中试基地、25家省产业研究院、146条中试线在促进科技创新成果产业化应用方面的重要作用，重塑研发体系、转化体系与服务体系，推动高端创新资源协同创新。二是积极布局重大科学基础设施，加速超短超强激光装置及配套设施建设。抓住国家布局新一代战略性天地信息互联基础设施机遇，发挥河南资源禀赋优势，加速"空间信息泛在牵引网络工程"地面段和空间段建设，将河南打造成为国家重要区域天地互联枢纽节点。

三 优化创新平台体系建设，形成全产业链创新生态

一是构建开放创新平台生态。鼓励河南具备科创实力的各类单位和企业在深圳、上海、广州等地设立新型科研机构和研发中心，打造"科创飞地"，发挥河南市场人口规模大、产业体系完备、应用场景丰富的优势，对接先进地区成熟发展平台，链接先进地区科技创新要素，推动河南本地

产业链与其他区域创新链互为融合。二是建设多层次完备研发载体。高质量建设创新创业载体、创新创业园、孵化器等，高效实现创新要素平台化集聚融合。依托功能齐备、要素集聚、互联互通的研发载体体系，及时捕捉产业前沿方向和技术创新动态，在现代食品、服装、智能装备制造、智能传感器、信息安全等一批传统优势行业和潜力巨大的战略性新兴产业中率先取得突破。三是布局各类科技创新服务平台机构。聚焦科技创新企业的现实发展需求，布局科技企业融资服务中心、科技金融公共服务平台、产业集群融资平台、创业融资服务平台等创投融资服务平台以及多种类型的科技中介服务平台，提供专业的科技创新服务，扶持多种类型的科技型企业全面发展。

第三节 实现碳达峰碳中和

碳达峰碳中和是广泛深刻的经济社会系统性变革，是现代化绿色发展道路下人与自然和谐共生、生态与经济协调发展的必然选择，如期实现碳达峰碳中和是现代化河南的重要承诺，也是当前生态文明建设的重点。

一 严格落实碳达峰实施方案，确保完成碳达峰碳中和目标

贯彻党中央、国务院关于碳达峰碳中和的重大战略决策及省委省政府工作要求，确保《河南省碳达峰实施方案》相关具体规定按期落实到位。一是大力推动能源革命，深入开展能源低碳转型行动。加大新能源开发使用力度，以中东部平原地区等为重点，建设一批高质量风电基地；推进登封等地分布式光伏试点建设，建设一批高标准"光伏+"基地；大力发展氢能源，优先支持郑州、新乡、焦作、洛阳、濮阳等氢能产业发展先进地区布局氢气综合能源站等氢能产业基础设施。优化天然气消费结构，有序调控油气消费规模，推动天然气与多种能源融合使用，调控油气消费处于合理区间。建设新型电力系统，充分挖掘哈密—郑州、青海—河南特高压直流输电及山西—河南直流输电三条通道的送电能力，谋划建设第四条直流输电通道，扩大外电使用规模。二是优先发展高效低碳产业，加快构建绿色低碳循环的现代产业体系。大力发展战略性新兴产业，提升新型显示和智能终端、生物医药、节能环保、新能源及网联汽车、新一代人工智能

等十大新兴产业链现代化水平。抢滩突破量子信息、氢能与储能、类脑智能、生命健康、前沿新材料等未来产业。推进传统产业绿色低碳化改造，以钢铁、有色金属、建材、化工等行业为重点，引导企业提高清洁能源使用比重，升级优化产品结构，协同推进减污降碳增效，推动单位产品能耗持续下降。

二　践行绿色低碳生产生活方式，统筹推动城乡绿色发展

构建绿色低碳交通运输体系，引导全社会绿色低碳出行。对交通基础设施进行绿色低碳化改造，加大充电桩、配套电网、加（注）气站等配套设施建设力度，提高城市公共停车场充电设施覆盖率，建设功能完善的公共充电智能服务网络。扩大新能源汽车使用率，优先在城市公共服务车、出租汽车、物流配送车、地面公交车中实行电动化替代、新能源替代。加强绿色慢出行配套设施建设，对城市步行、自行车等慢行交通系统给予路面设施支持，提高绿色低碳出行便利程度。积极开展绿色低碳型机关、学校、社区创建活动，树立绿色低碳理念。在新型城镇化建设与村容提升整治中，使用新型绿色建筑材料，全流程贯彻落实绿色低碳建设原则，建设覆盖城乡的环境基础设施网络。

三　着力提升固碳增汇能力，降低二氧化碳排放总量

推进湿地生态建设和修复力度，稳定提升人工公益林、人工商品林等经营建设质量，对耕地进行保护性耕作，稳定湿地、耕地等碳库固碳作用。实施森林碳增汇重点工程。加强低质低效林改造，提高乔木林单位面积蓄积量，培育吸收二氧化碳能力强的树木品种，优化森林树种结构与区域分布格局。建设林草碳汇计量监测体系，综合掌握碳汇现状，为研究碳增汇技术与碳增汇交易奠定基础。

第四节　实现治理体系和治理能力现代化

治理体系和治理能力现代化是完善和发展中国特色社会主义制度的必然要求，也是一个国家制度和制度执行能力的集中体现。实现治理体系和治理能力现代化，能够确保现代化建设各项工作与部署顺利推进，是中国

式现代化民主法治文明发展的应有之义。

一 建设法治政府，强化法治保障

坚持党的领导，深入学习贯彻习近平法治思想，确保法治政府建设正确方向。一是建立职责分明的政府机构职能体系，将政府行为全面纳入法治化轨道。优化政府组织结构，统筹部门经济调节、社会治理、公共服务等不同职能，实行政府权责清单制度，落实清单公开、动态管理的评估考核机制，理顺权责关系，杜绝缺位、越位现象。厘清政府、市场与社会的关系，尊重市场规律、经济规律，发挥市场在资源配置中的基础性作用，实现有效市场和有为政府更好的结合。二是完善地方立法工作格局，健全依法行政制度体系。协同人大立法与政府立法，统筹、明晰、公开各类地方性法规的立废释改工作。根据地方立法权限，围绕中央决策部署与省委省政府工作安排，及时在数字经济、乡村振兴、文旅融合、绿色低碳化转型、社会民生保障等重要领域立法立规，充分发挥立法的引领性作用，使依法行政有法可依、有规可依。

二 发展基层民主治理，提高基层治理水平

基层治理是国家治理、社会治理的基石，关系城乡、基层和谐稳定。创新基层民主治理方式，提升治理效能。持续开展基层治理体系和治理能力现代化建设创新实验工作。坚持问题导向，明确实施方案，强化民主监督检查与动态考核，确保创新试验任务有效推进，及时总结经验、树立典范加以推广。标准化社区治理，从制度层面规范社区模式，试行民主议事会、重大事务参事会等，提高基层居民在社区治理中的话语权，激励民众广泛参与，建立人人有责、共享参与的社区治理共同体。充分发挥基层党组织在社区治理中的核心凝聚力与关键引领力。依靠基层党组织，推进基层社区与社区居民、社区企业、社会组织、单位等互联互动，形成多主体参与的协商共治制度。

三 应用数字技术，建设数字法治政府

数字化治理是提高治理水平和治理能力现代化的有效技术保障。一是完善政府信息化平台建设。制定政务数据有序共享实施方案，促进政务数

据高效公开，打造全省一体的政务大数据平台体系，并逐步实现政务服务网络省市县乡村五级覆盖。持续推动各级政务移动端服务应用向省级平台汇聚，及时整理、规范各级各类治理平台，避免重复建设与边界不清，打造标准统一、集成联动、特色鲜明的"豫事办"体系，清晰便利地向全社会提供各项政府治理服务。加快地方性法规、规章、行政规范性文件统一查询平台建设，便于居民、企业等及时了解、掌握最新政府政策。二是提高现代化治管能力。对城市道路、交通、河流等相关基础设施进行智慧化升级，加大新型融合基础设施建设，依托智慧城市实现治理、监管能力跃升。依靠大数据、物联网等技术，敏锐捕捉安全生产隐患、生态环境潜在破坏等行为，及时打击各类违法犯罪活动，提高重大公共事务应急处理能力。

第五节　基本实现共同富裕

中国式现代化是全国人民的现代化，实现共同富裕是发展中国式现代化、实现现代化河南的本质要求与重要特征。

一　强化乡村社会保障体系，推动城乡公共服务均等化

推进城乡一体化公共服务体系建设，加大财政转移支付力度，持续增加对农村地区医疗、教育投入，为破解公共服务水平差异问题提供资金保障。加大农村基础设施建设力度。完善乡村道路建设，加强偏远地区通信网络建设，改造升级农村电网，推进农村地区网络提速降费，降低乡村信息化门槛，在确保城乡同速前提下，让农村共享数字经济发展红利。促进城乡教育资源从基本均衡化到优质均衡化过渡。重点强化农村地区学前普惠教育，增设乡镇公办幼儿园，发展寄宿制小学、初中，降低相关收费标准，解决偏远地区上学难、上学远问题。提高县域高中办学质量，在师资配备、图书馆、体育馆等硬件设施建设上予以政策倾斜。强化乡村医疗体系，促进健康河南建设。推动各县市综合医院、中医院、妇幼保健院等全部达到二级医院标准。加强乡村医疗卫生基础设施建设，健全乡村街道卫生服务中心体系，更新优化基层医疗设备，对村卫生室进行标准化建设与网格化覆盖，推进乡村卫生服务一体化管理。建立有效的激励机制，吸引

医疗人才向乡村医疗体系流动,鼓励城镇医护人员到基层医疗机构定期开展坐诊等医疗服务。

二 创新乡村产业发展模式,提升农村三次产业经济水平

在持续推进高标准农田建设、发展现代高效农业、稳定粮食产能的基础上,创新乡村产业发展模式,推进农村经济发展。一是积极发展高附加值特色农业。充分挖掘河南特色农业资源禀赋,对太行山、伏牛山等山区资源加以保护性开发利用,打造有机特色农产品、区域地理标志农产品等一批高附加值农产品。推广泌阳县夏南牛、郏县红牛规模化养殖加工模式以及西峡县香菇规模化种植加工模式等,结合地区资源优势,推动农业产业化经营。二是推动一二三产业融合发展。鼓励农产品加工企业特别是龙头企业上游打通产业链,标准化发展家庭农场、农民专业合作社,下游对接互联网平台,创新农产品营销方式。支持农民通过抖音等自媒体渠道直接对接市场。推动第一产业和第三产业融合,将现代农业发展与休闲观光旅游融为一体,打造省级精品特色采摘园,创建田园游、乡村游特色示范点,推广嵩县、栾川、林州等全域旅游模式。

三 开展增收富民行动,提高城乡居民收入

全面提高城乡居民收入。健全工资合理增长机制,拓宽城乡居民财产性收入渠道,根据数字经济发展属性,鼓励副业、兼职等多种形式,健全支持个体工商户、小微就业者的政策体系,加大政策扶持力度,营造人人就业、创新创业的良好政策环境,提高城乡居民经营性收入。支持农民工非农就业,建立政府引导、职业技能培训学校参与,对接企业需求的农民工技能培育机制,提供农民工就业指导,拓宽农民工就业渠道,发展一批技能型新兴产业工人。对于农民工创业行为,给予税收优惠、租金减免、贷款扶持等政策优惠。

第十章　走出人口大省高质量发展新路子

党的二十大报告强调："我国现代化是人口规模巨大的现代化。"作为集人口大省、经济大省于一体，区位交通优势、产业和创新优势明显的河南，要在实现中国特色现代化中发挥优势、展现担当，必须准确把握好中国特色现代化建设的科学要义，更好地找准定位，主动服务和融入新发展格局，加快探索并走出一条创新驱动、科教兴省、人才强省，发展能级持续提升嬗变、发展空间持续优化聚变、发展胜势持续积蓄蝶变的高质量发展新路子。

第一节　主动服务和融入新发展格局

习近平总书记指出："推动经济高质量发展，既要深刻认识贯彻新发展理念、构建新发展格局对推动地方高质量发展的原则要求，又要准确把握本地区在服务和融入新发展格局中的比较优势，走出一条符合本地实际的高质量发展之路。"河南探索走出人口大省高质量发展新路，就是要在准确把握高质量发展原则要求的基础上，立足服务和融入新发展格局的比较优势，完整、准确、全面贯彻新发展理念，突出重点领域、关键环节，深化改革、扩大开放，进一步提升省域区域发展质量水平，在构建新发展格局中发挥优势、展现作为。

一　深刻把握构建新发展格局的内涵要求

自 2020 年 4 月 10 日习近平总书记提出构建新发展格局，之后多次就构建新发展格局作出阐释和部署，中央相继出台指导意见和配套措施，指导各地各部门结合本地区、本部门优势和特点，加快落实相关部署。相关工作扎实推进，构建新发展格局的思想共识不断凝聚、工作基础不断夯实、政策制度不断完善，取得了明显成效，但也面临不少需要抓紧解决和克服的突出问题，全面建成新发展格局任重道远。

一是构建新发展格局意义重大。构建新发展格局是根据我国发展阶段、环境、条件变化审时度势作出的重大决策，是事关全局的系统性、深层次变革，立足当前、着眼长远的战略谋划，是适应我国发展新阶段要求、塑造国际合作和竞争新优势的必然选择。只有加快构建新发展格局，才能夯实我国经济发展的根基、增强发展的安全性稳定性，才能在各种可以预见和难以预见的狂风暴雨、惊涛骇浪中增强我国的生存力、竞争力、发展力、持续力，确保中华民族伟大复兴进程不被迟滞甚至中断，胜利实现全面建成社会主义现代化强国目标。

二是构建新发展格局使命光荣。构建新发展格局在当前国际形势充满不稳定性不确定性的背景下，立足国内、依托国内大市场优势，把握发展主动权的先手棋，不是被迫之举和权宜之计。构建新发展格局是以国内大循环吸引全球资源要素，更好利用国内国际两个市场两种资源，开放的国内国际双循环，不是封闭的国内单循环。构建新发展格局是以全国统一大市场基础上的国内大循环为主体，要求各地区找准自己在国内大循环和国内国际双循环中的位置和比较优势，不能各地都搞自我小循环。

三是构建新发展格局抓手清晰。其一，要抓好市场这个最稀缺的资源，发挥好巨大市场优势，加快培育完整内需体系，畅通国民经济循环，夯实新发展格局的稳固基本盘，增强国内大循环主体地位。其二，要抓住高水平自立自强这一最本质特征，抓好集合优势资源，实施科技创新、突破产业瓶颈，确保国内大循环畅通，塑造我国在国际大循环中的新优势。其三，要推动产业链供应链优化升级，稳固国内大循环主体地位，增强在国际大循环中的带动能力。其四，要抓好经济循环的畅通无阻这一关键，推进农业农村现代化，增强城乡经济循环，确保国内国际两个循环比例关系健康。其五，要以提高人民生活品质为出发点和落脚点，畅通国内大循环，推动国内国际双循环相互促进。其六，要加强国家安全体系和能力建设，织密织牢开放安全网，全面提高公共安全保障能力，守牢安全发展底线，统筹好发展和安全。

四是构建新发展格局部署明确。2023年1月31日，第二十届中央政治局就加快构建新发展格局进行第二次集体学习，习近平总书记主持会议并发表了重要讲话，对构建新发展格局作出了新的重要部署。其一，要搞好统筹扩大内需和深化供给侧结构性改革，形成需求牵引供给、供给创造需求的更高水平动态平衡，实现国民经济良性循环。其二，要加快科技自立自强步伐，实现科教兴国战略、人才强国战略、创新驱动发展战略有效联动，着力解决外国"卡脖子"问题，力争尽早成为世界主要科学中心和创新高地。其三，要继续把发展经济的着力点放在实体经济上，增强产业发展的接续性和竞争力，加快建设制造强国、质量强国、网络强国、数字中国，打造自主可控、安全可靠、竞争力强的现代化产业体系。其四，要畅通城乡经济循环，建成全国统一大市场，推动区域协调发展战略、区域重大战略、主体功能区战略等深度融合，全面推进城乡、区域协调发展，畅通国内大循环。其五，要深化要素市场化改革，完善市场经济基础制度，推进高水平对外开放，增强在国际大循环中的话语权，推动形成开放、多元、稳定的世界经济秩序，为实现国内国际两个市场两种资源联动循环创造条件。

二 准确把握河南服务和融入新发展格局的比较优势

党的十八大以来，习近平总书记多次到河南视察指导工作，中央及有关部门相继出台有关政策，支持河南发展。河南省深入贯彻习近平总书记视察河南重要讲话和重要指示精神，统筹推进"五位一体"总体布局，协调推进"四个全面"战略布局，坚决扛牢国家粮食安全政治责任，持续打好"四张牌"，不断发挥优势、锻造长板，传统农业大省优势更加突出，新型工业大省、文化大省和内陆开放大省规模结构优势逐渐展现。

一是人口规模富蕴潜力。根据河南省统计网公布的数据，河南省2022年有常住人口9872万人，仅次于广东、山东，位居全国第3。规模庞大的河南人口，既彰显了河南发展的生产潜力，也蕴含着河南发展的内需潜力。2022年，河南省有劳动年龄人口5744万人，有3100多万农民工，其中省外输出就业1200余万人、省内异地就业1900多万人。庞大的劳动人口，为河南促进产业升级、承接产业转移提供了坚实的人力资源基础，大量农民工回流、返乡创业也成为河南发展的重要动力。初步统计，2022年河南省城镇化率为57.1%，远低于东部发达地区和全国平均水平，还处于城镇化快速发展阶段，城乡消费潜力和城镇化发展的基础建设、住房需求、消费提升等内需潜力巨大。初步统计，2022年河南省社会消费品零售总额24407.41亿元，市场规模巨大。

二是经济体量大有可为。根据河南省统计网《2022~2023年河南省经济形势分析与展望》数据，河南省2022年全年全省地区生产总值突破6万亿元，达61345.05亿元（见图10-1），同比增长3.1%，稳居全国第5位。巨大的经济体量支撑完成了国家粮食安全责任担当，河南粮食产量占全国的1/10，小麦产量超过1/4，农业特别是粮食生产在全国占有举足轻重的地位。巨大的经济体量支撑发展了完备的产业体系，河南工业门类齐全、体系完备，服务业发展迅速、提升明显，是多个产业链的发起点、支撑点、结合点，制造业总量稳居全国第5位、中西部地区第1位，综合实力和产业竞争力显著，在构建新发展格局中作用明显。巨大的经济体量支撑拓展了广阔的发展空间，郑洛新国家自主创新示范区核心区生产总值突破1000亿元，国家重点实验室增加到16家，国家级高新区增加到9家，高新技术企业突破1万家，国家科技型中小企业达到2.2万家，自贸试验区160项试点任务基本完成，郑州—卢森堡"空中丝绸之路"成为中欧合作的重要纽带，郑州机场跻身全球货运机场40强。巨大的经济体量支撑改善了民生福祉，基本养老保险、基本医疗保险实现全覆盖，所有县（市、区）通过国家义务教育基本均衡发展评估验收，省部共建国家职业教育创新发展高地扎实推进，郑州大学、河南大学"双一流"建设一期任务顺利完成，53所县级人民医院达到三级综合医院标准。

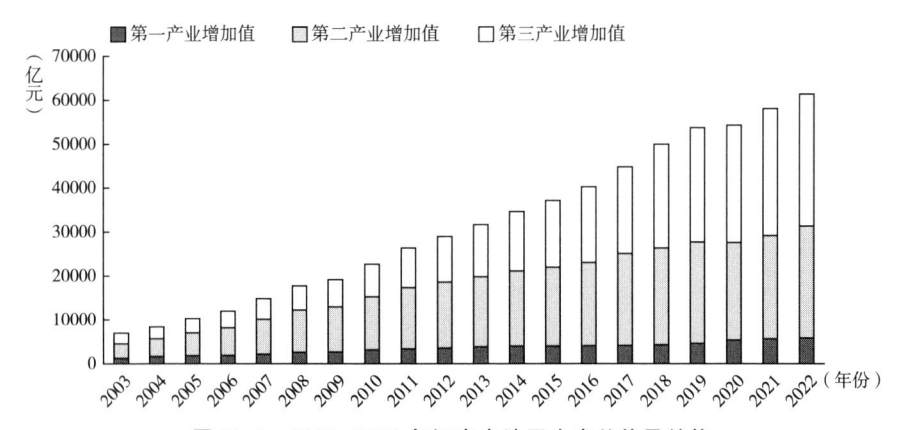

图10-1 2003~2022年河南省地区生产总值及结构

资料来源：《2022~2023年河南省经济形势分析与展望》。

三是区位交通独具特色。河南地处连接东中西部和南北方经济的战略枢要，《交通强国建设纲要》《国家综合立体交通网规划纲要》提出的京津冀—粤港澳主轴、大陆桥走廊、二湛通道等国家综合立体交通网主骨架在河南交汇，郑州国际性综合交通枢纽城市、国际性综合交通枢纽港站功能日益完善、作用日益突出，全国第一个以国家干线为主的"米"字形高铁网已经初步形成，高速公路、高速铁路、干线公铁交通覆盖更加广泛，泛在城乡交通网络日益完善。以郑州为中心的高铁圈覆盖全国主要经济区域，中欧班列累计开行超过6000列，综合指标居全国前列，铁海、河海联运扩容加密，有效连接上海等"海上丝绸之路"重点港口。截至2022年底，郑州机场已开通全货机航线44条，其中国际地区36条，初步形成横跨欧美亚三大经济区、覆盖全球主要经济体、多点支撑的国际货运航线网络。以优越的区位优势、便利的交通条件为基础，努力变"流量"为"留量"，枢纽经济加速发展。

三　主动服务和融入新发展格局的河南路径

主动服务和融入新发展格局，是河南走高质量发展之路、推进中国式现代化实践的必然要求。在深刻把握构建新发展格局内涵要求，准确把握河南比较优势的基础上，还要清醒地认识到我国区域竞争合作出现的新情况新变局，充分认识到河南主动服务和融入新发展格局中亟待解决的短板瓶颈问题，纲举目张抓工作，项目为王抓投资，千方百计促消费，打造集群强产业，乘势发力促开放，推动经济发展质量更高、效益更好、速度更快、更可持续，在服务和融入新发展格局中争得主动、赢得先机。

一是制定适应河南发展的科学目标。肩负建设现代化河南历史使命，按照党的二十大作出的全面建成社会主义现代化强国战略安排，省委十一届四次全会提出，到2035年，河南要基本建成现代化河南；到21世纪中叶，确保高水平实现现代化河南；"十四五"时期，经济强省建设迈出重大步伐，国家创新高地、全国重要人才中心呈现雏形，重点领域关键环节改革取得重大突破，全过程人民民主制度化、规范化、程序化水平进一步提高，法治河南建设取得重要进展，中原文化影响力更加彰显，居民收入增长和经济增长基本同步，美丽河南建设成效显著，平安河南建设取得重要进展。为了实现相关目标，全省上下要振奋精神，争创一流，锚定"两个确保",拉高标杆争先进位,加压奋进开创新局,深入实施"十大战略",把全会确定的目标和任务落到实处。

二是积蓄适应河南发展的动能势能。对照全国、全球标杆,聚焦重点领域、关键环节,坚持项目为王、民生为要,把谋求出彩的任务和要求转化为推动现代化河南建设的具体规划、举措和项目,营造一流的市场化法治化国际化营商环境,建设吸引力、凝聚力、综合竞争力强的人文宜居韧性智慧城市和美丽乡村,形成高效集聚配置各类要素的发展能力,着力提升河南快速稳定发展的动能势能,加快河南在构建新发展格局过程中发挥优势、补齐短板、突破瓶颈、蓄势崛起,进一步彰显河南在新发展格局中的突出作用。

三是重塑适应河南发展的产业体系。要着眼于实体经济健康稳定快速发展,构建以制造业高质量发展为主导、现代服务业协同发展的产业体系。加快优势产业高质量崛起,推动装备制造、食品制造、电子信息、汽车制造和新材料等优势产业全球产业链价值链向高端攀升。加快新兴产业高质量发展,招大引强做优新一代信息技术、高端装备、智能网联及新能源汽车、新能源、生物医药等新兴产业,加速形成河南高质量发展新的增长极。推动现代服务业与制造业、民生改善协同发展,充分发挥资源优势、区位优势、农业与制造业基础优势,加快农业、制造业向服务业延伸,三次产业深度融合,大力发展高端商务、现代文旅、创新服务、创意设计等生产性服务业,进一步营造好的生活性服务业发展环境,进一步拓展现代服务业服务河南发展的广阔空间。

四是优化适应河南发展的成长空间。加强政策供给,优化国土开发保护空间,创新发展体制机制,为河南对接国家政策、强化要素资源配置,激发全社会发展活力动力,提供良好的基础保障。紧盯主动服务和融入新发展格局、锚定"两个确保"和深入实施"十大战略"的发展需求,把准国家政策导向,积极对接国家促进重点领域、关键环节和区域发展的政策体系,强化改革发展、开放发展、创新发展的政策供给,全面提升支持政策的精准性和时效性。全面贯彻落实新发展理念,主动对接国家区域发展、区域协调发展战略,科学实施国土空间开发保护规划,全面优化全省生态、生活、生产格局,全面提升国土空间开发利用效率,切实保护好每一寸耕地,确保全省重要生态系统服务功能稳定向好、生态环境质量稳步提升。提高站位，把准方向，聚焦锚定"两个确保"、深入实施"十大战略"的重点领域和关键环节，在建设创新高地、开放高地，促进国内循环中多算大账、不打小算盘，全面深化投融资体制等体制机制创新，主动服务和融入新发展格局。

第二节　推动人力资源大省向人才强省转变

习近平总书记在党的二十大报告中强调指出："教育、科技、人才是全面建设社会主义现代化国家的基础性、战略性支撑。必须坚持科技是第一生产力、人才是第一资源、创新是第一动力，深入实施科教兴国战略、人才强国战略、创新驱动发展战略，开辟发展新领域新赛道，不断塑造发展新动能新优势。"河南人力资源丰富，但囿于历史原因和现实条件，高端总体不足、创新创意技能人才结构不优，人力资源大省整体优势不能充分发挥。为此，必须深入实施创新驱动、科教兴省、人才强省战略，坚持教育优先发展、科技自立自强、人才引领驱动，深化人才评价使用体制机制改革，充分激发人力资源潜力，加快建设人才强省。

一　坚持教育优先发展

党的二十大报告指出，教育是国之大计、党之大计，培养什么人、怎样培养人、为谁培养人是教育的根本问题。要全面贯彻党的教育方针，落实立德树人根本任务，坚持以人民为中心，深化教育领域综合改革，完善德智体美劳全面培养的教育体系，打造高素质专业化创新型教师队伍，发展素质教育，促进教育公平，推进学习型社会建设，建设书香河南、教育强省。

全面落实立德树人根本任务。坚守为党育人、为国育才使命，以树人为核心，以立德为根本，突出思想政治引领，以铸魂育人六大工程为重点，坚持用习近平新时代中国特色社会主义思想铸魂育人，加快构建大中小学一体化学校德育和思想政治工作新格局，健全家庭、学校、社会协同育人体系，形成一体化学校德育和思想政治工作新格局，形成全员全过程全方位育人教育氛围、教育体系，培养担当民族复兴大任的时代新人。

推进基本公共教育均等化、品质化发展。坚持教育的公益性、普惠性，全面提高15年基本公共教育发展水平。实施第四期学前教育行动计划、幼儿园保教质量规范与提升工程，推动学前教育普惠扩容、品质提升，进一步完善学前教育公共服务体系，实现普及普惠发展、保教质量明显提升。将义务教育的工作重点转向推进优质均衡化发展，以制度化规范、标准化建设、科学化管理高标准高质量发展义务教育，以信息化手段、体制机制创新推动县域内城乡义务教育一体化发展，进一步缩小城乡之间以及校际办学水平差距，长效化控辍保学。推进普通高中教育和中等职业教育协调发展，深化普通高中育人方式改革，保持普职大体相当，实现高中阶段学校多样化有特色发展，全面普及高中阶段教育。完善特殊教育和专门教育保障机制，保障每一名学龄儿童接受教育、发展成才。完善终身学习体系，加快建设书香河南。

打造适应性强、优势明显的职业教育体系。坚持类型定位，深化产教融合、校企合作，打造一批高水平职业学校，基本形成多元办学的职业教育格局。坚持职业教育的类型教育基本定位，巩固中等职业教育的基础地位，推动专科层次高等职业教育提质培优，稳步发展本科层次职业教育，深化职业教育教师、教材、教法改革，建立紧密对接各产业链、生活各领域和人口各年龄段，纵向贯通、横向融通、层次分明的现代职业教育和培训体系。深化产教融合校企合作，持续推动建立以城市为节点、行业为支点、企业为重点的产教融合发展路径与模式，充分发挥企业重要办学主体作用，加快推动专业紧密对接产业。按照育训结合、长短结合、内外结合的要求，面向社会广泛开展职业培训，健全以职业能力为导向、以工作业绩为重点、注重工匠精神培育和职业道德养成的技能人才评价体系，落实提高技术技能人才待遇有关政策，全面推进职业体验教育，构建尊重技能、崇尚技能的人才评价使用机制。

推动高等教育突破发展。高等教育总量不足、水平不高、结构不优，是河南建设人才强省的突出短板。着力推进高校布局、学科学院布局和专业设置调整优化，加快推进郑州大学、河南大学及"双一流"高校学科梯队建设，进一步完善高校分类发展政策体系。推动郑州大学、河南大学在"双一流"建设中晋位升级，加强"双一流"大学第二梯队建设，推动本科院校省辖市全覆盖，积极与国内外著名高校开展合作办学。按照"双一流"、特色骨干、应用型本科、高等职业教育等类型精准施策，实行分类管理、分类建设、分类考核，引导高校科学定位、特色发展。调整优化本科专业结构，加强基础学科、新兴学科、交叉学科建设，持续推动新工科、新医科、新农科、新文科建设，着力提升本科和研究生教育教学质量。加强高校科研平台建设，切实提升集聚人才、培育人才、服务经济社会发展的能力。

二 实施就业优先战略

坚持就业是最基本的民生，以满足人民日益增长的美好生活需要为根本目的，以人才引领发展、技能促进就业、就业推动增收为主线，全方位培养、引进、用好人才，全面推进"人人持证、技能河南"建设，统筹推进经济高质量发展和就业扩容提质，为建设国家创新高地、全国重要人才中心、全国技能人才高地、幸福美好家园提供重要支撑，为确保高质量建设现代化河南、确保高水平实现现代化河南贡献重要力量。

全方位培养、引进、用好人才。聚焦实施"十大战略"，打造科技创新人才、专业技术人才、产业人才、高技能人才、乡村振兴人才、社会事业人才、党政人才、宣传思想文化人才等八支人才队伍。实施高峰引领、战略科技力量培育、一流创新平台建设三大工程，建设高能级人才平台，构筑"双创"特色平台，推进一流创新成果转化，加强创新成果知识产权保护，用好用活各类人才。聚焦人才全链条生命周期，打造线上线下一站式人才服务平台，强化更多优质教育、医疗、住房等资源供给，为人才提供全过程、全方位优质服务，营造良好的人才生态环境。

深入推进"人人持证、技能河南"建设。实施高水平职业院校和高水平专业（群）建设、职业教育产教融合发展、技工教育质量提升三大工程，深化职普融通、产教融合、校企合作，加强高水平职业院校和高水平专业建设，推进社会培训机构能力建设，加强职业技能培训基础设施建设，依法强力推动企业职工全员培训，构建全劳动周期、全工种门类职业技能培训体系，推动解决结构性就业矛盾。大力推行终身职业技能培训制度，健全覆盖城乡全体劳动者、贯穿劳动者学习工作终身、适应劳动力市场需求的职业技能培训机制，营造技能就业、技能增收、技能成才的浓厚氛围，强化安全生产技能培训。推动培训链向产业链聚集，引导培训资源向市场急需、企业生产必需等的领域集中，健全管理机制、标准体系、评估机制，建设全省技能人才管理服务信息系统，提升职业技能培训质量。实施技能人才评价提质扩面行动，完善技能人才评价制度、技能导向激励机制，健全技能人才评价激励体系。实施技能大赛引领计划，建立完善具有河南特色的职业技能竞赛体系，普遍开展职业技能竞赛活动。

推动实现更加充分更高质量就业。充分发挥市场在人力资源配置中的决定性作用，更好发挥政府作用，加强人力资源市场建设，规范人力资源市场秩序，促进人力资源服务业高质量发展，建设高标准人力资源市场体系。强化经济发展就业导向，就业政策与财政、金融、投资、消费、产业等政策的协同，全面增强制造业、服务业、农业及中小微企业和个体工商户的就业吸纳能力，支持和规范发展新就业形态，推动就业扩容提质。发挥郑州国家中心城市、洛阳和南阳副中心主副引领、四区协同、多点支撑作用，加强区域合作，提升开发区功能，实施特殊地区就业促进行动，增进县乡村内生动力，着力提高重点地区就业承载力。持续推进"双创"，营造有利于创新创业创造的良好发展环境，提升创业能力，更大程度激发市场活力和社会创造力，促进创业带动和吸纳就业。加强公共就业服务，做好高校毕业生、退役军人、农民工、城镇困难人员等重点人群就业工作，加强困难群体就业兜底帮扶。

三　科学人才管理评价

坚持功以才成、业由才广，坚持党管人才原则，深化人才发展体制机制改革，破除人才培养、引进、使用、评价、激励、流动等方面的体制机制障碍，实行更加积极有效、更富创新精神、更具开放色彩的人才政策，营造更具吸引力和竞争力的人才氛围。

构建运行高效的人才管理机制、需求导向的人才培养机制。加强党对人才工作的全面领导，建立以人才目标责任考核为引导，以宏观管理、政策法规制定、公共服务、监督保障等为主职主责的管理体制机制，发挥用人主体在人才培养、引进、使用中的积极作用，全面落实用人主体用人自主权。推动人才培育支持与人才强省、经济社会发展相适应，强化人才培养与高校、学科建设有机衔接，完善青年人才支持体系、博士后创新人才支持体系，大力推进大学生见习基地和创业园建设，改进高层次人才培养支持方式，加大对基础研究、基础应用研究的支持力度。

构建近悦远来的人才集聚机制、畅通有序的人才流动机制。健全引才聚才的工作体系、长效机制，持续推进"中国·河南招才引智创新发展大会"品牌建设，打造"老家河南"引才品牌，完善人才支持政策定期调整机制、各类人才引进支持体系。创新柔性引才聚才机制，坚持"不求所有、但求所用"，探索"人才飞地"引才模式，鼓励对顶尖人才、高端人才"因人设岗"设置创新型岗位或流动岗位。深化人才资源供给侧结构性改革，进一步破除妨碍人才顺畅有序流动的体制机制弊端，完善社会保险转移接续政策。加大重点领域人才调配工作力度，建立区域人才交流合作机制。

构建放管结合的人才评价机制、以人为本的人才激励机制。加快建立以创新价值、能力、贡献为导向的人才评价体系，科学设置人才评价周期，畅通人才评价渠道，促进人才评价与引进、培养、使用、激励等相衔接。分系列修订职称评价标准，扩大职称自主评审范围，畅通非公经济组织、自由职业者和高技能人才职称晋升渠道，适当放宽在基层一线工作的专业技术人才职称评审条件，加强对职称自主评聘单位、社会化评价机构的事中事后监管。构建充分体现知识、技术等创新要素价值的收益分配机制，完善人才表彰激励机制，营造尊重人才、尊重创新的浓厚氛围。

构建充分信任的人才使用机制、鼓励创新的人才容错机制。加大对国家级、省部级创新团队以及牵头承担国家级重点（重大）项目团队的支持力度，实行"揭榜挂帅""赛马制"等竞争性人才使用机制，推行首席专家负责制。扩大科研经费管理自主权，探索开展创业项目"以赛代评"改革，鼓励科研人员按规定保留人事关系离岗创业创新。合理界定和规范完善符合人才发展规律的容错尺度，建立包容和支持"非共识"创新项目的制度，开展人才工作容错纠错机制试点，建立容错正面清单和负面清单制度；对符合规定条件、标准和程序但项目未达到预期发展效果的，相关领导干部附条件免除决策责任。

第三节　构建高能级创新和产业体系

党的二十大报告提出，"必须坚持科技是第一生产力、人才是第一资源、创新是第一动力""坚持创新在我国现代化建设全局中的核心地位"。

习近平总书记在主持中共中央政治局第二次集体学习时强调，"新发展格局以现代化产业体系为基础，经济循环畅通需要各产业有序链接、高效畅通"。河南作为工业大省、有一定基础的科技创新大省，在锚定"两个确保"、深入实施"十大战略"中，要坚持把创新摆在发展的逻辑起点、现代化建设的核心位置，加快构建高能级创新和产业体系，持续探索高质量发展之路。

一 构建高能级创新体系

坚持党对科技创新工作的全面领导，坚持"四个面向"，主动对接国家战略科技力量体系，深入实施创新驱动、科教兴省、人才强省战略，增强科技硬实力、经济创新力，奋力建设国家创新高地、成为重要人才中心，坚定走好创新驱动高质量发展"华山一条道"。

建设一流创新平台。主动对接、深度嵌入国家战略科技力量体系，围绕河南重大战略需求，整合重塑实验室体系，完善技术创新中心体系，加快发展产业创新中心、制造业创新中心、中试基地、产业研究院、新型研发机构等创新平台，培育建设前沿科学中心和基础学科研究中心，布局建设重大科技基础设施，力争一批创新平台进入国家队，争取更多国家重大科技基础设施、大科学装置在河南布局建设，优化完善创新平台体系。

凝练一流创新课题。坚持"项目为王"，统筹资源配置，提升原始创新能力，发挥科技创新对经济社会和产业发展的引领作用。围绕人工智能、量子信息、未来网络等产业变革趋向以及国家战略需求和产业发展最前端前沿领域，部署战略性技术研发。聚焦信息技术、先进制造、先进材料等领域，按照"聚焦重大、自上而下、重点突破、引领发展"的原则，整合优势资源，加强关键核心技术和共性技术需求攻关。落实国家基础研究十年行动方案，积极参与国家战略性科学计划和科学工程，瞄准关键科学问题和前沿技术问题，坚持自由探索和目标导向相结合，强化基础研究和原始创新。

培育一流创新主体。深化科研合作，优化科研机构、高水平研究型大学、科技领军企业定位和布局。强化企业创新主体地位，发挥科技型骨干企业引领支撑作用，营造有利于科技型中小微企业成长的良好环境，建立完善"微成长、小升规、高变强"创新型企业梯次培育机制，壮大一批

"专精特新"、小巨人、单项冠军企业，加快形成以创新龙头企业和"瞪羚"企业为引领、以高新技术企业为支撑、以科技型中小企业为基础的创新型企业集群发展体系。坚定推动高等教育内涵式发展，强化自由探索和应用研发带动，推进学科交叉融合，大力发展高水平研究型大学。推动郑州大学、河南大学在"双一流"建设中晋位升级，加快推进河南理工大学等7所高校开展"双一流"创建工作，加快培育一流大学和一流学科。重建重振省科学院，做优做强省农科院，加快科研院所改革发展，服务好中央驻豫科研院所，深化与国家级科研机构、央企总部、省外兄弟院所合作。

集聚一流创新团队。坚持人才引领发展的战略地位，充分发挥人才第一资源的作用，全方位培养、引进、用好人才。坚持引育并举、以用为本，实施大规模常态化招才引智、高端人才培养引进等专项行动，采取针对性邀约、量身定做等方式引进顶尖人才，着力完善学科领军人才、产业领军人才、优秀青年人才体系，努力培养造就规模宏大、结构合理、素质优良的创新型人才队伍。围绕人才培养、引进、评价、待遇、使用、激励等关键环节，构建一流政策体系，加快建设人才强省，努力打造人才汇聚新高地、人才创业优选地、人才活力迸发地。深化人才发展体制机制改革，营造识才爱才敬才用才的环境。

打造一流创新生态。创设一流创新制度，深化"放管服"改革和科技体制机制改革，深化财政科技经费分配使用机制改革，赋予科研单位、科学家更多自主权，推动重点领域一体化配置，实行"揭榜挂帅"等新兴科研组织方式，为创新创业者提供最优质的竞技场。厚植一流创新文化，弘扬科学家精神，涵养优良学风，推动科学技术普及，激发创新创业活力，营造创新氛围。拓展开放创新空间，争取更多国家战略科技力量在河南布局，主动对接、积极参与、服务保障好国家级科研机构、一流研究型大学、领军科技企业创新布局和创新活动，支持省内各类创新主体、创新平台、创新载体以更加开放的形式和方式集聚国内外高端创新要素，高效配置创新资源，着力提升国内科技交流合作水平，大力拓展国际合作的广度与深度。组织专业力量对开展创新生态全面评估、全面架构、全面打造，推动政、产、学、研、用主体贯通，人才、金融、土地、数据要素汇聚。

二　构建高能级现代产业体系

牢记习近平总书记嘱托，把发展经济的着力点放在实体经济上，坚定以制造业高质量发展作为主攻方向，以产业项目作为项目建设的重中之重，常态化开展"万人助万企"活动，滚动推进"三个一批"项目建设，深入实施产业链链长和产业联盟会长"双长制"，推动先进制造业和现代服务业、数字经济和实体经济深度融合，短板产业补链、优势产业延链、传统产业升链、新兴产业建链，加快产业基础高级化、产业链现代化，形成配套优势、集群优势，主动服务和融入新发展格局。

加快推动制造业高质量发展。坚决把制造业高质量发展作为主攻方向，以深化供给侧结构性改革为主线，着力构筑"以传统产业为基础、以新兴产业为支柱、以未来产业为先导"的先进制造业体系，推动"河南制造"进入国内大循环和国内国际双循环的关键环、中高端。把握好科技创新赋能增效关键变量、制造模式新变革和"材料+装备+品牌"提升路径，着力增品种、提品质、创品牌，推动材料、装备、汽车、食品、轻纺 5 大传统产业产业链向中高端延伸、价值链向中高端迈进。加快推动创新突破和融合应用，推进细分领域建链延链补链强链，培育壮大新一代信息技术、高端装备、新材料、现代医药、智能网联及新能源汽车、新能源、节能环保 7 大新兴产业，打造河南制造业发展的新增长引擎。围绕"优中培精、有中育新、无中生有"三大路径，加强跨周期战略谋划，前瞻布局氢能和储能、量子信息、类脑智能、未来网络、生命健康、前沿新材料 6 大未来产业，争创国家未来产业先导试验区。加快丰富产业生态，推动群链共生，提升集群能级，着力发展装备制造等 7 个万亿级产业集群和汽车制造等 3 个 5000 亿级集群，支持专精特新企业发展，着力提升产业安全水平。发挥"头雁"企业引领作用，提高中小企业专业化水平，培育一批单项冠军企业，提升大中小企业融通发展水平。实施"绿色低碳转型"战略，以传统产业绿色化改造为重点，发展绿色制造，促进产业链和产品全生命周期绿色发展。

大力发展现代服务业。以满足产业转型升级和人民美好生活需要，构筑全省经济增长新引擎、创新创业新空间为目标，着力打造高效专业的生产性服务业体系和优质便捷的生活性服务业体系，加快构建结构优化、竞争力强的现代服务业新体系，努力提升国际资源链接能力和全球市场资源配置能力，建成现代服务业强省。围绕制造业高质量发展需要，推动科技服务、信息服务、中介服务、教育培训、节能环保服务等领域专业化和向价值链高端延伸，加快建设实施"设计河南"行动，推进建设"全光网河南"，推动"专精特优"专业服务，全力实施"技能河南"，健全节能环保服务体系，着力提升生产性服务业发展层次。聚焦人民群众更美好生活需要，推动文化旅游、康养健体、养老育幼、家政服务、商贸服务和房地产服务等生活性服务业向高品质和多样化升级，着力解决民生难点痛点、提升居民生活品质，充分发挥内需优势、人文自然及景观优势，加快提振产业发展活力，促进更加灵活充分就业。把握好现代服务业发展新趋势，加强技术创新应用，培育新经济业态，强化对战略新兴产业的服务支撑，引导细分领域跨界融合，大力发展平台经济、共享经济，拓展产业发展衍生价值链。培育壮大多元金融主体，发展科技金融、绿色金融、供应链金融，培育天使投资、风险投资市场，完善中原股权交易中心功能，支持郑州商品交易所创新发展。创新发展服务贸易，打造一批特色服务出口基地。发展工业设计、工业软件、建筑设计、创意设计等，打造设计河南。

推动产业深度融合、联动发展。加快推动先进制造业与现代服务业深度融合，培育发展服务型制造，深化业务关联、链条延伸、技术渗透、平台赋能，推动先进制造业和现代服务业相融相长、耦合共生。围绕深化"两业"融合，建设面向服务型制造的专业服务平台、综合服务平台和共性技术平台，积极培育总集成总承包、综合解决方案、个性化定制、产品全生命周期管理、供应链管理、共享制造、远程运维等新模式，培育发展一批服务型制造解决方案供应商和咨询服务机构。加快推动生产性服务业向专业化和价值链高端延伸，引导生产性服务业企业以创意设计、数据分析、服务流量等要素嵌入引领制造新模式，提升生产性服务业与先进制造业协同发展水平，提升制造业设计能力，构建若干以平台型企业为主导的生态圈，创建一批国家级工业设计中心、工业设计研究院等；支持有条件的工业遗产和企业、园区、基地等，挖掘历史文化底蕴，打造一批高凝聚力文化创意产业园、高能级生产性服务业集聚区。开展融合创新试点示范，培育50个左右省级以上先进制造业和现代服务业融合发展试点、100个左右服务型制造示范企业（平台、项目），打造一批服务共性需求的生产性服务业公共平台。以国家大数据综合试验区建设为牵引,以建设"中原智谷"为突破,发挥数字经济引领作用,聚焦新型基础设施建设,发展数字核心产业,全面提升数智赋能水平,加强数字化治理,建立健全数据流通机制、应用体系、监管与安全体系,促进数字经济和实体经济深度融合。

三 推动创新与现代产业融合发展

充分发挥创新驱动高质量发展第一动力作用,推动创新牵引产业发展、产业促进创新,强化创新和产业载体建设,优化基础设施布局、结构、功能和系统集成,推动创新活动与产业布局互促共融、科学发展。

推动创新与现代产业互促共融。推进钢铁、煤炭、有色、化工、建材等传统产业与前沿技术、跨界创新、颠覆模式对接链接,加快运用高新技术改造提升传统产业,推动传统产业智能化、数字化、绿色化发展,促进产品品质更趋高端化,产业链建设更加现代化。聚焦新一代人工智能、节能环保生物医药、新能源及网联汽车等新兴领域,建立健全产业链协同发展机制,增强核心竞争力、品牌影响力、行业话语权,打造具有战略性和全局性的新兴产业链。围绕氢能与储能、生命健康科学、前沿新材料等未来产业谋篇布局,加强前沿技术多路径探索和交叉融合,推动重大技术突破甚至产业变革的原创性科技成果。顺应数字化、网络化、智能化发展趋势,聚焦现代服务业科技发展关键领域和薄弱环节,加强大数据、云计算、物联网、人工智能等技术集成与应用,加快发展研究开发、技术转移、检验检测、创业孵化、知识产权、科技咨询等,促进生产制造向智能化、柔性化和网络化发展,推动生产性服务业迈向专业化和高端化,基本形成覆盖科技创新全链条的科技服务新业态。

强化创新与现代产业载体融通建设。加快郑洛新国家自主创新示范区提质发展,建设以郑开科学大道为轴线、以中原科技城为龙头的郑开科创走廊百里创新创业长廊,加快高新区高质量发展,建设区域现代农业创新载体、可持续发展实验区,标准化推广"智慧岛"双创载体,加强创新创业孵化载体建设。突出开发区主阵地、主战场、主引擎作用,构建"国家级开发区—省级开发区"两级体系,构建"一县一省级开发区"发展格局,加快理顺开发区管理体制,完善开发区基础设施功能。推进郑州航空港经济综合实验区、中国（河南）自由贸易试验区、中国（郑州）跨境电子商务综合试验区等高能级平台建设，强化现代服务业开发区产业转型支撑作用、各类服务业载体区域服务功能，加快建设郑州、洛阳国际消费中心城市，南阳等区域性消费中心城市，推动各类服务业开发区、服务业载体扩容提质、专业化、特色化发展。以郑洛新国家自主创新示范区为引领、以省级以上高新区为主体，加快各类开发区、产业园区、服务业载体实现创新驱动发展，培育创新型特色园区、高新技术产业化基地，积极创建国家高新技术产业化基地、国家火炬特色产业基地、服务型出口基地，强化各类载体创新协作，实现创新资源优化配置，促进高新技术与高端产业、科创基地与产业园区有机结合、协同创新。

第四节　形成有利于高质量发展的空间形态

党的二十大报告指出："深入实施区域协调发展战略、区域重大战略、主体功能区战略、新型城镇化战略，优化重大生产力布局，构建优势互补、高质量发展的区域经济布局和国土空间体系。"形成科学合理的空间形态，是高效集聚要素、配置资源、扩大开放、实现共同富裕的基础保障。河南作为人口大省、经济大省，不平衡不充分发展问题依然突出，开放发展、创新发展的空间效率仍待提升。必须着眼于主动服务和融入新发展格局，积极落实中央决策部署，主动对接国家重大战略，统筹城乡发展、产业发展、开放发展，完善重大经济布局和基础建设布局，推动中原城市群一体化高质量发展，加快构建主副引领、四区协同、多点支撑的发展格局。

一　坚持主副引领

突出郑州国家中心城市、洛阳中原城市群副中心城市、南阳省域副中心城市高端要素承载、发展带动作用，加快完善城市功能、提升城市能级、塑造城市品格、打造城市气质，积极打造主动服务和融入新发展格局的重要支点、高质量发展的主引擎。

加快建设郑州国家中心城市。聚焦当好国家队、提升国际化，强化枢纽开放、科技创新、教育文化、金融服务等功能，实施高层次专业技术人才培养集聚工程，用创新培育竞争新优势，坚持制造业高质量发展，推进高水平制度型开放，创建国际消费中心城市，积极承接国家重大生产力和创新体系布局，增强科技创新策源和高端产业引领能力，深度参与国际分工合作，加强国际经贸合作和人文交流，加快打造国家创新高地、国家先进制造业高地、国家开放高地、国家人才高地。优化城市发展空间布局，强化周边县级组团产业支撑，加强与中心城区快速交通联系，打造功能完善的郊区新城。推进中心城区有机更新和品质提升，优化开发强度和人口密度，高标准打造城市核心功能板块，合理疏解一般性制造业、物流基地、专业市场等非核心功能，鼓励优质教育、医疗资源向新城组团转移。

着力打造洛阳中原城市群副中心城市。锚定万亿级经济总量目标，坚持创新产业双驱动、改革开放两手抓、文旅文创成支柱、统筹城乡强融合、优化环境搭舞台，聚焦先进制造、装备制造推动制造业高质量发展，以文保文旅协调、文旅文创融合促进文旅跨越式发展，提升国际人文交往能力，加快建设国际文化旅游名城、国际人文交往中心和现代生态宜居城市，尽快形成全省高质量发展新的增长极。加快构建"十"字形高铁通道，实施洛阳机场改扩建工程，打造全国重要综合交通枢纽。

加快培育南阳省域副中心城市。坚持"多规合一"，以创新驱动为核心，以制造业高质量发展为主攻方向，完善新型基础设施布局，做强做大中心城区，推进市域一体化布局，城市承载力、辐射力、带动力全面提升。实施南水北调中线工程丹江口库区等生态保育工程，切实维护南水北调中线工程安全、供水安全、水质安全。

二 打造强大引擎

以郑州国家中心城市为引领，推进与开封、洛阳、平顶山、新乡、焦作、许昌、漯河、济源加速融合发展，加快形成以郑汴许为核心引擎，区域一体化高质量发展的空间格局，打造中原城市群一体化发展和省域高质量发展的强大引擎。

推动形成"一核一副一带多点"空间格局。以郑州国家中心城市为引领，以郑开同城化、郑许一体化为支撑，发挥郑州航空港经济综合实验区枢纽作用，打造郑汴许核心引擎。推动洛阳、济源深度融合，形成都市圈西部板块强支撑。发挥沿黄河干流区域创新和产业等要素富集优势，以郑开科创走廊为主轴,以郑新和郑焦方向为重要分支,落实以创新为引领的郑洛西高质量发展合作带国家战略部署。推动新乡、焦作、平顶山、漯河等城市优化功能布局,发展为都市圈新兴增长中心。

打造郑汴许核心引擎。推动郑开同城化发展、郑许深度融合发展,促进郑州、开封资源要素同筹同用、城市功能聚合互补、产业体系错位布局、公共服务共建共享,高质量建设许港产业带。推动兰考深度融入郑开同城化进程,打造全国县域治理"三起来"样板。规划建设东部兰考、北部中牟—开封城乡一体化示范区、南部郑州航空港经济综合实验区—尉氏等郑开同城化示范区。依托郑许市域铁路、开港大道、G107等主要交通轴带,形成以郑汴许三市主城区和郑州航空港经济综合实验区为支撑,以郑开科创走廊、许港产业带、开港产业带为骨架的郑汴许"黄金三角",发挥郑州航空港区位优势,打造都市圈的先进制造业集聚核心区。

创新都市圈一体化高质量发展提质机制。完善都市圈深度融合发展体制机制,创新跨行政区经济管理模式,推动规划统一编制实施、建设用地统一管理、市场监管统一执法、科技资源开放共享,建立财税分享、统计分成、政策协同机制。健全省级统筹、中心城市牵头、周边城市协同的都市圈一体化发展体制机制。

推动都市圈现代产业一体化发展。以郑开、洛巩、许港、郑新、郑焦、郑漯、洛济、洛平等8条产业带推进发展为重点,加快形成以郑州为中心的主导产业集群和标志性产业链。设立新乡平原城乡一体化示范区、武陟、长葛、临颍等特别合作区,创新科技创新合作和产业园区共建模式,提升周边省辖市、县(市)对郑州的产业配套服务能力,形成以郑州为中心的主导产业集群和关键产业链,构建梯次配套产业圈。

推进都市圈规划建设和公共服务一体化。统筹推进都市圈轨道交通一体化规划建设、"一张网"运营管理,完善都市圈高快路网体系,加快城际打通"断头路"、拓宽"瓶颈路",推动城际公路快速化、城际客运公交化,推进城市轨道交通、骨干路网高效接驳,形成内捷外畅的复合型交通廊道。扩大郑州优质公共服务资源服务范围,开展多层次多模式合作办学办医,深入实施政务联通互认工程,推进社会保障并轨衔接,开展都市圈公共服务一体化试点改革探索,完善都市圈重大突发事件联防联控机制,构建便利共享生活圈。

三 增进区域协同

建立完善区域协同发展机制，强化跨市域交通对接、功能衔接、产业连接，吸引人口、经济要素加速集聚，打造豫西、豫南、豫东和豫北四大城镇协同发展区，推动县域经济"成高原"，提升区域竞争合作能力，形成各具特色的发展引擎。推进洛阳与济源、三门峡联动发展，支持设立洛济融合发展示范区，打造豫西转型创新发展示范区。发挥南阳副中心城市带动作用，联动信阳、驻马店提升交通枢纽、产业创新、文化交往等功能，加快构建绿色产业体系，建设豫南高效生态经济示范区。支持商丘、周口依托战略通道和水运等优势，联动推进东向开放协作，建设豫东承接产业转移示范区。密切安阳、濮阳、鹤壁之间功能和产业联系，加快区域资源综合利用和产业协同转型，打造豫北跨区域协同发展示范区。扎实贯彻县域治理"三起来"要求，推进县城扩容提质，深化"一县一省级开发区"改革发展，着力培育主导产业、提高综合承载能力、建设生态宜居环境、提升城乡治理能力，推动县域经济"成高原"。

加快特殊类型地区振兴发展。河南包括欠发达地区和革命老区、生态退化地区、资源型地区、老工业城市等在内的特殊类型地区，不平衡不充分问题突出，高质量发展面临特殊困难，同时又承担特殊功能，是推进高质量发展的重点区域。加快革命老区振兴发展，落实完善支持大别山、太行等革命老区振兴发展政策措施，加大转移支付力度，落实对口帮扶政策，补齐基础设施和公共服务短板，发挥"红、绿、特"资源优势，强化科技创新牵引作用，加强区域合作，因地制宜发展特色产业集群，优先布局符合条件的新兴产业，支持创建践行生态文明绿色发展示范区、全国知名的红色文化传承示范区、国家级风景名胜区和红色旅游融合发展示范区。支持信阳等革命老区重点城市加快提升规模能级，创建革命老区高质量发展示范区。支持三门峡、鹤壁、焦作、平顶山、濮阳等资源型城市、老工业城市加快产业转型升级、培育接续替代产业，实现振兴发展、跨越式发展。支持以"三山一滩"为重点的欠发达地区，特别是深度贫困地区加快补齐短板、培育产业，实现振兴发展。

四　强化多点支撑

统筹考虑区位交通、产业基础、发展潜力等优势，支持辐射带动能力强的城市，培育壮大区域中心和门户城市。

支持三门峡、济源充分发挥资源优势、区位交通优势，强化与洛阳中原城市群副中心城市融合对接、协同发展，深度融入郑洛西高质量发展合作带建设，打造豫西转型创新发展示范区重要支点。支持三门峡立足于黄河金三角跨省合作试验区，加强与渭南、运城之间的合作，打造郑洛西高质量发展合作带重要支点。

支持信阳、驻马店充分发挥红色资源优势、生态优势、农业生产优势、区位交通优势，深化与南阳省域副中心建设规划衔接、产业对接、协作互动，加强与安徽、湖北大别山革命老区生态、交通、产业等多领域合作共建、协作互动，加快补齐基础设施短板，进一步完善现代化产业体系，打造建设豫南高效生态经济示范区发展支点。

支持商丘、周口积极发挥面向长三角、粤港澳大湾区区位优势，发展内河航运交通优势，粮食生产主产区农业优势，积极承接产业转移，加快完善现代产业体系，打造豫东承接产业转移示范区中心城市。

支持安阳、鹤壁、濮阳发挥对接京津冀传统优势、工业基础扎实产业优势，加快传统产业升级，大力发展新兴产业，积极培育接续产业，打造豫北跨区域协同发展示范区中心城市。

五　推动区域协同

深入贯彻落实国家重大区域战略部署，主动参与构建新发展格局，立足自身产业基础和比较优势，"东引、西进、南联、北通"，着力抓好郑洛西（晋陕豫）高质量发展合作带、豫鲁毗邻地区黄河流域高质量发展示范区、中原—长三角经济走廊、豫京和南水北调战略合作四大主导战略，豫粤港澳、豫鄂川渝高质量合作两大重点合作，全方位推进省际合作，加快形成"4+2+X"的区域合作战略架构。

联动建设郑洛西（晋陕豫）高质量发展合作带。以黄河干流和新亚欧大陆桥为轴线，以郑州都市圈和洛阳副中心城市、三门峡、济源等豫西转型创新发展示范区为主体，联动关中平原城市群、晋南地区四市，协同推进生态保护修复、环境污染治理、基础设施联通、产业协同发展、文化保护传承，加快推动郑洛西（晋陕豫）高质量发展合作，培育黄河流域高质量发展极。

推动豫鲁毗邻地区共建黄河流域高质量发展示范区。以濮阳、开封、商丘等市为主体，联动山东省聊城、菏泽等毗邻市，积极创建承接产业转移示范区，全方位开展生态环保、基础设施、产业发展、城乡融合、文化保护、公共服务等领域多层次合作，探索中东部合作发展有效路径，打造黄河流域省际协同发展样板示范。

协同打造中原—长三角经济走廊。以共建淮河生态经济带为纽带，加强产业协同创新体系和高水平协同开放平台建设，大力发展新型区域合作模式，深入推进跨省域一体化发展体制机制创新，积极融入长三角地区产业链供应链，打造以商丘、周口等豫东承接产业转移示范区市为先行区，以淮河流域10市为主体，覆盖全省的中原—长三角经济走廊，培育形成连通黄河流域与长江流域、陆上丝绸之路与海上丝绸之路的"双循环"大通道，服务支撑促进中部地区崛起战略。

创新发展豫京和南水北调战略合作。以协同推进生态治理环境保护和保障南水北调供水为纽带，深化南水北调对口协作，积极主动承接北京非首都功能疏解，大力承接区域产业转移和科技成果转化，推动豫京双方在更高层次、更多领域、更广空间合作交流，促进优质教育医疗资源合作共享，推进文化旅游资源一体化开发利用，深度融入京津冀协同发展战略，打造以南阳副中心城市为龙头，以南水北调水源区市和干渠沿线市为主体，涵盖全省的国内跨区域合作样板和内循环示范。

深入推进豫粤港澳高质量合作。紧密对接粤港澳大湾区建设，把握大湾区打造国际一流湾区和世界级城市群机遇的溢出机遇，聚焦数字经济、智能制造、科技创新、现代服务业等关键领域，加强与珠三角及港澳地区合作，不断提升全面开放合作水平，借势借力推动河南高质量转型发展。

深化豫鄂川渝高质量合作。全面对接长江经济带发展、成渝地区双城经济圈建设，完善汉江生态经济带上下游合作联动机制，持续加强与湖北、四川、重庆等省（市）交通物流及产业合作，协同推进汉江生态经济带建设、大别山革命老区振兴发展，支持南阳与湖北襄阳、陕西商洛联动发展，密切与长江中游、成渝地区等城市群协作互动，进一步拓展西南向合作发展空间。

开展多方位省际合作。全方位开展与东部先进省份、能源资源富集省份深度对接，扩大豫疆合作交流，强化与全国各省（区、市）科技创新、产业发展、文化传承弘扬等方面的合作，全面开创河南区域合作新局面。

第五节 把比较优势转化为高质量发展胜势

坚持把实施优势再造战略作为中国式现代化河南实践的重中之重，整合要素和资源，推动区位、交通、商业、市场、人力等要素资源高效配置、深度融合、协同发力，深挖内需潜力，推进产业基础高级化、产业链现代化，完善交通网络枢纽功能，加快把人口规模优势、经济体量优势、区位交通优势转化为高质量发展优势。

一 实施消费振兴行动

统筹扩大内需和深化供给侧结构性改革，充分发挥消费的导向性、基础性作用，形成需求牵引供给、供给创造需求的更高水平动态平衡，大力挖掘内需促进消费，积极发展平台经济、共享经济，以贸促工、以工强贸、工贸联动，强化供需协同。

稳就业、惠民生，厚植内需潜力。统筹城乡就业政策体系，完善劳动关系协商协调机制、劳动者权益保障制度，加大减负稳岗扩岗力度，深化"人人持证、技能河南"建设，让人人都能靠勤劳获得致富途径。优化初次分配结构，完善再分配、三次分配制度，探索促进共同富裕的有效路径。扎实做好普惠性、基础性、兜底性民生保障工作，推进居家社区养老服务体系建设，加快健康河南建设，完善城乡教育、医疗、住房供给保障体系，解决不敢花钱、不敢消费问题。

优投资、促协调，释放内需潜能。把握好产业变革加快推进、重点领域补短板深入实施、新型基础设施加快建设重大机遇，加快重点领域深化改革、扩大开放、创新体制机制，推进中心城市提能级、县城及以下强基础，持续打造一流营商环境，提升省内配套能力，以巨大内需吸引更多总部经济、制造研发、枢纽基地等好项目、大项目，增加有效投资。把握好城镇化、工业化快速发展时期的历史性机遇，加快推进中原城市群一体化发展、郑州现代化都市圈建设，深入推进以县城为重要载体的城镇化建设，做好城市更新，积极推动特殊类型地区加快发展，释放新型城镇化和农村现代化内需潜能。

提品质、优供给，增进产需互动。持续提升基本消费品质，释放出行消费潜力，促进居住消费健康发展，积极发展文旅、养老育幼、康养健体、教育服务、家政服务、社区公共服务等服务消费，加快以数字技术、信息技术培育新型消费，发展平台经济、共享经济，促进供需互动，提升供给品质，大力倡导绿色低碳消费。抓住消费需求提档升级、供给侧结构性改革机遇，对接市场需求、牵引消费需求，加快发展新产业新产品、传统产业改造升级，强化标准质量品牌建设，带动需求更好实现。加快培育建设郑州、洛阳国际消费中心城市，南阳等区域性消费中心城市，促进国内供需有效对接、国际供需有效链接，增进全省产需互动水平。

健全市场、深化改革，释放动力活力。主动服务和融入全国统一大市场，建设现代流通体系，增强要素集聚和配置能力，有效提高市场运行和流通效率，促进生产与需求紧密结合。深化促进消费、增进有效投资等领域改革，打造一流市场化法治化国际化营商环境，充分释放消费动力活力。以开放促改革、促创新、促发展，立足枢纽、平台、通道等优势，做大做强中卢货运航线"空中丝路"，以项目为抓手，推动优势产业合作，挖掘贸易合作潜力，增进开放发展对消费带动的促进作用。

二 创建产业链供应链协同优势

深入实施产业链现代化提升行动，着力推进技术研发、新产品开发和迭代应用，开展国家和省级战略性新兴产业集群创建，加快完善创新和公共服务综合体，促进产业链、创新链、供应链、要素链、政策链深度耦合，推动产业基础高级化、产业链现代化。

实施产业基础再造工程，提升产业链供应链位势。聚焦钢铁、铝、超硬材料、尼龙新材料等传统优势产业领域，强化基础研究、应用基础研究、关键共性技术研发，制定核心基础零部件、先进基础工艺、关键基础材料、产业技术基础"四基"突破清单，抓紧实施一批示范项目，推动新产品、新技术、新工艺加快研发应用迭代，提升"河南产"基础产品、基础材料科技含量、价值水平，在优势领域力争弥补国内空白、进入国际先进行列，占据国内外产业链供应链高位。

实施供需适配行动，提升产业链供应链韧性。聚焦制造业高质量发展和现代服务业快速发展，绘制产业链全景图，大力实施强链补链延链工程，打造广泛联结、紧密互动、深度融合的产业链条。在装备制造、新能源、汽车制造等领域，以整机和终端产品为牵引，系统梳理"链主"企业产品、原材料、零部件等市场需求情况，提升产业链供应链配套能力。以食品、轻纺、电子产品等消费品行业为重点，大力实施增品种、提品质、创品牌"三品"行动，内外贸产品"同线同标同质"三品行动，全面提升产品有效供给能力和水平。

实施市场招商行动，打造多元包容产业链体系。依托强大的内需市场和产业配套优势，聚焦京津冀、长三角、粤港澳、"一带一路"重点国别等招商方向，动态完善重点产业链招商图谱和路线图，推广"创新策源在外、生产应用在河南、产品市场在全球"引进落地一批标志性项目，吸引更多头部企业入驻，加快集聚更多优势技术、产品和要素资源，共建一批产业链集群式专业园区。

三　发展枢纽经济

实施枢纽能级巩固提升行动、物流提质发展行动、枢纽偏好型产业集群培育行动，发挥人流、物流、资金流、信息流、技术流集聚效应，加快交通体系、物流枢纽与区域、城市、产业的互动融合，建设交通网络、物流枢纽、关联产业互动融合、协同发展的枢纽经济体系。

强化枢纽功能地位，完善现代综合立体交通网。围绕完善郑州国际性综合交通枢纽功能，巩固郑州国际铁路枢纽地位，提升郑州国际航空货运枢纽能级，打造全球性国际邮政快递枢纽。着力推动完善洛阳枢纽功能完善，拓展南阳枢纽发展空间，提高商丘枢纽发展能级，提升全国性综合交通枢纽能级。加快建设形成安阳、信阳、漯河、周口4个功能性、特色化重要区域性综合交通枢纽，以及开封等区域性综合交通枢纽。依托国家综合立体交通网主骨架，以枢纽城市为主要节点，统筹推进民航强枢增支、铁路拓展成网、公路加密提质、水运通江达海，构建"米+井+人"字形综合运输通道布局，推动快速网、干线网和基础网"三网"融合发展，强化交通网络韧性、枢纽一体衔接。

强化运输组织，推动综合交通运输高质量发展。发展便捷化品质化旅客运输服务，打造一体化出行服务链，打造陆海走廊、发展多式联运，培养竞争力强的市场主体，推动运输全链条一体化组织，强化海陆联动、区域协同、城乡一体发展。将绿色发展理念和低碳发展要求贯穿发展全过程，加快数智赋能，增强系统韧性，落实碳达峰、碳中和要求，增强发展动力，变革发展模式，推动综合交通运输智能化、绿色低碳发展。

打造高质量现代枢纽产业发展体系。完善"通道+枢纽+网络"的物流运行体系，推动口岸、枢纽、平台和产业协调联动，加快资源整合和功能集成，以枢纽型制造业高质量发展为基础，以现代物流、商贸流通、供应链创新和应用等枢纽型核心产业为支撑，促进现代金融、科技服务、总部经济、楼宇经济等生产性服务业及新经济形态，以及现代文旅等生活性服务业扩容发展，提升制造业服务业融合发展能级，做大空港，做强陆港，发展水港，形成以港兴产、以产促港的良性循环格局，打造具有国际影响力的枢纽经济先行区，构建国内国际双循环的重要支点。

优化枢纽经济发展布局。依托强大的内需市场优势、产业基础优势，充分发挥区位交通优势，强化高效集聚要素、配置全球资源的能力，加强沿海城市群产业承接和合作，推动与中西部地区产业链合作，做强郑州全省枢纽经济发展核心动力源，建设形成豫西、豫南、豫东、豫北四区协同，培育形成中原—长三角通道、京港澳通道、陆桥通道、济郑渝通道四带牵引的枢纽经济发展格局，推动要素、资源、产业在空间上高效集聚、合理配置、有效流动。

第十一章　走出农业大省统筹城乡新路子

党的二十大报告对推进乡村振兴作出了全面部署。河南在推进农业大省向农业强省转变的过程中，必须把统筹城乡发展作为重要任务，摆在突出位置，聚焦实现农业农村现代化这一建设农业强省的基本要求，全面推进乡村振兴，坚持农业农村优先发展，以城乡融合发展为着力点，加快形成工农互促、城乡互补、协调发展、共同繁荣的新型工农城乡关系，走统筹推动新型城镇化和乡村振兴协调发展之路。

第一节　始终把"三农"工作作为重中之重

全面建设社会主义现代化，实现中华民族伟大复兴，最艰巨最繁重的任务依然在农村，最广泛最深厚的基础依然在农村。河南作为农业大省，要深刻把握新时代"三农"发展趋势和阶段性特征，坚持农业农村优先发展方针，把加快建设农业强省作为重大目标任务进行专项部署，持续打好粮食生产这张王牌，稳住农业基本盘，为农业强国贡献更多河南力量。

一　坚持农业农村优先发展

优先考虑"三农"干部配置。注重选拔熟悉"三农"工作的干部充实到地方各级党政班子，将优秀干部充实到"三农"战线，把精锐力量充实到基层一线。强化五级书记抓乡村振兴的制度保障，全面落实省负总责、市县抓落实的农村工作领导体制，建立健全上下贯通、精准施策、一抓到底的乡村振兴工作体系。县域是实施乡村振兴的主阵地，县委书记要将主要精力放在抓"三农"工作上，当好乡村振兴"一线总指挥"。开展县、乡、村三级党组织书记乡村振兴轮训，加强各级分管负责同志业务培训。

将乡村人才振兴纳入党委人才工作部署，强化人才服务乡村激励约束。把乡村振兴一线锻炼作为干部培养的重要途径，对在艰苦地区、关键岗位工作表现突出的干部优先重用。健全考核督察机制，将乡村振兴战略实绩纳入各级党政领导班子和领导干部综合考核评价内容，对乡村振兴推进情况加强督促检查，强化考核结果运用。

优先满足"三农"发展要素配置。优先保障乡村产业用地需求，将农地"三权分置"改革与高标准农田建设、农地流转市场发展充分结合，在更大区域范围释放农田平整连片的规模效应，在保障农户承包权的基础上，使家庭农场等农业经营主体便捷获得已平整连片土地的经营权。探索"点状供地"等灵活多样的供地新方式，增加乡村产业用地供给。深化农村金融体制改革，完善农村金融市场、金融机构、金融产品体系，推进农村承包土地经营权、住房财产权抵押贷款试点，创新"政银担"合作机制，支持各类金融机构拓展"三农"业务。建立工商资本下乡激励机制，落实好税费减免政策，鼓励工商资本投资规模化种养、农产品加工、乡村旅游、现代乡村服务业、农村电子商务、农村社会事业等领域。强化人才支撑，用好高素质农民培育项目资金，实施农村创业创新带头人培育行动，落实人才引进、培育和使用的政策，引导各类人才返乡创业、在乡创业、入乡创业。

优先保障"三农"资金投入。建立财政投入优先保障机制，完善财政投入增长稳定机制，确保力度不减、总量增加。推进财政支农体制机制改革，构建"大专项+项目清单+绩效评价"的支农资金管理制度和普惠政策与竞争性相结合的分配方式，建立起以绿色生态为导向的财政支农体系。统筹政府土地出让收益等各类资金，逐步提升全省土地出让收益用于农业农村的支出比例，支持农业农村建设。借鉴浙江经验，建立转移支付地区分类分档体系，对全省市、县（市）进行分类归档，建立换档激励奖补机制，缩小地区间财力差距。做好农业农村重大项目谋划储备，推进项目库建设工作常态化，提高项目储备质量，形成"谋划一批、论证一批、储备一批、实施一批"的动态循环机制。

优先安排农村公共服务。推进城乡公共服务标准统一、制度并轨，实现从形式上的普惠向实质上的公平转变。强化政府的主体责任，建立政府主导、社会参与、市场竞争的农村公共服务体系建设体制，建立健全农村公共服务的长效机制。完善绩效考核、监督约束机制，提高农村公共服务的质量和效率。

二 加快推进农业强省建设

统筹推进农业强省建设。做好农业强省建设的整体谋划和顶层设计，明确远景目标、实施步骤和阶段性任务。围绕农业强省建设目标任务完善政策支持体系，制定推进农业强省建设行动计划。加快建设农业强省是一个长期的渐进过程，必须做好战略谋划和时序安排，把农业强市强县强镇建设作为农业强省建设的主要抓手，扎实稳步推进，梯次推进农业强省建设。依托乡村振兴示范县、农业强镇建设、乡村建设示范县示范镇建设等，分期、分批开展种业、粮食、畜牧养殖、特色经济作物等不同类型的强市强县强镇建设，为农业强省建设发挥示范、引领和带动作用。根据全省农林牧渔等不同产业的现有基础和条件，明确优先序，实行先行先试和差别化推进策略，有序稳妥推进农业产业强省建设，不断提高全产业影响力、竞争力和控制力，探索各具特色的产业强省之路。

加快推进重大项目建设。加快建设农业强省，重点是坚持"项目为王"，紧紧抓住国家政策机遇，聚焦项目建设，通过把工作项目化，有序推进农业强省项目建设，推动农业发展质量变革、效率变革、动力变革，实现高质量转型发展。当前重点对接好国家新一轮千亿斤粮食产能提升行动，做强生猪产业，做大牛羊产业，做优家禽产业，发展设施农业，发展优势特色产业，建设国家粮食安全产业带，加快谋划一批一二三产业融合、集群式发展、投融建运一体化项目，加快前期论证，尽快组织实施。

优化提升现代农业产业体系。建设畜牧业强省，坚持走畜牧业集群发展、绿色发展、安全发展之路，增加优质畜牧产品供给，打造"豫牧"知名品牌。做强生猪产业，做大牛羊肉产业，做优家禽产业，因地制宜发展规模养殖，支持发展立体养殖，建设一批现代化养殖基地，推动机械化数字化融合和"智慧牧场"建设，打造一批畜产品保供主渠道企业和区域性产业集群，推进种养加全产业链协同发展，持续提升畜产品综合生产能力、供应保障能力和市场竞争力。建设经济作物产业强省，稳定油料产业、蔬菜产业、食用菌产业、水果产业、茶产业、中药材产业等经济作物的种植面积和产能，走品种培优、品质提升、品牌打造和标准化生产之路，以推进产业融合发展为重点延伸产业链条，加快产业提档升级。建设农产品加工业强省，按照"一群多链、聚链成群"原则，打造优势特色产业链，做优粮食制品、做强肉类制品、做精油脂制品、做特果蔬制品。引导企业到产地建设原料基地，推动一县一个省级产业园建设，以现代农业产业园建设为支撑，创建一批食品名城、食品名县。

优化提升现代农业经营体系。以提升农业规模化、集约化、标准化、绿色化水平为核心，以土地托管为切入点，以新型农业经营主体为基础、以综合服务平台为载体，加快培育新型社会化服务组织。支持专业服务公司、服务型农民合作社、农村集体经济组织等发挥各自优势，实现功能互补，共同发展壮大。发挥国有运营平台优势，支持供销、邮政等因地制宜发展多领域、多环节、全过程、全覆盖的生产托管服务。

优化提升现代农业科技创新体系。完善农业科技领域基础研究稳定支持机制，鼓励以市场化方式设立农业科技创新投资基金。加强物联网、大数据、人工智能、卫星遥感、第五代移动通信等信息技术在农业生产、农产品加工、冷链物流、农机作业等方面应用。加快解决全省农业生产急需的整机装备、重要零部件和核心技术问题，解决根茎类蔬菜、花生、辣椒、中药材等经济作物机械化生产关键环节和技术装备问题。设立农机发展专项，组织开展大型智能农业机械的攻关研制和工程化应用。开展关键技术联合攻关和试验验证，突破核心零部件关键技术，解决"卡脖子"难题，实现产业链自主可控，提升关键零部件国产化水平。强化科技支撑服务，完善农业科技领域基础研究稳定支持机制，鼓励以市场化方式设立农业科技创新投资基金。稳定基层农技推广队伍，创新市场化农技推广模式。

三 坚决扛稳粮食安全政治责任

树立大食物观。将"粮"的范畴向"食"拓展，将"粮"从本义的谷类、薯类、豆类扩展延伸到主要食物。健全提升粮食主产区顶层设计，以"大食物观"的理念统筹粮食主产区划定工作，赋予非粮食物同等扶持政策，因地制宜开展大农业生产，宜粮则粮、宜经则经、宜牧则牧、宜渔则渔、宜林则林，形成同市场需求相适应、同环境承载力相匹配的现代农业生产结构和区域布局。设立垦荒"大食物"生产补贴，通过经济补贴和政策扶持鼓励农户和企业充分开发空闲地、废弃地、盐碱地和"四荒地"等土地资源。对实施轮作、间套作（过菇还田）、农林复合、农牧复合以及经济林种植等有助于环境保护和资源高效利用的生产模式给予补贴。

守住耕地红线。落实最严格的耕地保护制度，强化粮食安全责任制考核。进一步强化地方政府主体责任，严格落实永久基本农田特殊保护制度和耕地占补平衡制度，严肃查处各类违法占用耕地案件，坚决遏制土地违法行为，确保"农地农用"，把有限的耕地资源优先用于粮食生产。抓好耕地地力提升，持续推进耕地质量保护与提升行动，以提高土壤有机质为重点，运用秸秆还田+深耕深松、建立畜禽粪污自动消纳制度、耕地休耕轮作、有机肥替代化肥等综合措施，不断提升耕地地力。

抓好新一轮高标准农田建设。对接国家新一轮千亿斤粮食产能提升行动，加快高标准农田建设，探索创新投融资机制，坚持新建与提升并重，分类分区域大规模开展高标准农田建设和提质改造，整县推进高标准农田建设，逐步把永久基本农田全部建成旱涝保收、高产稳产的高标准农田。凝聚力量打造"集中连片、旱涝保收、节水高效、稳产高产、生态友好"的现代化高标准农田，按照"建设标准化、装备现代化、应用智能化、经营规模化、管理规范化、环境生态化"的"六化标准"开展高标准农田示范创建，引领高标准农田现代化发展。

加快推进种业强省建设。持续推进种子资源保护利用行动，开展种质资源普查收集，加大对珍稀濒危特有资源抢救性收集保护力度，加快建设全国一流种质资源库，构建与国家相对接的省级农业种质资源保护体系。持续推进种业创新平台建设行动，建设高能级农业科技创新平台，支持神农种业实验室争创国家实验室基地，高标准建设"中原农谷"，打造国家现代农业科技创新高地。实施农业种源关键核心技术攻关，加强信息化、智能化和生物技术在种业全链条应用，在基因编辑、合成生物、全基因组选择和表型精准鉴定等前沿技术上取得突破。持续推进种业企业扶优行动，以在豫国家种业阵型企业为基础，加快打造河南优势种业梯队企业。以河南种业集团组建为核心，集中力量打造航母型种业企业，实现企业核心竞争力走在国内大型种企前列。

提升粮食生产防灾减灾能力。加强水利建设，深入实施"四水同治"，统筹推进"五水综改"，打造"八横六纵、四域贯通"的现代水网体系。

提升病虫害监测防控能力，聚焦重大病虫害监测能力提升，重点抓好自动化、智能化田间监测点建设，健全病虫害信息报告制度，加强监测预警。围绕提升重大病虫害防控能力，加快建设区域应急防控设施及物资储备库，建设一批重大病虫害应急防控队，健全县乡村防控网络，推进专业化统防统治和绿色防控。提升气象为农服务能力。通过建设省气象防灾减灾中心，实施气象雷达系统、基层气象台站等基础工程，提升预警能力。提升防涝除涝抗旱应急能力，推进平原洼地治理，畅通河渠网络，完善农田除涝体系，着力解决涝能排的问题。

做大做强粮食产业。优化粮食生产结构，按照品种培优、品质提升、品牌打造和标准化生产要求，在发展优质专用小麦、优质花生的同时，大力发展籽粒机收玉米，因地制宜发展青贮玉米、鲜食玉米，推动发展再生稻，持续在丘陵旱区积极发展谷子、红薯、小杂豆等杂粮作物，推行大豆玉米带状复合种植。推进粮食精深加工，实施冷链食品、休闲食品、特色功能食品、预制菜、数字赋能、品牌设计等升级行动，着力培育小麦、玉米、水稻、红薯、大豆等优势特色产业链，打造绿色食品产业集群。完善粮食储运体系，大力建设现代仓储体系，畅通粮食流通渠道，充分发挥中原地区公路、铁路运输优势，畅通跨省水运通道，完善公铁水无缝衔接的多式联运物流体系。

第二节　加快推进以人为核心的新型城镇化

贯彻新发展理念、融入新发展格局，河南要以转变城市发展方式为主线，以满足人民日益增长的美好生活需要为根本目的，深入实施以人为核心的新型城镇化战略，促进大中小城市和小城镇协调发展，重塑空间格局，走具有河南特色的新型城镇化之路，使城镇成为实现现代化和人民享有美好生活的重要载体空间。

一　加快农业转移人口市民化

健全农业转移人口市民化机制。顺应乡村河南到城镇河南的转型，放宽农民进城落户条件，探索推动在城镇没有合法稳定住所的常住人口在城市公共户口落户。推动户籍变动与农村"三权"脱钩，引导农民依法自愿有偿转让各类农村权益。完善农业转移人口就业帮扶、公共服务、子女教育、住房保障等配套政策，促进农业转移人口全面融入城市。顺应农村人口流动的趋势，要在继续促进农村人口向省外转移的同时，重点推动农村人口向中原城市群核心圈集聚，推动农村人口向县城和小城镇聚集，推动粮食主产区剩余劳动力转移，加快提高户籍城镇化率。

促进重点群体就业。强化激励保障政策配套，落实重点群体落户零门槛政策。实施高校毕业生基层成长计划，健全高校毕业生基层工作保障措施，统筹推进大学生志愿服务贫困县计划、政府购买基层岗位吸纳高校毕业生就业计划等，引导和鼓励高校毕业生到基层工作。加强就业困难人员就业援助，加强社会救助与就业联动，大力开发公益性岗位，确保零就业家庭动态清零。

抓好人口管理服务系统优化。优化人口年龄结构、文化结构、技能结构，以农业转移人口和"一老一小一青壮"为重点，健全覆盖全生命周期的人口服务体系。加快建立以经常居住地登记户口制度，逐步实现人口自由流动和迁徙，健全以居住证为载体的城镇基本公共服务供给机制。深化落实支持农业转移人口市民化的财政政策、城镇建设用地增加规模与吸纳农业转移人口落户数量挂钩政策。全面落实企业为农民工缴纳职工养老、医疗、工商、事业等社会保险费用责任。大规模吸引汇聚青年人才，构建适应青年人才创新创业的全生命周期发展环境。

打造高品质生活圈。以城乡规划建设为载体，以县城和镇区为重点，集中整合医疗等各类优势生活资源，配套高标准服务设施，积极推出养老等新型服务项目，以步行15分钟左右的范围为半径，布局建设若干个高品质一刻钟生活圈，加快吸引乡村人口主动向县城和镇区集聚。构建鼓励农村居民进入一刻钟生活圈定居并腾退闲置住宅的市场化运行机制，增强加快城镇化进程的内在动力。

二 持续优化城镇发展格局

编好国土空间规划。落实国家主体功能区战略格局，结合资源环境承载能力和国土空间适宜性评价，以县为基本单元，形成城市化地区、农产品主产区、重点生态功能区三类主体功能，叠加能源资源富集区、历史文化资源富集区等其他功能区域，加快形成主体功能明显、优势互补、高质量发展的国土空间开发保护新格局。推动中心城市"起高峰"、县域经济"成高原",加快形成以中原城市群为主体、大中小城市和小城镇协调发展的现代城镇体系格局。建立空间规划"留白"机制,为河南现代化城镇建设和产业发展预留未来发展空间。

加大郑州国家中心城市建设力度。当好国家队、提升国际化、引领现代化,积极承接国家重大生产力和创新体系布局,强化枢纽开放、科技创新、教育文化、金融服务等功能,加快打造国家创新高地、国家先进制造业高地、国家开放高地、国家人才高地,更好发挥郑州作为龙头城市的作用。塑强区域竞争优势,服务国家大局,推动郑州都市圈扩容提质,打造郑汴许核心引擎,优化重塑郑州都市圈"1+8"空间格局,着力构建"一核一副一带多点"的空间格局,将郑州都市圈打造成为国内国际双循环经济体系的关键节点和先手棋。

培育壮大副中心城市和区域协同发展。支持洛阳打造万亿级中原城市群副中心,辐射带动中原城市群西部地区发展。打造具有国际竞争力的装备制造业集群,加快建设国际文化旅游名城、国际人文交往中心和现代生态宜居城市。推进洛阳与济源、三门峡联动发展,打造豫西转型创新发展示范区。培育南阳省域副中心城市,做强做大中心城区,全面提升城市的承载力、辐射力和带动力。以制造业高质量发展为主攻方向,统筹推进传统产业提质升级、新兴产业培育壮大和未来产业前瞻布局。支持南阳与信阳、驻马店联动发展,建设豫南高效生态经济示范区。发挥南阳作为豫西南桥头堡和门户作用,支持南阳与湖北襄阳、陕西商洛联动发展。强化区域发展多级支撑,打造豫西、豫南、豫东和豫北四大城镇协同发展区,提升区域竞争合作能力。

提升综合立体交通网络的现代化水平。畅通综合骨干运输通道,完善国家综合立体交通网主骨架河南段,协同推进交通项目建设和运输服务组织,大力发展多式联运,构建高效快捷通达全国的"米+井+人"综合运输通道。优化综合交通枢纽布局,增强郑州国际性综合交通枢纽影响力,强化空陆双核驱动,加快建设郑州国际航空货运枢纽,实施小李庄站铁路枢纽工程,推进北编组站搬迁。促进区域交通一体化发展,加快高速铁路拓展成网,推进普速铁路扩能升级,完善中原城市群城际铁路交通网。

三 推动县域经济高质量发展

引导县域经济特色化发展。坚持宜水则水、宜山则山，宜粮则粮、宜农则农，宜工则工、宜商则商，统筹推进县域经济因地制宜发展，着力培育县域主导产业。分类推进优化开发县（市）、重点发展县（市）、生态功能县（市）的发展，实现县域的差异化特色化发展。构建以县城为龙头、以中心镇为节点、以乡村为腹地的县域发展体系，培育一批各具特色的县域经济发展典型。增强县域经济发展新动能，大力发展低碳经济、循环经济，推动形成节约资源和保护环境的空间格局、产业结构和生产生活方式。

全力推进县域开发区提质提速。把"一县一省级开发区"作为重要载体，着眼国内国际市场大循环、现代产业分工大体系，推动开发区产业升级。强化县域开发区主阵地、主战场、主引擎作用，打造产业生态、创新生态，加快开发区提质提速。支持开发区立足区位条件、资源禀赋和产业基础，聚焦主导产业，培育新兴产业，吸引产业链相关企业集聚，打造竞争优势突出的产业集群。推动开发区融入中心城市产业链供应链，鼓励开展跨区域合作，共建产业园区和发展"飞地"经济。深化开发区管理体制改革，全面推行"管委会+公司"模式，实施"三化三制"改革，引导社会资本参与开发区建设运行。

提升县城品质和承载能力。深入开展县城补短板强弱项行动，围绕公共服务设施提标扩面、环境卫生设施提级扩能、市政公共设施提档升级、产业培育设施提质增效，加快补齐县城突出短板。搭建政银对接服务平台，鼓励政策性开发性银行积极参与县城城镇化补短板强弱项。发挥兰考等5个全国县城新型城镇化建设示范县（市）带动作用。因地制宜发展特色鲜明、产城融合、充满魅力的小城镇，增强对周边乡村的辐射带动作用。

全力推进县域放权赋能。推行市县同权改革，按照"能放尽放"的原则推动权力下放，扩大县级经济社会发展自主权，逐步实现经济生活上管理市县同权。建立县（市）与省直部门直通车制度，资金、土地指标等由省直部门直接下达县（市）。推进财税体制改革，完善省、省辖市对县（市）财政体制，将财政直管县的实施范围扩大至全部县（市）。强化一般性转移支付"促均衡保基本"功能,加大对县级的支持力度。深化"放管服效"改革,全力打造一流县域营商环境,聚焦"减时间、减环节、减材料、减跑动",全面优化再造政务服务流程,形成"全时限、跨区域、多渠道、便捷化"的政府服务新模式。

四 推进城市治理能力和治理体系现代化

加强城市空间治理能力。树立紧凑城市理念,强化城镇建设用地集约高效利用。坚持经济实施发展规划的全面统领作用,发挥国土空间规划基础作用,突出专项规划对规划体系的补充完善和对特定领域的支撑作用。优化城市生产、生活、生态空间,更加注重城市发展的宜居韧性、精细智能、绿色低碳。加快转变城市发展方式,把安全理念贯穿城市规划、建设、管理全过程。着力提升城市安全韧性水平,全面提高城市防御灾害、抵御风险的能力,统筹安全与发展,实现城市治理能力的全覆盖、全过程、全天候。

提升城市社会治理水平。树立全生命周期理论,协同发挥政府、市场、社会等多方力量,构建经济治理、社会治理、城市治理统筹推进和有机衔接的治理体系。构建基层社区治理共同体,推动多元主体共同参与,推进城乡社区公共服务综合信息平台建设,打造数据驱动、人机协同、跨界融合的智能化治理模式。建立矛盾纠纷定期排查机制,健全一站式多元化解决机制,推动矛盾纠纷调处"最多跑一次"。

推进宜居人文城市魅力重塑。深入实施城市更新行动,统筹推进老旧小区、老旧厂区和城中村改造提升,持续将老旧小区改造纳入省重点民生实事。推进城市污水处理提质增效,加快生活垃圾焚烧处理设施建设,尽快实现全省焚烧处理能力全覆盖。推进公共服务扩容提升,加强医疗、教育、养老等设施建设,建设富有地域特色的博物馆群和公共文化设施体系,让城市更有"温度"。

深化体制机制改革。创新人口服务管理制度,提升生育服务管理水平,切实保护未成年人身心健康,保障未成年人合法权益,积极推进老年友好型社区建设,支持社会力量投资兴办老年服务机构,健全养老服务标准体系,提升标准化、规范化水平。完善政府投融资体制机制,提升财政资金预算管理水平,确保建设项目综合收益平衡稳定。引导社会资本参与城市开发建设运营，加强政府信用评级和投融资风险定价指导，有效防范各类债务风险。

第三节　深入实施乡村振兴战略

实施乡村振兴战略，是全面建设社会主义现代化国家的重大历史任务，是新时代"三农"工作的总抓手。强国必先强农，农强方能国强。河南要始终坚持"三农"工作重中之重的战略地位不动摇，全面推进乡村振兴，加快农业农村现代化，奋力在乡村振兴中实现农业强省目标。

一　推动乡村产业高质量发展

大力发展优势特色产业。在扛稳粮食安全重任的前提下，着力推进高效种养业，实现粮食安全和高效农业相统一。以优质小麦、优质花生、优质草畜、优质林果、优质蔬菜、优质花木、优质茶叶、优质食用菌、优质中药材、优质水产品为重点，建设十大优势特色农产品基地，狠抓两个"三品一标"发展，整建制打造"三品一标"示范村、示范镇、示范县。根据市场需求适度扩大种养规模，创建一批国家级、省级特色农产品优势区，培育一批优势特色产业集群，打造一批特色产业强县。大力发展农产品精深加工业，坚持三链同构，实施"五十百"工程，培育面制品、肉制品、油脂制品、乳制品、果蔬制品五大产业集群，构建小麦、玉米、花生、猪、牛、羊、禽、果蔬菌茶、中药材、渔业十大优势特色产业链，以国家级农业产业化龙头企业为重点培育"链主"企业，建设万亿级现代食品产业集群，实现一群多链、聚链成群。

推动农村一二三产业融合。深入实施绿色食品业转型升级行动，大力培育和引进龙头企业，加快生产线智能化、绿色化改造，突出做强肉制品、做优面制品、做精油脂制品、做大乳制品、做特果蔬制品，壮大农产品加工规模，提升产业竞争力。做好"土特产"文章，立足乡村特有的物质和非物质文化资源，开发具有鲜明地域特点、民族特色、乡土特征的产品产业，创响"土字号"乡村特色品牌。积极发展农村电商，积极培育"原料基地+中央厨房+物流配送"等模式，推广"直播带货"等模式，促进农产品顺畅出村。积极培育农业新产业新业态新模式，大力发展休闲农业、乡村旅游、电子商务等现代乡村产业，依托大别山、伏牛山、太行山和沿黄等文旅资源优势，全域推进旅游综合开发，打造一批休闲旅游示范县。

加快农业绿色化发展。加强农业资源保护，深入实施黄河流域生态保护和高质量发展战略，突出抓好节水农业发展，大力推广高效节水灌溉模式，推进工程节水、农艺节水相结合。治理农业面源污染，积极推广水肥一体化、有机肥替代、绿色统防统治技术和服务，提高化肥、农药利用率。加快秸秆、农膜、畜禽粪污资源化利用，建立回收利用体系和政策支持体系，在畜牧大县打造一批种养结合循环农业试点示范。加强农产品质量安全监管，提升农产品质量安全监管能力，落实农产品生产经营者的主体责任，强化农产品质量安全执法监管，推进诚信体系建设，创建农产品质量安全县，加强质量安全追溯管理。

加快农业品牌化发展。把品牌建设贯穿农业全产业链，为农业转型升级、提质增效提供坚实支撑和持久动力。建设农业品牌目录，实施农业品牌目录制度，定期遴选、修订、发布，加强动态管理，加大宣传推介力度，激发品牌创建热潮。制定品牌发展机制，立足粮食、畜牧、油料等优势产业，培育一批"大而优"的大宗农产品品牌，聚焦蔬菜、水果、食用菌、中药材等特色产业，创建一批"小而美"的特色农产品品牌。培育一批知名农业品牌，力争创建更多国字号品牌，传承弘扬更多老字号品牌，加快打造"豫农优品"整体品牌。

二 巩固拓展脱贫攻坚成果

健全防止返贫动态坚持和帮扶机制。坚持常态化排查和集中排查相结合，通过基层干部排查、农户自主申报、部门筛查预警等渠道，将符合监测对象条件的农户及时纳入监测范围。对每户监测对象明确一名国家公职人员作为帮扶责任人，按照缺什么补什么的原则，针对风险类型、发展需求制定帮扶措施，定期入户走访，开展精准帮扶，针对不同的帮扶对象采取不同的帮扶措施。严格执行监测对象退出标准和程序，不盲目追求风险消除率。

巩固"两不愁三保障"和饮水安全成果。严格控辍保学目标责任制，完善"一县一案"控辍保学工作方案，实现脱贫家庭义务教育阶段失学辍学学生动态清零。做好基本医保参保动员工作，实现脱贫享受帮扶政策户、监测对象参保率100%。聚焦农村低收入群体等重点对象住房安全，加强日常动态监测，对监测发现有安全问题的住房及时纳入改造任务，做到应纳尽纳、应改尽改，切实保障群众住房安全。动态监测农村供水工程运行和村民饮水状况，加强农村供水工程维修管护，对因灾等因素造成短期缺水的采取临时送水等应急措施。

多渠道增加脱贫户收入。强化就业帮扶，以推进"人人持证、技能河南"建设为抓手，实施职业技能提升行动，加强"雨露计划"培训。着力推动稳岗就业，加强有组织劳务输出，支持脱贫人口和监测对象优先外出务工，对走不出去或弱劳动能力的，采取当地企业和帮扶车间吸纳、公益岗位和以工代赈安置等方式，帮助就近就地就业。强化产业帮扶，推动脱贫产业提档升级，深入开展田园增收、养殖富民、乡村旅游、电商流通、消费帮扶、致富带头人培育、新型经营主体提升等产业发展十大行动，完善利益联结机制，推广"龙头企业+合作社+脱贫户（监测户）"等帮带模式，实现产业增收与群众增收共赢。

聚焦重点区域。对巩固脱贫成果任务重、难度大的县和易地扶贫搬迁安置区，强化资源力量倾斜，瞄准薄弱环节发力。加大乡村振兴重点帮扶县扶持力度，针对卢氏县、嵩县、台前县、淅川县4个省级乡村振兴重点帮扶县，在财政、金融、土地、人才等方面给予集中支持。强化易地扶贫搬迁后续扶持。针对全省易地扶贫搬迁安置点及搬迁人口，做好易地搬迁"后半篇"文章，确保搬迁群众稳得住、有就业、逐步能致富。

接续推进脱贫地区乡村振兴。紧密结合脱贫县自然资源优势，因地制宜发展优势特色产业，落实"十四五"特色产业发展规划，引导各种要素进一步向脱贫地区聚集，发展优质专用小麦、花生、草畜等十大优势特色农业，脱贫地区农户增收明显。加快农产品加工业升级，引导龙头企业产能重心向重点乡镇、易地扶贫搬迁安置区集聚下沉，推动脱贫地区由卖原材料向卖制成品转变。

三 建设宜居宜业和美乡村

科学编制村庄规划。立体推进县乡村规划，完成县域村庄分类和布局规划，推进有条件、有需求的重点村实现村庄规划编制全覆盖，构建完成县域国土空间一体的规划体系。准确把握乡村特色、地域特征、农村实际、发展现状和功能定位，因地制宜做好总体设计，对不同类型的村庄制定有针对性的规划措施。尊重乡村山水格局和自然脉络，延续村庄传统空间格局和建筑布局，加强乡村风貌整体管控，加强农村建房设计引导，推进多规合一的实用性村庄规划编制。

推进城乡基础设施和基本公共服务均等化。实施城乡交通一体化、农村供水保障、清洁能源建设一体化、信息通信网络建设一体化、广播电视建设一体化、城乡物流体系建设、农村房屋品质提升等行动，促进城乡基础设施互联互通、共建共享。实施县域城乡教育服务、公共文化服务、医疗卫生服务、社会保障均等化等行动，增强农村基本公共服务的可及性、便利性。

持续推进农村人居环境整治提升行动。高质量推进农村厕所革命，建立健全后续管护机制，推进社会化、专业化和市场化的管护方式。加快推进农村生活污水治理，因地制宜选择符合农村实际的生活污水治理技术，以房前屋后河塘沟渠和群众反映强烈的黑臭水体为重点，通过控源截污、清淤疏浚、水体净化等措施进行综合治理。全面推进农村生活垃圾治理，统筹县、乡、村三级设施和服务，实现农村生活垃圾收运处置体系全覆盖，加快推进农村生活垃圾分类，积极推广"二次四分法"等符合农村特点、简便易行的垃圾分类模式。

四 积极稳妥深化农村改革

稳妥推进农村土地制度改革。把处理好农民与土地的关系作为新发展阶段深化农村改革的主线，积极稳妥推进新一轮农村改革，进一步激发农业农村发展活力。持续深化农村承包地"三权分置"改革，大力发展土地流转、生产托管等多种形式的适度规模经营。探索实施农村集体经营性建设用地入市制度。完善盘活农村存量建设用地政策，优先保障乡村产业发展、乡村建设用地。稳慎推进孟津等5个县（市、区）农村宅基地制度改革试点。

大力培育新型农业经营主体。突出抓好家庭农场、农民合作社培育和规范发展，不断提升联农带农作用。实施家庭农场培育计划，开展家庭农场示范县创建。实施农民合作社规范提升行动，持续开展农民合作社质量提升整县推进试点行动，规范农民合作社的发展。创新合作共赢机制，创新农村集体经济组织与农民合作社、龙头企业等市场主体股份合作发展新机制，积极推进村集体经济组织发展单环节、多环节、全过程托管等服务，带动小农户节本增效、提质增效。

发展壮大新型农村集体经济。巩固提升农村集体产权制度改革成果，实施村级集体经济发展提质行动，开展农民集体收益分配权有偿退出、有偿转让等试点。开展农村产权流转交易市场规范化建设试点，丰富交易品种，拓展资产评估、抵押融资、项目推介等功能。探索发展路径，支持各地因地制宜探索资源发包、物业出租、资产入股、居间服务等方式发展新型农村集体经济，选择有条件的地方开展集体资产股份抵押担保、村集体经济组织和村民委员会账务分设试点，赋予农民更加充分的财产权益。

完善农业支持保护制度。调整完善耕地地力补贴、玉米大豆生产者补贴等补贴政策，推动建立农资价格过快上涨动态补贴机制，探索种粮农民综合收入补贴政策。加大产粮（油）大县奖补力度，探索建立省际横向利益补偿机制。以市场化方式设立乡村振兴基金，持续扩大现代农业发展基金、农业综合开发股权投资基金等涉农投资基金规模，重点支持乡村产业发展。推动大宗农产品保险由"保成本"向"保价格、保收益"转变，持续探索"保险+期货""保险+信贷"模式。发展农村普惠金融，提升完善普惠金融"兰考经验"和金融扶贫"卢氏模式"。

五　加强和改进乡村治理

建强农村基层党组织。坚持抓党建促乡村振兴，深入实施村党组织堡垒工程和"头雁"工程，扎实开展"五星"支部创建。选优配强乡镇领导班子特别是党政正职，推动县直部门人员编制向乡镇倾斜，充实加强乡镇工作力量。持续优化村"两委"班子特别是带头人队伍，派强用好驻村第一书记和工作队。

完善基层共建共享机制。健全基层党组织领导的"四治融合"乡村治理体系，推行网格化管理和服务，推动建设充满活力、和谐有序的善治乡村。坚持和完善"四议两公开"制度，依托村民会议、村民代表会议、村民议事会、村民理事会、村民监事会等，引导农民全程参与乡村振兴。

积极培育文明乡风。传承发展优秀农耕文化，持续做好优秀农耕文化遗产发掘保护传承，开展中国重要农业文化遗产推介、展示和交流活动。培育中国重要农业文化遗产和河南省优秀农耕文化遗产，加大对第一批河南省优秀农耕文化遗产项目的宣传推介力度。培育弘扬文明乡风，推进农村移风易俗，持续开展高价彩礼、大操大办等农村移风易俗重点领域突出问题专项治理，培养文明新风尚。丰富乡村文化生活，持续开展好新时代乡村阅读季、送文化下乡等乡村文化活动，指导开展农民摄影、书画、戏曲创作等文化活动和具有农村特色的体育活动。

第四节　构建新型工农城乡关系

现代化的推进也是工农城乡关系不断趋向协调和繁荣的演进过程。河南作为人口大省、农业大省，必须立足省情和农情特点，服务于农业农村现代化建设的总体目标，抓住农业农村经济发展的基本面，以全面推进乡村振兴为主旋律，强化以工补农、以城带乡，加快形成工农互促、城乡互补、协调发展、共同繁荣的新型工农城乡关系。

一　发挥工业和城市辐射带动作用

打造县域产业带动发展机制。建设集聚特色的现代产业体系，依托县域产业特点，引导县域聚焦优势延伸拓展特色产业链，持续提升产业结构、质量和效益，以现代产业体系构建带动县域经济高质量发展。壮大优势特色产业，加快推进转型发展攻坚，实施主导产业转型升级行动，结合省辖市重点攻坚产业，聚焦有比较优势的细分产业领域或中高端环节，谋划实施结构升级重大项目，完善产业配套，培育百亿级特色产业集群。推动具有一定产业基础的县（市）高起点布局建设新兴产业园，积极引进骨干企业和标志性项目，迅速扩大新兴产业规模。完善提升产业载体功能，突出亩均产出和效益导向，推动县域产业集聚区"二次创业"。

持续提升农产品加工业转型升级。以农业供给侧结构性改革为主线，推动农产品加工业转型升级，促进城乡产业融合发展，以加工业为核心带动农业全面升级、农村全面进步、农民全面发展。坚持以"粮头食尾""农头工尾"为抓手，围绕面、肉、油、乳、果蔬五大产业，开展企业升级、延链增值、绿色发展、质量标准、品牌培育五大行动，延伸产业链、提升价值链、打造供应链。抢占食品产业新赛道，围绕新乡、信阳、鹤壁、濮阳、南阳等市以及双汇、三全、思念等行业龙头加速布局预制菜赛道，形成预制菜产业在全国的领先势头。加快发展特色功能食品、休闲食品和冷链食品，打造新的增长点，着力把食品加工业打造成为河南省万亿级支柱产业。

强化县域范围的就业吸纳能力。立足县域产业基础和比较优势，不断扩大基本公共服务覆盖面，吸引农村劳动力到城市就业，让农业转移人口"进得来""落得住""转得出"，缩小收入分配差距，形成更合理、更有序的收入分配格局。健全龙头企业与相关主体的利益联结机制，积极推动龙头企业与小农户、家庭农场、农民合作社、农村集体经济组织等主体建立紧密型利益联结关系，持续提升产业链运行效率，通过各环节经营主体间的战略合作和有序衔接，带动农业农村和农户发展。促进小农户与现代农业有机衔接，提高劳动者就业技能，深入实施全民技能振兴工程，整合培训资源，创新培训方式，以农村转移就业人员、企业在岗职工等群体为主要培训对象，持续提升劳动者就业技能，使农民素质与产业发展相匹配。

搭建城乡产业协同发展平台。推动县域三次产业融合发展，支持龙头企业整合产业链上中下游资源，在县城重点布局企业总部、研发以及深加工等环节，在小城镇重点布局初级加工和配套产业，在乡村重点布局种植养殖基地，以产带乡、以产富农，推动形成分工明确、城乡协同的全产业链协同发展格局。优化农产品加工布局，引导加工产能向主产区和重要物流节点布局，初加工向十大特色产业生产基地布局，精深加工向粮食生产功能区、重要农产品生产保护区和特色农产品优势区的县域、乡镇布局。围绕产业基地和园区，就地就近建设农产品产地初加工和商品化处理设施。加快构建现代农业产业园体系，支持农村产业融合发展示范园建设。重点建设一批农产品加工园区（开发区），引导农产品加工龙头企业入园集聚发展。加强中国（驻马店）国家农产品加工产业园建设，打造国际一流的农产品加工产业园区。促进特色小镇规范健康发展，以培育特色主导产业为核心，创建一批省级特色小镇。

强化县域商业体系建设。实施县域商业建设行动，促进农村消费扩容升级。健全农村地区流通网络，提升改造县城综合商贸服务中心和物流配送中心，建设改造一批乡镇商贸中心，引导乡镇商贸中心向周边农村拓展消费。推进县域物流三级网络节点体系建设，加快构建城乡一体配送网络，畅通工业品下乡和农产品进程双向流通渠道。深入实施"快递下乡"工程，开展电子商务进农村综合示范，打造农副、旅游、餐饮、民宿等多元化电商供应链。

二 畅通城乡资源要素流动

健全人才流动支撑机制。高效运作农民工返乡创业投资基金，支持外出农民工、高校毕业生、在外乡贤、科技人员、退役军人等返乡下乡创业。健全选派第一书记工作长效机制，实施"一村一名大学生"培育、"三支一扶"和高校毕业生基层成长计划。完善人才培养合作与交流机制，建立医生、教师、科技、文化人员等定期服务乡村机制。完善集体经济组织人才加入和开发利用机制，探索以合资、合作、投资入股等方式引进人才。发挥农业科技园区等载体的示范带动作用，加快涉农科技成果转化载体和技术研发体系建设，促进高技能人才资源向乡村聚集，保障乡村振兴高质量发展的人才基础。

深化农村土地制度改革。鼓励农村集体经济组织及其成员盘活利用闲置宅基地和闲置房屋。探索对增量宅基地实行集约有奖、对存量宅基地实行退出有偿，深化宅基地复垦券制度创新，将农村节余建设用地指标，通过省级交易平台有偿流转使用。探索建立同权同价、同等入市、流转顺畅、收益共享的农村集体经营性建设用地入市制度，加快建立城乡统一的建设用地市场。健全程序规范、补偿合理、保障多元的农村土地征收制度，探索缩小征地范围、规范土地征收程序。县域内土地占补平衡年度土地利用计划安排一定比例支持乡村产业发展。探索针对乡村产业省市县联动"点供"用地。

健全财政金融投入保障机制。通过转移支付、设立政府投资基金等方式，引导公共财政更大力度支持城乡融合发展。建立涉农资金统筹整合长效机制。调整土地出让收入使用范围，提高农业农村投入比例。通过市场化方式依法设立城乡融合发展基金，在风险可控的前提下，支持市县政府债券资金用于符合条件的城乡融合发展公益性项目。运用贴息、担保、风险补偿等方式，鼓励政策性金融机构、商业银行加大对县域经济发展的支持力度。

打造城乡融合发展载体。以开展试点示范为抓手推动体制机制改革创新，围绕破除城乡资源要素流动的樊篱，探索城乡融合发展先行试验区。支持许昌国家城乡融合发展试验区率先探索制度改革和政策创新，支持许昌市提标扩容推进"5+1"项改革任务，向国家争取更多试点政策和授权，擦亮许昌国家城乡融合发展试验区"国字招牌"。创建一批省级城乡融合发展试验区，按照因地制宜、布局均衡、重点突出的原则，选择一批与中心城市基础设施通达性较强、产业发展基础良好、政府债务风险较低的市、县设立省级试验区，形成梯级引导协同并进的改革创新"先锋队"，在更大范围内释放改革带动效应。创建一批省级县城城镇化示范县，参照国家新型城镇化示范县模式，在全省选择一批基础条件好、发展潜力大、改革意愿强的县城创建一批省级示范县。推进县城扩容提质，协调推动县域内符合条件的乡撤乡设镇（街道）、村改社。

三　深入开展乡村建设行动

统筹推进乡村建设。实施"184"行动，瞄准农村基本具备现代化生活条件目标，推进村庄规划编制、农村基础设施建设工程、农村公共服务均等化和农村精神文明建设、五星支部创建，让农民就地过上现代文明生活。组织开展全省乡村建设项目库建设，实行乡村建设任务清单管理，做好乡村建设信息采集工作，进一步完善协调推进、督促检查、年度考核等机制，切实推动乡村建设各项任务落实。

提档升级农村基础设施。结合当前稳投资、扩内需，加快完善农村公路、供水、供气、电网、物流、广播电视等基础设施，推进农村地区宽带网络和第四代移动通信网络覆盖，开发适应"三农"特点的信息技术、产品应用和服务，布局建设一批烘干仓储、共同配送中心等关键物流设施，并构建好长效管护运行机制，让老百姓真正用得上、长受益。

推动公共服务向农村倾斜。坚持把社会事业发展的重点放在农村，持续提升农村教育、医疗卫生、社会保障、养老、文化体育等公共服务水平，完善农村基本公共服务标准。推动县域公共服务向农村延伸、社会事业向农村覆盖，聚焦"一老一小一青壮"全生命周期，强化普惠性、基础性、兜底性民生建设，以打造城乡"一刻钟生活圈"满足城乡居民教育、就医、养老、文化、休闲等日常生活需要。进一步优化教育资源配置,不断促进城乡义务教育优质均衡发展。实施基层医疗卫生服务能力提升工程,健全乡村医疗卫生服务体系。加快推进紧密型县域医共体建设,推动省级三级医院与县医院建立对口帮扶、巡回医疗和远程医疗机制。完善统一的城乡居民医疗保险和大病保险制度,推进城乡救助保险体系一体化。推动城乡基本公共服务标准统一、制度并轨,健全全面覆盖、普惠共享、城乡一体的基本公共服务体系。推动县乡行政服务向行政村延伸,优化公共服务和行政审批职能,尽量让群众"办事不出村"。

开展示范创建活动。开展乡村振兴示范创建活动,抓好舞钢市、清丰县、兰考县、光山县、长垣市5个县(市)首批国家乡村振兴示范县创建工作,发挥示范引领作用;启动省级乡村振兴示范乡镇、示范村创建活动,选树一批乡村振兴典型范例,发挥示范引领和要素集聚效应。

第十二章　走出文化大省以文兴业新路子

"求木之长者，必固其根本；欲流之远者，必浚其泉源。"中华优秀传统文化是中华民族的精神命脉，传承弘扬中华优秀传统文化，已经成为推进社会主义文化强国建设、提高国家文化软实力的重要内容。"十四五"及今后一段时期，中华优秀传统文化将迎来复兴，"文化转向"将成为后工业社会的标志性特征，"文化跃迁"将成为消费升级领域的必然现象。立足打造中国式现代化的河南范式，作为文化大省的河南必须走出以文兴业的新路子，为坚定文化自信、讲好中国故事、建设社会主义文化强国贡献更大力量。

第一节　充分利用和发挥文化资源优势

中原文化是中华优秀传统文化的杰出代表，更是坚定文化自信、讲好中国故事的重要载体。新时期需要加强中原文化的挖掘阐释、利用传承，积极探索具有河南特色的文化旅游资源保护传承利用新思路、新模式，努力构建文化旅游资源保护利用的"河南范式"。

一　文脉探研：绘制"读懂中国"文化图谱

1. 重现中华文明脉络

依托郑州大学、河南大学、河南博物院、省文物考古研究院等省内院校机构，联合中科院等国内一流考古研究力量，系统研究梳理河南历史文脉，提炼文化元素价值，描绘河南文化图谱。发掘研究灵井"许昌人"、新密李家沟、裴李岗—贾湖遗址、仰韶文化遗址、龙山文化古城等现代人类文明遗址，重现早期中国文化的起源场景。挖掘研究登封王城岗、二里头遗址等一批文化遗址，深化夏文化研究。保护利用殷墟、汉魏洛阳城、隋唐洛阳城、北宋东京城等古都大遗址，展现华夏文明都城地标和中国历史演进脉络。实施中华文明探源、考古中国、夏文化研究、中原地区文明化进程研究等重大工程，加强对中原文化、黄河文化的研究阐释宣传。①

2. 讲好中华历史故事

讲好上古炎黄、春秋战国、东汉、魏晋、南北朝、唐宋等时期民族大融合和中华姓氏根亲故事，阐释中华民族多元一体格局。讲好河图洛书、伏羲八卦、周易等故事，阐释道家、玄学、禅宗、理学等儒释道法元典思想。②讲好农耕、丝绸、青铜、汉字、诗词、戏剧、中医药、四大发明、水利科技、天文历法、二十四节气等文化符号故事，彰显历史同时期人类文明的最高成就。讲好焦裕禄、红旗渠、大别山、愚公移山、南水北调等励志故事，展示中华民族自强不息的精神品格。

3. 重塑国家人文景观

整合中流砥柱、小浪底大坝、花园口、城摞城、古济水、嘉应观、悬河、东坝头等黄河标志性景观，呈现中华民族千年治黄史诗。依托登封"天地之中"历史建筑群世界文化遗产，阐释中华民族宇宙观、文化观。提升王屋山、太行山、大别山等山岳人文景观，提质楚长城、赵长城、魏长城、红二十五军长征等线性文化遗产，打造中华文化重大标志。整合黄帝故里、二帝陵、河洛汇流、大谷关等景观，打造世界华人的精神地标和根亲家园。擦亮丝绸之路、隋唐大运河、万里茶道等文化名片，展现东西方文明千年交流历史。

二 古迹重光：多形式多载体推进资源展示利用

1. 创新资源保护利用模式

积极构建文化旅游资源保护利用的"河南范式"，坚持中央统筹、省负总责、分级管理、分段负责，组建河南省国家文化公园管理局，指导建设黄河、大运河、长城、长征等国家文化公园管控保护、主题展示、文旅

---

① 《河南省人民政府关于印发河南省"十四五文化旅游融合发展规划"的通知》。
② 《河南省人民政府关于印发河南省"十四五文化旅游融合发展规划"的通知》。

融合、传统利用4类功能区,建设国家文化公园改革创新先行区。支持二里头、殷墟、汉魏洛阳城、龙门石窟等重大标识性遗址成立省级文化遗产保护管理区,探索重大文物和文化资源保护传承新路子。结合城市更新与乡村振兴,采取以创意主导的设计、投资、建设、运营一体化模式,将历史文化名城名镇名村、历史街区、历史建筑、历史地段等文化遗产地转化为旅游目的地,探索历史文化资源活态化转换新模式。以"创意+科技"激活优秀传统文化,以 IP 为核心构建文化内容生产体系,将功夫、文字、名人、历史事件等无形文化资源转化为具有自主知识产权的文化产品,推动古艺新诠、古戏新唱、古迹钩沉。

2. 建设"数字老家"大数据平台

积极运用遥感技术(RS)、地理信息系统(GIS)、北斗、大数据等技术,依托国土空间基础信息平台、国家文化大数据体系、全国文物普查数据库、中国非物质文化遗产数字博物馆等,开展全省文化和旅游资源普查,全面调查登记文物、非物质文化遗产、古籍、美术馆藏品、地方戏曲剧种、传统器乐乐种、工艺美术、农业文化遗产、工业遗产、水利遗产、历史文化名城名镇名村、历史街区、历史建筑、历史地段、地名文化遗产等文化资源,发布全省文化旅游资源调查报告和名录图册。基于新一代信息互联网技术,整合河南文化数据和资料并逐步数字化,建设"数字老家"大数据平台和数字博物馆,设计"老家文脉""老家遗迹""老家名城""老家古品""老家论学""老家风景"等子系统,打造文旅数字体验空间,在智慧旅游、文化教育、文创产业等领域推广应用,实现政府部门、学术机构、社会公众对河南文化的信息查询、知识普及等功能。

三 文化新颜:建设国家文化创新高地

1. 打造华夏文明创新区

依托二里头遗址、双槐树遗址、安阳殷墟、龙门石窟、少林寺等重要文物古迹,与国内外优秀拍摄制作团队创作一批精品影视节目,扩大全球影响力。深入挖掘上古时期、夏商周早期中国文化资源,结合高科技手段,创作一批实景演出、沉浸式体验项目。在二里头夏都遗址博物馆、殷墟博物馆、洛阳博物馆、开封博物馆等创作一批特种电影、小剧场等作品，增强传统文化的体验性。①

2. 打造中华美学试验区

依托洛阳、开封打造唐文化、宋文化集中体验地，建设一批融文化体验、文化交流、文化教育于一体的综合文化空间，打造沉浸式文化体验场景。复原诗词吟唱、焚香点茶、挂画插花、书法绘画、古乐演奏等传统生活方式，围绕二十四节气、传统节日等创作一批实景体验活动，开展美学教育。围绕唐宋服饰、唐宋美食、唐三彩、钧瓷、汝瓷、绞胎瓷、历史建筑、绘画作品、遗址文物等创作一批体现中式美学的生活器物和文创产品，让唐宋审美融入日常生活。②

3. 打造国风艺术策源地

加快河南广播电视台等传统媒体转型升级，拓展网络和新媒体业务，围绕优秀传统文化出圈出彩，推出传统媒体与新媒体结合的融媒体作品。挖掘古都、古城、古镇、古关等文化资源，创作一批音乐、话剧、脱口秀等声频节目。引进头部网络平台入驻河南，创作一批网络综艺、网络纪录片、网络剧等新媒体作品。以"国潮"引领传统文化创造性转化，鼓励民众创作体现本地特色的网络音乐、短视频等。

4. 打造演艺娱乐新高地

依托河南省艺术中心大剧院，引进一批国内外知名歌剧、舞剧、话剧、杂技剧在河南首演首播。扩大《禅宗少林·音乐大典》《大宋·东京梦华》《黄帝千古情》等实景演艺品牌影响力。引进国内外优秀创作团队，围绕中华文化重大IP创作一批经典实景演艺作品。依托郑州方特欢乐世界、银基冰雪世界、建业电影小镇等主题公园，创作一批特色鲜明、门类丰富的主题公园演艺精品。发挥《只有河南·戏剧幻城》引领示范作用，鼓励旅游城市、旅游景区、博物馆等创作一批沉浸式旅游演艺产品。在郑汴洛及节点旅游城市、旅游景区设立一批小剧场，引进创作一批小歌剧、小舞剧、音乐剧、木偶、皮影、杂技、魔术等节目。

---

① 《河南省人民政府关于印发河南省"十四五文化旅游融合发展规划"的通知》。
② 《河南省人民政府关于印发河南省"十四五文化旅游融合发展规划"的通知》。

四　文化呈现：打造文化资源集中展示主场景

1. 打造具有中原文化特色博物馆体系

积极发挥博物馆文化集中展示宣传主阵地、主场景作用，完善以河南博物院为龙头，以市县级博物馆为主体，以行业和非国有博物馆为补充的具有中原文化特色的博物馆群落体系。积极推进河南博物院新院、黄河国家博物馆、中国文字博物馆二期、洛阳隋唐大运河文化博物馆、殷墟遗址博物馆、曹操高陵遗址博物馆、贾湖遗址博物馆、开封顺天门遗址博物馆、嘉应观治黄博物馆、淅川南水北调移民博物馆、鄂豫皖苏区首府革命博物馆建设及改造提升工程。打造郑州、洛阳"博物馆群落"核心示范区，支持郑州建设"百家博物馆"、洛阳打造"东方博物馆之都"。加快推进郑州纺织工业博物馆、兰考县博物馆、孟津县博物馆、伊川县博物馆、鄢陵县博物馆、正阳县博物馆和内乡县博物馆等新馆建成开放。

2. 推动博物馆高质量发展

坚持突出公益属性和社会效益，推进博物馆高质量发展。实施卓越博物馆发展计划，支持河南省博物馆积极参与国家文物局世界一流博物馆创建，支持省级、重要市县级博物馆和行业博物馆、非国有博物馆高品质、特色化、差异化发展。积极整合全省博物馆资源，提升博物馆展陈质量，打造一批集陈列展览、知识传播、教育活动、文创产品、学术研讨于一体的标志性品牌展览项目，支持联合办展、流动展览、网上展览。探索建立博物馆青少年教育项目库，创建与学校教学相结合的博物馆青少年教育活动项目品牌，开发一批精品课程，建设一批馆校合作教育示范点，规划推介一批博物馆研学精品线路。谋划建设省级"云展览"平台，集中展示全省重点博物馆基本陈列、常设专题陈列和其他精品展览，实现云展览、云教学。

第二节　推动文旅文创高能级发展

党的二十大报告明确提出"坚持以文塑旅、以旅彰文，推进文化和旅游深度融合发展"。推进河南文旅文创深度融合，应以厚重的历史文化资源为基底，以创意和科技生成文化旅游新内容，以消费场景具体化文旅文创业态，贯通文创资源端、创意研发端、生产消费端，构建具有世界影响力和持久生命力的文化旅游内容供给体系。

一 业态更新：全面提升文旅文创供给品质

1. 升级传统业态

全面推进传统业态数字化改造工程，围绕云台山、龙门石窟、少林寺、清明上河园等知名5A级景区，建设一批数字景区、数字度假区、数字酒店和数字旅行社，实现传统产业数字化运营。推动文艺精品、非物质文化遗产进景区，不断丰富景区文化内容，重点打造少林寺、龙门石窟、清明上河园等一批富有文化底蕴的世界级景区和度假区。引进一批国际国内知名品牌酒店落户，推动本土酒店集团化发展，建设一批遗产酒店、度假酒店、艺术酒店、电竞酒店等。实施文化产业示范园区提升工程，重点把开封宋都古城文化产业园、郑州文化创意产业园、龙门文化旅游园区、登封"天地之中"文化旅游园区等打造成为国家级文化和旅游产业融合发展示范区。

2. 巩固优势业态

对标国际一流商圈，依托郑州黄河文化公园、郑州国际会展中心、洛邑古城等，在郑州、洛阳等城市建设一批文商旅地标工程，植入文化元素，彰显城市特色。重点依托文化遗产、大遗址、工业遗产、农业遗产、水利遗产以及古都、古城、古镇、古村、古街等，打造隋唐洛阳城、大宋东京城、郑州商城等一批特色遗产旅游品牌。依托国家级特色小镇、历史文化名镇、文化改革试验区等，打造登封功夫小镇、禹州钧瓷小镇、温县太极拳小镇、濮阳杂技小镇、赊店古镇等一批精品文旅小镇。以中华文化超级IP为主题，高水平升级推广《只有河南·戏剧幻城》《大宋·东京梦华》《禅宗少林·音乐大典》《水秀》《印象太极》《醉梦云台》等精品旅游演艺项目，推动中小型、主题性、特色类演艺产品开发。改编、转化一批景区版文艺精品剧目，打响"华夏古乐""汉服婚礼"等品牌，推出一批特色音乐节。

3. 培育新兴业态

实施旅居乡村工程，重点打造一批A级乡村旅游示范村、文化产业特色村，创建一批乡村旅游示范县（市、区）、生态旅游示范乡（镇）、国家级乡村旅游重点村镇、全国乡村旅游融合示范区。持续开展"民宿走县进村""文化走进民宿"等活动,重点打造"黄河民宿""嵩山民宿""太行民宿""河洛民宿""伏牛山居"等民宿集群,评选一批星级民宿,建设以民宿为核心的微型度假综合体。① 推动乡村驿站和汽车露营地建设,引进一批汽车露营品牌,发展乡村休闲度假。挖掘各地餐饮文化,在全省开展"千村万味"行动。重点依托景区景点、自然和文化遗产、古村落、博物馆、科技馆、知名院校、工矿企业、科研机构等,加快研学项目建设,建设一批研学旅游示范基地和营地,推出一批研学旅行精品课程和精品线路,培养一批优秀研学旅行导师。围绕大别山精神、焦裕禄精神、红旗渠精神,打造林州红旗渠、新县大别山等一批具有全国影响力的红色精品景区。持续办好郑州上街航展、安阳航空运动文化旅游节等航空节事活动。大力发展体育旅游,塑造安阳林虑山滑翔旅游、濮阳单拐极限运动旅游、济源穿越壮美太行国际徒步旅游等特色体育旅游节事品牌。

4. 布局未来业态

依托河南山水、温泉、中医药、太极、少林文化等优势,推动医疗机构、疗养机构进小镇、进景区、进度假区,建设乡村休闲康养度假单元,大力发展多元康养产业,打造一批全国重要的康养目的地和康养产业集群。支持龙头食药企业依托中药材和生态农产品,研发有机绿色食品以及中医药康养产品。依托郑韩故城、安阳殷墟、偃师二里头、开封州桥等重要考古遗址建设国际考古学堂、考古方舱等项目,引进国际科技团队,合作开展科研考古、大众考古,打造仿真考古体验旅游产品,推出一批考古旅游线路,建设国际一流考古旅游目的地。充分挖掘"中国节目""武林风"等影视IP内容,转化落地一批深度沉浸类影视实景娱乐项目。推进文化和旅游装备制造业示范园区、示范企业和示范项目建设,创建国家文化和科技融合示范基地。

二 场景落地:开拓文旅文创消费新领域

1. 拓展消费新场景

积极顺应新消费升级趋势,以创意设计和科技应用赋能消费场景,推

---

① 《河南省人民政府关于印发河南省"十四五文化旅游融合发展规划"的通知》。

动文化场馆、文博单位、景区园区、主题公园、城市街区、旅游村镇等文化旅游消费场景创新拓展。创新消费服务模式，积极发展智慧驿站、智慧书店、智慧餐厅、智慧商店、智慧超市等无接触式消费。大力激发夜间消费，鼓励旅游景区和文博场馆开展夜间游览项目，优化夜间餐饮、购物、演艺、娱乐等服务，推动建设24小时书店、深夜食堂、不打烊购物中心、夜间休闲街区、夜间剧场等业态，打造洛阳"古都夜八点""夜开封·欢乐宋"等一批夜游品牌。[①] 推动首店经济发展，引进一批具有国内外影响力的精品酒店、网红民宿、文艺书店、文商旅综合体、微型度假综合体等项目，提升城乡商业活力，引领潮流时尚消费。引导豫音脱口秀、创意国风、街头艺术、限时快闪店、假日集市、文化和非遗集市等集聚发展，形成一批新型文化旅游消费业态。发展全息互动投影、无人机表演、夜间光影秀等数字艺术体验新场景，扩大数字文化艺术应用。发展云旅游、云演艺、云娱乐、云直播、云展览等线上消费新场景，培育"网络体验+文旅消费"新模式。创新办好太昊陵庙会、浚县正月古庙会、马街书会、万岁山庙会、关林庙会等。进一步提升中原国际文化旅游产业博览会、中原（鹤壁）文化产业交易博览会、驻马店国际文化旅游产业博览会等策展水平，谋划举办河南工艺美术产品交易博览会，打造一批具有全国影响力的特色产业交易平台。

2. 打造"黄河之礼"

坚持数字化、国际化、时尚化、品牌化，保护传承弘扬黄河文化，打造具有河南特色的"黄河之礼"文旅文创消费品牌。办好"老家河南·黄河之礼"国际文旅创意设计季、"黄河之礼"文创潮玩巡展月等重大主题活动，配套开展"黄河之礼"舞动青春走进校园、"黄河之礼"文创潮玩优秀作品征集大赛、中国华服设计征集大赛、唐宋名窑陶瓷烧制技艺大赛等系列活动，营造全社会文旅文创浓厚氛围。实施"黄河之礼"文创精品培育工程，高质量打造黄河非遗文创产品、黄河文博创意产品、黄河风物特色产品、黄河文化创意作品、黄河景区IP形象等多种系列"黄河之礼"文创精品。全面丰富"老家河南·黄河之礼"非遗数字馆建设内容，推动文创产品线上销售专区及时更新上新，打造集保护

---

① 《河南省人民政府关于印发河南省"十四五文化旅游融合发展规划"的通知》。

传承、创意设计、沉浸体验、线上销售、资讯信息等于一体的综合数字创意平台。①

第三节 塑造"老家河南""行走河南·读懂中国"知名品牌

塑造区域文化标示和区域文旅品牌,高度浓缩、立体展示区域历史人文、风土人情,已经成为国内各省份的共同选择,如已经具有全国影响力的好客山东、七彩云南、多彩贵州、诗画浙江、灵秀湖北、锦绣潇湘、阳光海南、水韵江苏等,成功助推了其区域形象辨识度的持续提升。新时期,河南要走出文化大省以文兴业的新路子,应结合实际、守正创新,并列使用"老家河南""行走河南·读懂中国"区域文化标识,持续提升河南文旅的全球标识度。

一 推陈出新:持续叫响"老家河南"文旅品牌

1. 打造"老家河南"超级文化 IP 矩阵

河南作为华夏文明和中华民族的核心发祥地,先后有 20 多个朝代建都或迁都于此,数千年来都是中国的政治、经济、文化中心,中国姓氏排名前 100 的大姓中有 78 个姓氏源自河南,"老家河南"品牌应该围绕超级 IP 文化,全力构建"4+8+N"中华文化超级 IP 矩阵。一是全力打造四大全球著名文化 IP,聚焦以姓氏根亲为代表的老家河南、以天下黄河为代表的大河文明、以华夏古都为代表的中国气象、以太极少林为代表的中国功夫,做好国际化阐释和表达。二是积极打造八大国际知名文化 IP,围绕中国文字的甲骨文文化 IP、彰显华夏之光的仰韶文化 IP、代表早期中国的二里头文化 IP、展示中国气象的隋唐洛阳城文化 IP、蕴含中华美学的宋文化 IP、感知中国时间的二十四节气文化 IP、凝练东方智慧的道家思想文化 IP、传达中国意境的唐诗宋词文化 IP 等,提升其国际知名度和影响力。三是着力培育一批全国一流文化 IP,依托古城、古镇、古关、古道等文化遗存,伏牛山、太行山、大别山等自然景观,红旗渠精神、大别山精神、焦

---

① 《河南省人民政府关于印发河南省"十四五文化旅游融合发展规划"的通知》。

裕禄精神、愚公移山精神等民族精神，中国节日、中原美食、中原手作等生活方式，提升河南文化的国内外标识度。

2. 加快"老家河南"推陈出新

"老家河南"是河南长期宣传、优势突出的主题形象，但是面对新消费趋势，应探索以"老家新潮"为主线重构"老家河南"体系，扩大宣传、再造新优势。一是打造老家潮味，抓住当前食品新消费蓬勃发展的机遇，对中原传统美食进行重新梳理，用现代加工工艺、时尚设计包装等进行再造，打造一批方便、营养、健康的新产品、新品牌，抢占年轻消费者心智。二是打造老家潮品，抓住当前非遗产品消费爆发式增长的机遇，对传统手工艺、非遗、民艺等进行梳理，提取传统文化元素，融入现代设计理念，再造一批显示中原传统文化元素、设计感强的产品。三是打造老家潮礼，中国"礼物经济"规模庞大，抓住春节、端午、中秋等节日礼品消费增长点，引导有关企业对传统礼品进行再造，以新设计融入更多情感元素。四是打造老家潮宿，抓住民宿经济发展机遇，打响"老家潮宿"品牌，支持打造一批体现中原文化、黄河文化、非遗元素、唐宋美学、诗词文化、地方民俗等特色的主题民宿，提升河南民宿辨识度和影响力。五是打造老家潮营，抓住露营经济发展机遇，推动文博、功夫、美术、艺术、诗词等传统文化与露营主题结合，打造一批研学营地、新潮营地，提升自驾游、亲子游品质。六是打造老家潮节，支持各地围绕本地优势创办购物节、音乐节、文创节、国潮节、露营节、直播节等形式多样的主题消费节会，开发消费融合场景，培育新潮消费载体，鼓励消费新业态新模式。

二 全域格局：加快打造"行走河南·读懂中国"文化线路

1. 打造"行走河南"精品线路

遴选一批代表中国精神、中国价值、中国力量的中华文化超级 IP，推动"读懂中国"文化图谱具象化、场景化，重点围绕拜祖寻根之旅、大河文明之旅、华夏古都之旅、中国功夫之旅、仰韶文化之旅、中国文字之旅、中华美学之旅、东方智慧之旅、文明交流之旅、中华诗词之旅等，全力打造 10 条具有国际范、中国味、中原韵的精品文化线路。[①] 探索打造

---

① 《河南省人民政府关于印发河南省"十四五文化旅游融合发展规划"的通知》。

"行走河南·读懂中国"研学旅游产品体系，构建"大黄河"入境游学体系。

2. 建设"读懂中国"世界级文旅目的地

打造具有国际影响力的黄河文化旅游带，建设黄河小浪底、郑州花园口、开封东坝头三大文化旅游片区，黄河豫晋陕、冀鲁豫、豫皖苏三大文化旅游协作区，保护传承弘扬黄河文化。打造世界文化旅游之都，以"黄河魂·古都韵·中国情"为主题形象，建设郑汴洛黄河文化国际旅游目的地。打造大嵩山国际文化旅游圈，依托登封"天地之中"历史建筑群、双槐树等文化遗产，大力发展考古遗产旅游，打造国际滨水度假旅游目的地，实施小浪底库区港航工程，建设黄河小浪底交通和文化旅游融合发展示范区，培育休闲康养新业态，布局世界级度假酒店品牌集群。打造具有豫风楚韵的国际人文度假社区，依托鸡公山万国建筑群，规划布局精品度假酒店、人文主题民宿等高端业态。

三 精品淬炼：趁热塑造"奇妙中原"主题游品牌

1. 顶层设计谋划"奇妙中原"品牌

"奇妙中原"依托"奇妙游"这个河南独有的超级 IP，体现传统文化在现代场景中的转化活化，塑造年轻化、国潮风的河南新形象。把"奇妙中原"与"老家河南"结合起来，以新视角、新设计重新定义中原文化、河南元素，为"老家河南"注入新活力，改变"土味"，塑造"既古老又新潮"的新品牌形象。目前"奇妙游"仍然局限在节目上，文创产业链也在拓展但尚未形成产品体系优势，河南应着力放大"奇妙游"这个超级 IP，形成强大的带动力引领河南主体形象重塑提升和文旅优势焕新再造。一是制作"奇妙中原@您"宣传片并广泛传播，在中央电视台和各大新媒体平台以"奇妙中原@您"为主题形成传播力，让河南年轻化、国潮风的新形象深入人心，用"@"这个网络符号吸引 Z 世代，让"既古又新"的河南呈现在大家面前。二是编制奇妙中原之旅发展规划，借鉴《浙江省诗路文化带发展规划》和四条诗路建设行动计划的经验，编制奇妙中原之旅发展规划，强化顶层设计，明确重点项目。

2. 多路并进推广"奇妙中原"主题游

一是打造"奇妙中原"旅游线路。根据"奇妙游"系列节目的内容和涉及的景区，打造几条最能体现黄河文化、中原文化特色的旅游线路，各景区围绕"奇妙游"开发旅游场景，融入元宇宙技术再现节目现场，吸引消费者打卡。二是建设"奇妙中原"主题乐园与公园。谋划在中牟国际文化创意园建设"奇妙中原"主题乐园，再现"奇妙游"场景，让看过"只有河南"的观众感受"奇妙中原"新魅力，知道河南不只有苦难还有美学。建议在郑州规划建设"奇妙中原"主题公园，把传统文化与公园建设相结合，形成新的打卡地。三是创办"奇妙中原文创周"活动。谋划举办"奇妙中原文创周""奇妙中原文创大赛"等系列活动，通过"线上+线下"方式，吸引省内外文创设计师和公司、平台参与以"奇妙中原"为主题的文创设计，把中原地区丰富的非遗、民艺、民俗等元素在现代产品上活化，进入人们的日常生活，围绕"奇妙中原"重构河南文创产品体系。支持打造"奇妙中原"国潮园、文创园，吸引文创、设计类企业和独立设计师、品牌主理人集聚。四是适时举办"奇妙中原旅游季"活动，推出一批奇妙文旅线路和新产品，结合文旅消费券，吸引文旅消费者体验不一样的河南文旅场景。

第四节　做好传承弘扬中华优秀传统文化、提升国家文化软实力大文章

河南要走出文化大省以文兴业的新路子，做好传承弘扬中华优秀传统文化、提升国家文化软实力大文章，需要对标对表一流、突出比较优势，筑牢载体、人才、设施、推广等关键领域支撑，推动河南在文化旅游融合领域持续创意创新、破题破冰、出圈出彩。

一　塑造空间：构筑文旅发展空间载体

1. 建设文旅文创名城

充分发挥中原城市群、大都市区、国家中心城市、区域中心城市、重要节点城市、特色小城镇等文化资源富集优势、创意要素汇聚优势和消费市场集聚优势，坚持将城市作为文旅文创融合发展的主战场，结合城市有机更新，建设城市主题型文化创意和创新空间，打造面向未来、面向全球的文化创意城市网络。依托郑州国家中心城市、洛阳省域副中心城市建

设，规划布局世界级文化创意园区、国际艺术社区，提升以河南博物院、郑州博物馆、洛阳博物馆等为核心的都市文博区，支持郑州建设世界文化旅游枢纽和国家文化创新高地，支持洛阳建设国际人文交往中心、"东亚文化之都"。支持安阳、鹤壁、濮阳、商丘、周口、漯河、驻马店、信阳、南阳等建设不同主题的文化创意节点城市。打造浚县古城、道口古镇、朱仙镇等具有中原风格、国际风范的文旅文创名镇。

2. 建设人文旅居乡村

围绕重塑历史文化村落传统脉络，突出融合化、智慧化、生活化、休闲化、多元化，按照生态优良、风光优美、环境优越、业态优化、服务优质的标准，依托景区、街区、度假区、古村落、特色民居、田园综合体等资源，培育形成一批生态康养、文物古建、非遗活化、名人典故、红色传承、农俗体验、研学科考等主题特色鲜明、文旅文创业态突出的特色旅游村、乡村旅游消费街区。以太行山、伏牛山、大别山为重点区域，按照文化引领、艺术点亮、美学提升、消费驱动的原则，深入结合饮酒品茗、赏景作乐的休闲生活方式，加快布局精品民宿、乡村酒店、艺术聚落等人文体验空间，打造一批彰显中原文化底蕴、承载现代生活方式的乡村旅居目的地。推进太行山国际山地度假旅游目的地、伏牛山国民休闲旅游度假地、大别山豫风楚韵·红绿融合乡村旅游目的地建设。

3. 建设国家文化公园

充分发挥黄河、大运河、长城、长征国家文化公园在河南的叠加优势，整合沿线具有突出意义、重要影响、重大主题的文物和文化资源，实施公园化管理运营，形成具有特定开放空间的公共文化载体，集中打造中华文化重要标志。积极建设黄河国家文化公园，打造三门峡—洛阳—郑州—开封—安阳世界级大遗址公园走廊，打造黄河干流和伊洛河、贾鲁河、古济水—沁河、洹河、漳河、黄河北流故道、黄河南流故道、沿豫北太行山、沿豫西秦岭余脉等10条展示支脉，构建中华文明连绵不断的探源地、实证地和体验地。建设大运河国家文化公园，沿通济渠古都发展轴和沿永济渠古城发展轴，建设通济渠洛阳片区、郑州片区、开封片区、商丘片区和永济渠焦新片区、安鹤片区、濮阳片区，展示"隋唐胜迹·运河根脉"品牌形象。建设长城国家文化公园，建设楚长城核心展示带（叶县、方城），建设楚长城（叶县、方城）、魏长城（新密）、赵长城（林州、辉县）3个文旅融合区，打造驻马店象河关等10大形象标识点段，展示"万里长城·河南开端"品牌形象。建设长征国家文化公园，加强光山县花山寨会议旧址、罗山红二十五军"北上先锋"长征文化园、方城县鏖战独树镇纪念地、卢氏县鄂豫陕革命根据地、鄂豫皖苏区首府革命博物馆、中共中央中原局旧址、红二十五军司令部旧址、卢氏县兰草红军长征村、红二十五军商城遗址等保护利用，推出红二十五军长征步道体验线路，展示"北上先锋"品牌形象。

4. 打造线上文化旅游空间

深化"互联网+旅游"和文化产业数字化融合创新，推动5G、人工智能、物联网、大数据、云计算、北斗导航等在文化旅游领域有效赋能应用。推动大遗址、古建筑、石窟寺、革命文物等重大文物和文化遗产以及大山岳、大河川、大景观等重大自然遗产资源实现数字化保护展示。建设河南省文旅文创融合数字创意中心，实现省级层面文化旅游云展览、云娱乐、线上演播、数字艺术、沉浸式体验等新兴业态的内容生成、定制消费、智慧服务和共治管理。创作生产具有河南特色的网络演艺、网络视听、数字动漫、数字出版等，实现可视化呈现、互动化传播、沉浸式体验和便捷化消费。

二 招贤纳士：强化文旅人才支撑

1. 集聚新型文旅创作人才

设立省、市、县三级文旅文创综合办公室，为文艺创作、创意设计、旅游管理领域创意人才提供业务培训、项目对接和投融资服务。以太行山、伏牛山、大别山为重点，建设一批艺术村，吸引国内外知名演艺企业、动漫企业、新媒体创作企业、艺术大师、文化名人入驻。与清华大学、郑州大学、河南大学、省文物考古研究院、省文物建筑保护研究院、省非物质文化遗产保护中心、省文化艺术研究院等联合成立文旅文创实验室。实施"乡创特派员制度"，引进国内外文旅创意人才深入河南乡村开展乡创实践，培育本地文旅创意人才，助力乡村文旅发展。

2. 加强文旅人才教育培养

实施文化旅游人才"优化"工程，依托国际、国内一流高校科研单位，开展线上线下文旅文创融合教育，进一步提升文化和旅游管理、从业人员业务水平。结合"中原英才计划"等人才培训工程，遴选一批以中原学者为引领的文化旅游领军人才。整合省内高校和科研单位文化和旅游智力资源，贯通理论研究、人才培养、艺术生产、融合创新各个环节，形成教学、科研、产业一条龙智库。推进文物考古、文化创意、文化旅游等建设一类学科，加强考古旅游人才培养，培养一批既掌握考古专业知识，又熟悉旅游推广知识的"考古旅游导游员"。

三 主客共享：重塑文旅公共服务体系

1. 构建"快旅慢游深体验"现代交通网

以郑州新郑国际机场为核心，实现省内出发游客4小时通达国内主要城市，12小时通达全球主要节点城市。加快构建覆盖全部省辖市、部分重点县（市）及重要旅游景区的通用航空机场群。推动黄河适宜河段实现旅游通航，推进伊洛河洛阳城区至巩义段、卫河卫辉—浚县—滑县段、贾鲁河航道郑州段等旅游通航。建设郑州都市圈辐射路线、洛阳省域副中心城市联动路线、大别山革命老区对外通道路线等高速公路，提高沿线旅游景区可进入性。推动高速公路服务区向交通、旅游、消费等复合型服务区升级，完善"游购娱养食"一体化产业链。服务于世界级文化旅游目的地建设，以旅游环线为牵引，加快沿途周边景观打造和设施完善，逐步构建主线串联、支线循环、联通景区、贯通城乡的全域旅游交通网。

2. 完善智慧旅游服务设施

提升全域旅游示范区、国家5A级旅游景区及旅游度假区、历史文化名城名镇等5G网络覆盖水平。引导旅游景区、旅游度假区等开发数字化体验产品并普及景区电子地图、线路推荐、语音导览、电子不停车收费系统（ETC）、灾害防御信息等智慧化服务，推动停车场、旅游集散与咨询中心、游客服务中心、旅游专用道路及景区内部引导标识系统数字化与智能化改造升级，到2025年，国家4A级及以上旅游景区、省级及以上旅游度假区基本实现智慧化转型升级。明确在线预约预订、分时段预约游览、流量监测监控、科学引导分流、非接触式服务、智能导游系统等建设规范，落实"限量、预约、错峰"要求。推动物联网感知设施建设，建设一批智能停车场、智能酒店、智能餐厅、无人商店等城市服务设施。

3. 提升公共服务效能

盘活公共服务存量，鼓励博物馆、图书馆、科技馆、文化馆、非遗馆盘活文化资源，开发文创产品，开展公益讲座，向游客开放文化惠民活动，提高游客对本地文化的参与感、感知力和认可度。做优公共文化服务增量，依托省内戏曲、书法、绘画、非遗等资源，推进"艺术乡村"建设，鼓励有条件的地方建设村史馆、非遗传习所、农民文化公园等各类文化主题空间，推动乡村公共文化设施主客共享。创新社会力量参与方式，对各地文化旅游发展需要的演艺节目、文创产品、项目规划、艺术设计等项目，可以通过政府购买的方式从社会购入；在条件允许的旅游景区引入竞争机制，允许多方社会力量通过服务外包、项目授权、财政补贴等方式参与公共服务供给。建立文化旅游志愿者服务中心，完善各级志愿服务组织网络，广泛招募文化旅游志愿者，实施文化旅游志愿服务"时间银行"制度，支持以志愿服务积分换取文化旅游消费优惠。

四 现象打造：创新文旅推广体系

1. 构建全媒体传播格局

整合全省文化和旅游企事业单位，融合各文化旅游新媒体，加强与报刊、广播、电视等大众媒体合作，建成"一体策划、集中采集、多种生成、立体传播、同频共振"的河南文化旅游全媒体传播矩阵，打造"自媒体—互联网大平台—省市媒体—中央电视台"四级联动传播体系。利用影视、广播、网络等多种媒体，发挥旅游景区、文艺院团、文博院馆、文化研究机构等优势，拍摄发行旅游公益广告、人文风情影视、文化历史纪录片等。借助门户网站、搜索引擎、社交媒体、网红平台，开展全方位、多层级、立体化宣传推广，打造线上线下融合的推广体系。建设媒体特约评论员、文旅专家学者、网络写手等人员信息库。

2. 加大主流媒体推进力度

统筹中原文化推广传播，运用主流媒体优秀传统文化栏目，加大对"老家河南""行走河南·读懂中国""奇妙中原"品牌塑造和传播力度。以文化和旅游部"海外中国文化中心部省合作计划""中国文化年""欢乐春节"等为平台，推动中国节日、中国文字、宋文化等彰显中华优秀传统文化魅力的文化元素走向世界。推动设立一批河南文化旅游海外推广中心，策划打造一批有河南辨识度的文物展、非遗展、美术展、歌舞剧、话剧、音乐剧、杂技剧、电影、书籍等文化旅游海外交流精品项目。制作"行走河南·读懂中国"（英文版）文化旅游宣传片和系列专题片，面向世界推广黄河、古都、功夫、豫剧、书法、中医、美食、诗词、民居等代表中原特色的文化旅游形象符号。提升文化旅游公共服务领域外语标识、外文介绍、外语讲解等规范化水平，利用海外主流社交平台，用好境外"河南老乡"资源，打造多语种文旅推广阵地。

3. 搭建文化旅游交流平台

筹办世界大河文明论坛、国家文化公园论坛等，提升国际旅游城市市长论坛、世界古都论坛规格及影响力，重点办好三门峡黄河文化旅游节、中国（郑州）黄河文化月、黄河国际论坛、黄河文化论坛、老子文化论坛等活动。办好黄帝故里拜祖大典、中国（郑州）国际少林武术节、中国（开封）菊花文化节、中国（开封）清明文化节、中国（洛阳）牡丹文化节、洛阳河洛文化旅游节、中国（焦作）国际太极拳交流大赛、中国（安阳）国际汉字大会、中国诗歌节、中国杂技艺术节、中国（鹤壁）民俗文化节、全球文旅创作者大会等活动。策划推出中原艺术节、中原文创节、郑州设计节、戏剧文化周、电影文化节、乡村音乐节等当代文化旅游节庆。①

4. 构建文化旅游协作联盟

推动郑汴洛焦旅游推广联盟、郑州都市圈旅游协同发展联盟、洛阳省域副中心城市景区推广联盟等运行常态化和合作紧密化，建立郑汴洛、伏牛山、太行山、大别山区域性文化旅游协作联盟。用好沿黄九省（区）黄河之旅旅游联盟秘书处、黄河流域非遗保护传承弘扬协同机制秘书处、黄河流域博物馆联盟倡议单位等区域协作平台，打造郑（州）洛（阳）西（安）黄河古都文化旅游协作带，重点建设豫晋陕、冀鲁豫、鄂豫皖三大文化旅游协作区。积极融入丝绸之路旅游推广联盟、中国长城旅游市场推广联盟、"万里茶道"国际旅游联盟等。借助港澳青少年内地游学联盟，在研学旅行、文创研发、文艺展演等领域加强与港澳台地区的交流合作。支持环嵩山、灵宝盆地、浚（县）滑（县）文化旅游功能区统一品牌形象，共同实施文化旅游推广计划。

---

① 《河南省人民政府关于印发河南省"十四五文化旅游融合发展规划"的通知》。

第十三章　走出生态大省绿色发展新路子

河南践行中国式现代化，要坚定贯彻习近平生态文明思想，把握减污降碳总要求，推动流域生态一体化保护和环境协同化治理，构建绿色高质量发展新格局，以高水平保护推进高质量发展，以高质量发展实现高水平保护，全面推动绿色发展，协同推进降碳、减污、扩绿、增长，打造黄河流域绿色低碳发展示范区，建设人与自然和谐共生的现代化，走出生态大省绿色发展新路子。

第一节　强化生态空间一体化保护

坚持生态保护优先的发展理念，秉持尊重自然、顺应自然、保护自然的原则，形成有利于资源保护和高效利用的空间格局、产业结构、生产方式、消费模式，守住自然生态安全边界统筹推进土地、矿产资源等自然资源节约利用和生态系统保护修复，提升自然灾害预警处置能力。

一　优化区域生态空间格局

结合桐柏—大别山地生态区、伏牛山地生态区、太行山地生态区、平原农业生态涵养区各自功能定位和区域特点，构建横跨东西的沿黄生态涵养带和纵贯南北的南水北调中线生态走廊，优化区域生态布局。南部桐柏—大别山地和西部伏牛山地生态区，主要功能是生态涵养和生物多样性保护。要注重产业开发与生态保护、生态建设同步，控制破坏生态、污染环境的各种开发活动，发展生态农业、生态林业，在有效保护自然人文景观的前提下科学合理利用旅游资源，实施生态移民、天然林保护，加强流域防护林体系建设；加强退耕还林、植树造林、恢复植被、封育草地和涵养水源，发展绿色矿业，科学合理开采矿产资源，做好矿区开采生态治理和恢复。完善自然保护地体系管理和监督制度，保护濒危野生动植物和生物多样性，开展国家公园创建。北部太行山地生态区，要加强生态维护，改善植被和生态现状，保护天然次生林，科学合理利用旅游资源；发展生态型农业，控制农业面源污染，限制占用耕地的建设开发活动，建设绿色生态型矿业体系，做好土地复垦和生态修复。平原农业生态涵养区，主要功能是以提供农产品和农林畜果产品为主。要严格保护耕地，在资源环境允许的范围内，因地制宜发展农副产品加工业、劳动密集型新兴服务业和具有技术含量的制造业等，适度开发矿产资源，严格控制高耗能、重污染产业发展；降低农业化学品施用量，控制面源污染。实施平原沙化治理及防护林工程，减少风沙危害，建设黄河下游、淮河中上游、海河上游生态安全保障区。沿黄黄河生态涵养带，结合黄河沿黄生态廊道工程建设，全面实施沿黄滩地生态修复工程，加强黄河湿地保护和湿地公园建设，退耕还林还草，保护两岸天然植被，防治水土流失，建设完善黄河湿地生态涵养和生物多样性保护区。南水北调中线生态走廊，科学保护和合理开发土地资源、林业资源，严格执行一级水源保护区、二级水源保护区相关规定，切实保护好水资源，保障南水北调中线工程水质安全。

二　提高生态资源利用水平

按照全面铺开、分阶段推进的原则，在自然保护地、江河湖泊、生态功能重要的湿地，以及探明储量矿产资源、森林等全民所有自然资源中，逐年选择一批重要自然生态空间和单项自然资源开展统一确权登记。加快农村宅基地和集体建设用地使用权确权登记颁证工作，规范林权类不动产登记，建立林权登记数据库。加强建设用地总量和强度控制，科学编制城镇低效用地再开发专项规划，研究实施低效用地再开发利用优惠政策，有序引导城镇低效用地逐步退出。强化用水总量和用水强度双控，实施河南省节水行动方案，健全省、市、县三级行政区用水总量管控指标体系，并将用水总量控制指标落实到地表水源和地下水源，按照经济社会发展可用水量进行取用水管理。推进农业、工业、城乡节水控水，推动水资源利用方式由粗放向节约集约转变，推动经济社会发展与水资源承载能力相适应。加快制定实施供水管网改造建设方案，完善量水测水设施，加强用水精细化管理。加强再生水、矿井水、雨水和苦咸水等非常规水多元、梯级和安全利用。新建小区、城市道路、公共绿地等要因地制宜配套建设雨水集蓄利用设施。推进矿产资源规模化开采，严格执行矿山最低开采规模设计标准，鼓励中小型矿山企业按照市场规则，促进矿业集中化、规模化、基地化发展。以科技为先导，加强采、选、冶新技术、新工艺的研究与推广应用，鼓励企业自主开展对呆滞矿、难处理矿的利用技术研究，推进矿产资源开发利用示范推广，提高资源利用水平，对资源利用效率高、技术先进、实施综合勘查开采的矿山企业，加大自然资源政策支持力度。建立省级绿色矿山管理平台，实施绿色矿山定期检查评估机制，探索绿色矿业发展示范区模式。

三　提升生态系统修复水平

全面落实《中华人民共和国黄河保护法》，按照整体保护、系统修复、综合治理的要求，建立健全山水林田湖草生态保护修复制度体系，全面提升生态系统保护修复水平，纵深推进黄河生态修复治理，统筹考虑水环境、水生态、水资源、水安全、水文化和岸线等多方面的有机联系，推进黄河河南段干支流、左右岸一体化保护和协同化治理，突出抓好黄河治水治沙、治岸治污，改善黄河水域生态功能，提升生态系统质量和稳定性，保持黄河生态原真性和完整性。构建责任明确、途径畅通、技术规范、保障有力、赔偿到位、修复有效的生态环境损害赔偿制度，建立政府主导、企业和社会参与、市场化运作、可持续的上下游水域生态保护补偿机制。实施重要生态系统保护和修复工程，构建生态廊道和生物多样性保护网络，编制实施省级国土空间生态修复规划，科学安排国土空间生态修复总体布局、空间分区与重点工程。推广实施农村全域土地综合整治试点，以乡镇为基本实施单元，通过科学编制村庄规划，统筹推进农用地整理、农村建设用地整理和乡村生态保护修复。推进"矿山复绿"行动，持续开展"三线三边"矿山生态环境恢复治理；编制实施废弃矿山生态修复规划，持续开展沿黄、沿淮周边和桐柏山—大别山—伏牛山区域废弃矿山治理和生态修复工作。建立生态环境保护综合执法与自然资源、水利、林业、农业等相关执法队伍的协同执法工作机制，及时查处和跟踪督办各类生态破坏问题。加快自然保护地间的生态廊道建设，实现有效连通，保持自然生态原真性和自然文化遗产完整性。按照分类科学、保护有力原则，不断完善自然保护地法规规章、监督管理长效机制，提升自然生态空间承载力，加快整合归并优化各类自然保护地，创建黄河国家公园，构建以国家公园为主体、以各级自然保护区为基础、以各类自然公园为补充的自然保护地体系，科学划定自然保护地范围及分区，严格管控人为活动。

四 推进南水北调后续工程高质量发展

准确把握习近平总书记关于维护南水北调工程安全、供水安全、水质安全的重大要求，严格实施《河南省南水北调饮用水源保护条例》，不断提升重点饮用水水源地安全保障水平，完善水质保护运行长效机制，推进南水北调后续工程高质量发展，确保"一泓清水永续北送"。建立南水北调中线工程河湖长体系，重点抓好丹江口水库库区、汇水区、中线工程干渠沿线各类环境问题整治，加强常态化监管。构建卫星遥感、无人机、视频监控和环保执法人员联动的排查体系，强化农业废弃物的无害化处理和资源化利用，加强畜禽养殖业污染防治。严厉打击非法水上运输及非法转运处置油污水、化学品洗舱等行为，开展船舶污染综合治理，建立丹江口水库汇水区跨区域危险化学品运输监管机制，加强运输车辆审批登记管理和动态监控。推进南水北调中线渠首突发水污染事件应急处置设施及救援能力提升项目建设。强化流域综合治理，推进湿地恢复与建设、生态缓冲带保护与修复，加大水生态保护和修复力度，提升水源涵养能力，强化水生生物多样性保护。分年度制定重点河湖生态流量调度方案和调度计划，保障伊洛河、唐河、白河、淮汝干流、颍河、洪汝河、北汝河、淇河等河流生态流量，着力优化清水河、好阳河、汾河、安阳河、沱河、浍河等河流生态用水保障，积极推进蟒河、赵王河等河流水源保障，减少断流时段、断流河长。持续推进南水北调中线供水配套工程建设，按照节水优先、优水优用、先近后远、先易后难的思路，实施郑开同城东部供水工程，推进濮阳、周口、焦作、平顶山、南阳等受水区新增南水北调供水配套工程建设，适当扩大供水范围，向省内水资源紧缺、水源单一的城市和无其他替代水源的深层地下水开采区供水，满足人民群众对优质水资源的需求。有序推进南水北调调蓄工程建设，实施观音寺调蓄工程，推进鱼泉、沙陀湖等调蓄工程前期工作，增强来水丰枯调节能力，提高供水保障程度；按照现代农业高质高效的发展要求，推进引丹灌区二期工程建设，充分发挥南水北调中线工程综合效益。

五　健全自然灾害防治体系

加强洪涝灾害防治，提升淮河、黄河和贾鲁河等堤防能力，加强旱、涝、低温等农业防灾减灾设施与管理体系建设，推进海绵城市建设，增强城市水安全保障能力。加强地质灾害防治，加大山区库区地质灾害治理力度，加强地震监测预报、震灾预防和紧急救援体系建设，实现山区丘陵县及重要集镇地质灾害调查评价全覆盖、地质灾害隐患点及重点区域监测预警全覆盖，以及重大工程、居民聚集区、重大隐患点综合治理全覆盖。加快建设大数据支持下的自然灾害综合遥感识别平台，严格落实自然灾害汛前排查、汛中巡查、汛后核查"三查"制度。完善自然灾害监测预警体系，升级建设省、市、县三级统一、共用的灾害监测预警系统，做到自然灾害监测预警、指挥调度、数据库等一站式、智能化管理，提升防灾支撑保障能力，采取"一点一案、一点一策"模式实施自然灾害综合治理提升工程，积极探索"党委领导、政府主导、政策扶持、社会参与、开发式治理、市场化运作"的地质灾害防治新模式。完善"事前、事中、事后"全过程、多层级环境风险防范体系，针对重点区域、重点流域定期开展环境风险排查和整治。深入推进跨区域、跨部门突发环境事件应急协调和救援机制，以化工园区、尾矿库、冶炼企业等为重点，严格落实企业生态环境风险防范主体责任。构建生产、运输、贮存、处置环节的环境风险预警网络，加强政府和部门突发环境事件应急预案管理，完善环境应急管理及专家队伍建设，发展培养社会化应急处置力量，强化环境应急物资储备和信息化建设。

第二节　建设黄河流域绿色发展示范区

坚持保护优先、生态优先，认真贯彻落实《黄河流域生态保护和高质量发展规划纲要》，全面提升黄河治理保护水平，优化区域高质量发展格局，提升绿色发展能级，构建绿色低碳循环的现代产业体系，打造引领高质量发展的强大引擎，建设黄河流域绿色发展示范区。

一 提升黄河保护治理水平

坚持"四水四定"原则，以河南省黄河流域国土空间规划为引领，坚持上下游、干支流、左右岸统筹谋划，中游"治山"、下游"治滩"、全段建廊、受水区"织网"，分段区施策。全面落实国家关于促进黄河流域生态保护和高质量发展工作部署，加强省内沿黄各地对接协调，强化与流域相邻其他省份有机衔接，立足打好环境问题整治、深度节水控水、生态保护修复攻坚战，全面推进黄河中游生态保护修复，加强矿山生态环境修复及地质灾害防治，提升恢复区域水源涵养功能。统筹推进农业面源污染、工业污染、城乡生活污染防治，以流域内三门峡、洛阳、焦作、济源为重点，对历史遗留涉重金属企业排放的河流严格管控并持续整治涉重金属企业，深入开展含重金属尾矿废渣、河道污染底泥等环境调查、风险评估工作，对环境风险较大、影响河流水质、确需治理的河流河段制定河道治理和生态修复方案。开展黄河下游生态综合整治、下游沿岸及滩区国土空间综合治理，加强滩区堤岸两侧防风固沙林、生态景观林等建设。加强豫北黄河海河、豫东黄淮冲积平原区综合治理，推进农田防护林带和平原防风固沙林建设，加强沙化土地治理和退化林修复，协同推进黄河中下游沿岸水环境保护治理。加强大堤森林公园、防护林、滩区湿地、沿黄自然保护区建设，推进黄河干流生态廊道与骨干支流生态廊道互联互通，注重与南水北调中线、明清黄河故道、大运河等生态廊道融合联通。开展退耕还湿、退养还滩、扩水增湿、生态补水，稳定和扩大湿地保护面积。以黄河、伊洛河、蟒沁河、金堤河、天然文岩渠等水系为重点，提升干支流水源涵养功能，大力推进黄河干流堤外水源涵养林、湿地涵养带建设。科学把握黄河干支流泥沙含量合理区间和中长期水沙调控总体思路，采取"拦、调、排、放、挖"综合处理泥沙。优化水库运用方式和拦沙能力及水沙调控调度机制，创新调水调沙方式，持续提升水沙调控体系整体合力。加强三门峡等水库调度运用，充分发挥小浪底等工程联合调水调沙作用，增强径流调节和洪水泥沙控制能力，维持下游中水河槽稳定，确保河床不抬高。实施河道和滩区综合提升治理工程，创新泥沙综合处理技术，探索泥沙资源利用新模式。以郑州花园口—马渡—九堡、九堡—东坝头—毛楼等重点游荡河段稳步开展河道疏浚工程试点，加快河段控导工程续建加固，加强险工险段和薄弱堤防治理，提升主槽排洪输沙功能，有效控制游荡性河段河势，降低黄河大堤安全风险。统筹黄河干支流防洪体系建设，加强洛河、伊河、沁河、金堤河等重点支流防洪安全，联防联控暴雨等引发的突发性洪水。加强黄淮海流域防洪体系协同，优化沿黄蓄滞洪区、防洪水库、排涝泵站等建设布局，提高防洪避险能力。

二 优化绿色低碳产业发展布局

遵循《中共中央 国务院关于新时代推动中部地区高质量发展的意见》的战略布局要求，充分发挥生态环境保护引导、优化和倒逼作用，优化河南区域绿色发展整体布局，加快生产方式绿色转型，提升经济发展质量。强化与京津冀、长三角、粤港澳大湾区等合作，高水平打造绿色低碳产业集聚区。推动郑洛西高质量发展合作带建设，深化晋陕豫黄河金三角区域合作，协同推进淮河生态经济带、汉江生态经济带建设，打造中原—长三角经济走廊，加强毗邻地区省际合作。围绕郑州都市圈、中原城市群、黄河生态经济带和郑洛新国家自主创新示范区等区域发展，大力推进产业布局调整和结构优化，加大对新基建、高新技术产业、新能源汽车等产业的支持力度，构建高效节能、先进环保和资源循环利用的绿色产业体系。加大郑州国家中心城市建设力度，推动郑州都市圈增强绿色竞争力，积极培育新兴产业，打造生态都市圈。提升洛阳副中心城市能级，培育全省高质量发展新的增长极，与三门峡、济源协同发展，推进制造业绿色转型升级，建设豫西转型创新发展示范区。支持商丘、周口等城市对接长三角一体化发展，构建绿色产业链供应链，强化开发区和产业集群升级改造，建设东部承接产业转移示范区。支持安阳、鹤壁、濮阳等城市积极融入京津冀协同发展，推进传统产业绿色化改造，延伸产业链条，加快平顶山、鹤壁、三门峡、安阳等煤化工企业绿色转型升级，以钢铁、水泥、石化、化工、玻璃、有色、印染等行业为重点，开展全流程清洁化、循环化、低碳化改造，建设北部跨区域协同发展示范区。加强南阳、信阳、驻马店与长江经济带对接协作，大力发展生态农林业和生态旅游，建设南部高效生态经济示范区。支持大别山、太行山等革命老区绿色振兴发展，重点发展现代农业、文化旅游、大健康、医药产业、农产品加工等特色产业及配套产业，实现生态富民，创建革命老区高质量发展示范区。

三 壮大绿色低碳环保产业

围绕减污、节能、降碳与经济增长相融合,以"双招双引"和培育壮大为路径,以龙头骨干企业、产业集聚园区和研发创新平台为支撑,着力发展新能源、节能环保设备行业、资源循环利用产业、新兴环保服务业。推动新能源产业多元协同发展,推进多种形式新能源规模化、产业化,强化新能源及智能网联汽车整车集成技术创新,重点发展全固态锂电池、锂硫电池等新型电池,开展智能驾驶计算平台、自动驾驶云服务、智能网联系统软件等联合创新,打造智能网联及智能驾驶系统解决方案。支持氢能与储能、减污降碳、节能节水、资源循环利用等行业骨干企业发展,加快污水收集处理、大气污染治理、远程污染源监控等传统环保设施产业智能化改造,提高环保装备成套化生产能力。研发推广重点行业脱硝、脱硫、除尘等气体有害物控制系统及收集回用装备,重点研发先进水处理、土壤修复等技术和装备。加快开发和推广高效节能变压器和电机,突破非晶合金变压器、高效一体化电机、高效节能热处理装备等关键技术,建设全国重要的新型节能电气研发生产基地。发展光伏发电、风力发电、燃气发电、核电等新能源装备。推进资源循环利用产业发展。大力发展以废旧产品再利用为主的再制造产业,加强废钢铁、废有色金属、废塑料、废纸、废旧轮胎、废旧手机、废旧动力电池等再生资源回收利用行业规范管理,推进工程机械、农业机械和高端机电产品等再制造关键工艺与技术研发。引导高值废弃物利用企业在静脉产业园、"城市矿产"示范基地和资源循环利用基地内规模化、集聚化发展。推动"城市矿产"、工业固体废物、建筑垃圾、餐厨垃圾和农林废弃物回收综合利用。完善绿色采购制度,统筹推行绿色产品标识、认证,推动包装材料减量化、无害化和回收利用。推广固体废物"互联网+回收"新模式。加快发展环境咨询评估、生态环境修复、排污权交易、碳排放权交易、绿色认证、绿色融资等新兴环保服务业,探索设立绿色产业发展基金以及环境、社会和治理(ESG)股权投资基金,发展节能减碳绿色金融服务。加大绿色信贷投放力度,支持符合条件的绿色产业企业上市融资,完善绿色保险产品及服务体系,围绕节能环保、清洁生产、清洁能源、生态环境、基础设施绿色升级、绿色服务等领域,做好绿色债券需求摸排和项目储备，拓宽绿色低碳企业直接融资渠道。

四 大力发展现代生态农业

以"黄河鲤鱼""新郑大枣""河阴石榴""铁棍山药""原阳大米"等传统优质农产品品牌建设为引领，大力发展现代特色生态农业，持续提高农产品生产和加工技术水平，打造各地市特色农产品知名品牌，不断提高附加值和综合效益。推进农业绿色生产方式转变，发展节水农业，加快推广种养结合、农牧一体生态养殖模式，实现畜、粮、菜、果、茶协同发展。以大中型水库为重点，发展以净水、生态、休闲为主的水库绿色渔业。开展农业绿色发展先行区创建工作，推动平顶山、济源2个国家农业绿色发展先行区和信阳等13个省级农业绿色发展先行区建设。深入推进安全绿色优质农产品发展。积极发展绿色食品、有机农产品、地理标志农产品生产，推行食用农产品达标合格证制度。强化农产品认证和监管，规范标志使用，加强相关风险监测和证后监管，稳步扩大认证规模，严格淘汰退出机制。打造一批绿色食品原料标准化生产基地和有机农产品生产基地。加强特色林业经济发展。加强牡丹、月季、菊花、蜡梅、桂花、玉兰、荷花以及鲜切花、盆花、药用食用工业用花卉、盆栽植物等特色花卉品种推广及基地建设。加强乡土树种和珍贵树种苗木基地建设，形成全国知名的南树北移、北树南迁的引种驯化基地和苗木培育生产中心，重点打造中原花木产业聚集区、生产销售集散地。推进优质林果产业化经营，发挥区域优势，建设核桃、油茶、柿、枣、杜仲、花椒、山茱萸、元宝枫、石榴、猕猴桃、苹果等生产基地。科学、合理、适度、有序地发展林药、林菜、林草、林花、林菌、林茶等林下种植和林禽、林畜、林蜂等林下养殖，促进特色生态产业发展。推动一二三产业融合发展。建设农村一二三产业融合发展示范区和田园综合体，推进优势特色产业集群、现代农业产业园和农业产业强镇建设，打造农业现代化示范区。科学运用先进技术实施精深加工，拓展延伸生态产品产业链和价值链，加快发展都市生态农业和现代设施农业，因地制宜发展沟域经济、林下经济和乡土特色产业。建设一批休闲农业重点县，推介一批美丽休闲乡村、休闲农业和乡村旅游精品景点路线。

五 加快发展生态服务业

依托优美自然风光、历史文化遗存，大力发展生态文化旅游，在最大限度减少人为扰动的前提下，打造文旅与康养休闲融合发展的生态旅游开发模式。打响沿黄"山水文化"、古都文化和优质农产品品牌，实现文旅和现代特色农业的有机融合。充分利用市场在资源配置中的基础作用，把黄河流域生态产品、文化资源和优质农产品品牌价值转化为金山银山，打造生态和经济、社会、文化共建共享的区域协同联动合作平台。在西部山区生态资源较为集中区域，协同黄河三门峡、小浪底、花园口等黄河治理文化，联动洛阳、郑州、开封古都文化和焦作"太极拳"、濮阳"帝都""杂技"文化，加快沿黄全域旅游建设，统筹城乡基础设施一体化发展，推进城市、景区、乡村"三线联动"，资源、服务、效益"三质同享"，促进文化旅游与康养、生态农业融合发展，提升生态文化旅游开发价值，推动农业与休闲旅游、文化体验、健康养老等深度融合。实施"黄河生态+""黄河文化+"战略，依托国有林场、森林公园、湿地公园、文化公园风景名胜区、自然保护区等，发展山水观光、山地休闲、温泉养生、休闲度假、漂流滑雪、野营探险等特色旅游产品，健全绿色旅游标准体系，推行绿色旅游产品、绿色旅游企业认证，推动黄河流域各区域不同文化业态、旅游产业形态的融合发展，统筹黄河文化生态保护区和全域旅游示范区建设，注重发挥大项目、大景区的引领作用，打造更多具有沿黄地方文化元素的研学、寻根、文化遗产等专题文化旅游线路，推动传统技艺、表演艺术等非遗项目进旅游景区、度假区，加快文化资源向旅游产品转化，不断丰富沿黄文化旅游产品供给，培育创建一批国家级、省级森林康养基地。打造绿色物流，支持物流企业构建数字化运营平台，鼓励发展智慧仓储、智慧运输，推动建立标准化托盘循环共用制度。促进商贸企业绿色升级，培育一批绿色流通主体。有序发展出行、住宿等领域共享经济，规范发展闲置资源交易。加快信息服务业绿色转型，加强大中型数据中心、网络机房绿色建设和改造，建立绿色运营维护体系。实施会展业绿色发展行动，开展绿色会展第三方认证，通过推广装配式展台、绿色材料供应、利用再生材料，实现会展活动绿色化。

第三节 持续改善生态环境质量

以持续改善生态环境质量为核心,落实精准治污、科学治污、依法治污,针对人民群众关心的大气、水、土壤、农业农村等重点领域,深入打好污染防治攻坚战。

一 持续改善大气环境

围绕 2025 年和 2035 年远景目标,制定河南省环境空气质量全面改善行动计划,明确空气质量达标路线图及污染防治重点任务。梯次推进城市空气环境质量改善,已达标的城市,应当加强保护并持续改善,未达标的城市,制定实施限期达标规划,明确阶段性改善目标、达标时间表、路线图和实施的重点任务。开展城市、省级交界市县重污染天气成因及污染物来源精准分析。统筹考虑细颗粒物($PM_{2.5}$)和臭氧污染区域传输规律和季节性特征,加强重点区域、重点时段、重点领域、重点行业治理,强化分区分时分类差异化和精细化协同管控。持续推进固定污染源治理。实施窑炉深度治理,加快推进钢铁、玻璃、铸造、有色、焦化等行业污染深度治理;持续推进火电、水泥行业绩效提升改造;加强自备燃煤机组污染治理设施运行管控,确保按照超低排放运行;加强建材行业全流程无组织排放管控,开展不达标燃煤设施清理整治。强化挥发性有机物(VOCs)治理精细化管理,在石化、化工、包装印刷、工业涂装等重点行业建立完善源头、过程和末端的 VOCs 全过程控制体系,实施 VOCs 排放总量控制;全面推进使用低 VOCs 含量涂料、油墨、胶黏剂、清洗剂等;加强汽修、干洗、餐饮等生活源 VOCs 综合治理;推进皖北地区胶合板、家具制造等产业集群升级改造,推进开发区、企业集群因地制宜推广建设涉 VOCs "绿岛"项目,推动涂装类统筹规划建设集中涂装中心,活性炭使用量大的统筹建设活性炭集中处理中心,有机溶剂使用量大的建设溶剂回收中心。全面推进清洁城市行动,推行绿色施工,强化道路绿化用地扬尘治理;依法严禁秸秆、垃圾等露天焚烧。探索建立大气氨规范化排放清单,推进养殖业、种植业大气氨减排。扩大重污染天气重点行业绩效分级和应急减排的实施范围,完善差异化管控机制。加大老旧机动车、工程机械尾气治理改造和限期淘汰力度。严格执行油品质量标准，加强车用油品、车用尿素、船用燃料油的监管。积极开展消耗臭氧层物质（ODS）管理工作，健全 ODS 申报登记、核查和监管制度。加强恶臭、有毒有害大气污染物防控，提升臭气异味治理水平。严格控制餐饮油烟，依法加大超标排放处罚力度。加强声环境功能区管理，提升城市噪声敏感区域管控水平，强化夜间施工管理，完善高架路、快速路、城市轨道、铁路等交通干线隔声屏障等降噪设施。按照国家有关规定，加强城市照明规划、设计、建设、运营的全过程管控，落实光污染防控要求

二 稳步提升水生态环境

巩固城市饮用水水源保护与治理成果，以县级及以上城市集中式饮用水水源地为重点，加强饮用水水源地规范化建设，因地制宜实施保护区整治与生态修复、保护区内风险源应急防控、湖库型水源地富营养化控制与水华防治、水源地预警监测和监控能力建设。持续加强农村集中式饮用水水源保护，推进乡镇级饮用水水源地水质提升工作。开展不达标水源地专项治理行动，加快实施城乡供水以地表水替换地下水水源，推进城乡供水一体化。加快推进饮用水水源保护区规范化建设，完善饮用水水源风险防控体系建设，加强饮用水水源预警监测自动站建设和运行管理，严格饮用水水源周边有毒有害物质全过程监管。加强黄河干流及伊洛河等水质较好水体保护，持续开展蟒河、金堤河水系水生态环境综合整治。加强小蒋河、沱河、卫河、共产主义渠等河流生态环境治理，防范卫河、马颊河、徒骇河、惠济河等跨省河流水环境污染风险。加强对丹江口水库水质保护，强化白河、唐河等河流污染治理，落实长江"十年禁渔"政策，加强水生生物资源监测和保护，稳定保持南水北调中线水环境质量。依托排污许可证制度，建立"水体—入河排污口—排污管线—污染源"全链条水污染物排放管理体系。继续以重点排污企业和开发区为重点，推进污水处理设施分类管控。以补足城镇污水收集和处理设施短板为重点，持续实施污水处理提质增效行动，加大生活污水处理设施、配套管网建设和改造力度，推进污泥无害化资源化处理处置。持续推进县级及以上城市建成区黑臭水体治理，编制黑臭水体整治清单，制定实施整治方案，逐步消除县级城市建成区黑臭水体。以降低氮磷负荷为重点，持续推进农业源污染控

制。加强贾鲁河、淮河等内河港口、船舶污染控制，完善港口船舶污染物接收转运处置设施，协同推进货船生活污水污染防治。按照"有河有水、有鱼有草、人水和谐"要求，统筹做好水环境保护、水生态恢复和水资源节约集约工作，切实推进生态扩容，加强饮用水水源地、自然保护地、水生野生动植物栖息地等重要水体生态保护与恢复。推进污水处理厂尾水生态湿地建设，按照"污染防治—循环利用—生态保护"相结合的思路，因地制宜启动实施一批区域再生水循环利用试点，推进区域再生水循环利用。加强河湖水系连通，加强生态流量保障工程建设和运行管理，提高水体流动性和自净能力。

三 保障土壤环境安全

推动土壤环境监管与国土空间管控的衔接，根据土壤污染和风险状况，合理规划土地用途。完善土壤环境质量评价、监测、污染控制及配套政策法规等相关体系。制定、修订农用地、污染地块、工矿企业用地等方面的环境管理制度，土壤污染重点监管单位纳入排污许可证统一监管。督促土壤污染重点监管单位落实有毒有害物质排放报告、污染隐患排查、用地土壤和地下水自行监测、设施设备拆除污染防治等法定义务，落实重点监管企业周边土壤监测要求。以严守农产品质量安全为底线，以重点区域、重点行业、重点污染物为着力点，开展农用地土壤镉等重金属污染源头防治，实施"断源行动"。开展耕地土壤污染成因分析，持续推进耕地周边涉重金属行业企业排查整治，在安阳市、新乡市、济源示范区等地辖区内受污染耕地集中的县（市）开展污染溯源，在开封市顺河区、嵩县、辉县市、灵宝市、汤阴县开展农用地安全利用示范。动态调整农用地土壤环境质量类别，实施分类管理，推进受污染耕地安全利用和严格管控。依法划定特定农产品严格管控区域，鼓励采取种植结构调整、退耕还林还草等措施，确保严格管控类耕地实现安全利用。严格建设用地风险管控和治理修复。依法督促关闭搬迁工业企业腾退土地开展土壤污染调查评估，对纳入建设用地土壤污染风险管控和修复名录的地块，在完成风险管控或治理修复前不得开工建设与风险管控、治理修复无关的项目。加强疑似污染地块和污染地块的监管，严格建设用地准入，实行开发利用"负面清单"管理。以用途变更为住宅、公共服务用地的污染地块为重点，强化用地准入管理和部门联动监管，实施一批重点污染地块管控和修复。加强建设用地土壤修复的环境监管，督促落实二次污染防治要求。严格保护和合理利用地下水，加强豫北地下水降落漏斗治理。以集中式地下水型饮用水水源和污染源为重点，开展地下水环境状况调查评估，切实保障地下水型饮用水水源环境安全。加强地表水与地下水污染、土壤与地下水污染协同防治，确保实现国家下达的水质目标。

四　加强农业农村生态环境保护

推进农村环境整治。以县为单元，加快推进农村生活污水治理统一规划、统一建设、统一运行和统一管理。统筹实施污水管网修复完善与终端设施的改造提升工程，切实提高乡镇政府驻地生活污水处理设施处理效率，扩大其服务范围。定期开展农村生活污水处理设施运行情况排查评估，针对问题实施分类改造。因地制宜选取污水处理与资源化利用模式，合理优化农村生活污水治理路径，加强农村小微湿地建设。加强农村生活污水治理与改厕治理衔接，积极推进粪污无害化处理和资源化利用。强化系统施治，合理选择治理技术模式，因河因塘施策，分区分类，标本兼治，通过试点有序推进农村黑臭水体治理。开展农业面源污染治理与监督指导试点，推广"南乐样板"。深入推广测土配方施肥、有机肥替代化肥，探索与畜禽粪肥还田利用有机结合。支持开展病虫害统防统治，全面推广低毒低残留农药使用，大力推进全程绿色防控技术。加快畜禽规模养殖场（小区）标准化改造和建设，推动畜禽养殖粪污综合利用。提升农业废弃物资源化利用水平。在种养密集区域，探索整县推进秸秆、农田残膜、农药包装等废弃物全量资源化利用模式。依托全省秸秆综合利用试点县和秸秆产业园区建设，强化秸秆收储运体系建设，培育壮大一批产业化利用主体，提升秸秆离田收储和供应能力，推动形成布局合理、链条完整的秸秆综合利用产业化格局。建立完善秸秆综合利用体系，推进秸秆利用长效化运行。适时开展农膜区域性绿色补偿制度试点示范，推广农膜减量增效技术，完善废弃农膜及农药包装废弃物回收利用制度，试点"谁生产、谁利用、谁销售、谁回收"的生产者和销售者责任延伸机制。强化各级人民政府秸秆综合利用和禁烧主体责任，综合运用现代化环境监测手段，加强秸秆禁烧管控，实行群防群治，完善重点区域网格化监管制度。

五 强化固废、重金属、新污染物风险防控

积极推动郑州、许昌、洛阳等开展"无废城市"建设。建立健全重点行业工业固体废物排污许可管理制度。推动大宗工业固体废物综合利用，培育和扶持煤矸石、粉煤灰、脱硫石膏等大宗固体废物综合利用专业化现代企业，构建新型循环经济产业链及资源综合利用关联企业集群，支持资源综合利用重大示范工程和循环利用产业基地建设。加快推进生活垃圾分类和源头减量，加强废塑料污染治理，减少一次性塑料制品消费量，推动快递、外卖行业包装"减塑"，探索实施以饮料纸基复合包装物为重点的生产者责任延伸制度。强化危险废物环境监管，完善危险废物重点监管单位清单，持续推行危险废物规范化环境管理。落实危险废物分级分类管理，深入排查危险废物环境风险隐患，持续开展危险废物专项整治，严厉打击涉危险废物违法犯罪行为。聚焦铅、汞、镉等重金属污染物，深入推进重点河流湖库、水源地、农田等环境敏感区域周边涉重金属企业污染综合治理。在矿产开发集中区域实施有色等行业污染整治提升行动，开展有色电镀、铅蓄电池制造等行业废水"零排放"问题排查整治。加快淘汰涉重金属重点行业落后产能，以结构调整、升级改造和深度治理为主要手段，推动实施一批重金属减排重点工程，持续减少重金属排放。推动各县（市、区）尽快建成医疗废物收集转运处置体系，实现医疗废物应收尽收，确保及时、高效、科学、规范处置。建立平战结合的医疗废物应急处置体系，将现有危险废物、生活垃圾焚烧设施和协同处置固体废物的水泥窑等作为医疗废物应急处置资源。加强新化学物质环境风险管理，重点防范持久性有机污染物、汞等化学物质的环境风险，积极开展特定类别化学物质环境调查，推进化学物质环境风险评估。对使用有毒有害化学物质或在生产过程中排放有毒有害物质的企业，全面实施强制性清洁生产审核，严格执行产品质量标准中有毒有害化学物质的含量限值，加强农药、石化、涂料、印染、医药等行业新污染物环境风险管控。

第四节 统筹有序推进碳达峰碳中和

深入贯彻习近平生态文明思想，立足新发展阶段，完整、准确、全面

贯彻新发展理念，将碳达峰碳中和纳入经济社会发展全局，坚持系统观念，统筹发展和减排、整体和局部、短期和中长期的关系，以经济社会发展全面绿色转型为引领，以能源绿色低碳发展为关键，持续推进能源供给侧结构性改革，积极发展风电、光伏发电等新能源，大力培育新能源产业，积极发展储能技术和设备，着力提升煤炭、油气等传统能源清洁低碳开发利用水平，加快构建清洁低碳、安全高效的现代能源体系，有力有序有效做好碳达峰碳中和工作。

一 加快非化石能源发展

加快发展太阳能、风能、氢能，提升生物质能利用水平。加快屋顶光伏整县（市、区）推进，鼓励利用开发区、工业园区、标准厂房、大型公共建筑屋顶发展分布式光伏发电，探索开展光伏建筑一体化示范。结合采煤沉陷区、石漠化、油井矿山废弃地治理等，建设高质量"光伏+"基地。探索光伏发电与5G、制氢、新能源汽车充电设施等新领域高效融合。推进太阳能烘干等工业化应用和热利用技术，以乡镇、学校、医院、新型农村社区为重点，建设一批太阳能供暖、供热水兼发电示范项目。有序推动风能资源开发利用，打造沿黄百万千瓦级高质量风电基地。在电力负荷集中、电网接入条件较好的地方，统一规划、协同开发分散式风电项目。加大已并网项目技术升级改造力度，推进新建项目智慧化、数字化。因地制宜开发地热能。加强地热资源调查评价，提高地热资源开发利用量，完善地热能开发利用方式。大力发展中深层地热供暖，实施黄河滩区居民搬迁安置点及已勘查出的地热资源有利区域地热供暖示范工程。积极推动浅层地热能、土壤源、地表水源热泵供暖制冷，利用污水处理厂中水发展水源热泵。扩大地热能在住宅小区、医院、学校、公共建筑等区域供暖制冷应用，研究应用地热能发电技术，加强地下水源回灌监测管理，打造千万平方米级地热能供暖示范区。积极开展绿氢示范应用，支持集中区域、清洁外电落点区域有效整合富余风电、光伏发电、低谷电力，开展电解水示范，支持发展微电网和共建制氢工厂。加快推进加氢站建设，试点在现有具备条件的加油（气、电）站中增设加氢装置。推进郑州国家氢燃料电池汽车示范城市群与郑汴洛濮氢走廊融合发展，推动氢燃料电池汽车在物流园区、城市建设、垃圾转运、重点产业园区、重点企业厂区等示范应用。

以热定电设计建设生物质热电联产项目，支持原有纯发电项目进行热电联产改造，推动发展生物质锅炉供热，逐步完善清洁分布式供热体系。鼓励省辖市、济源示范区布局生活垃圾焚烧发电项目或改扩建原有焚烧设施，支持相邻县（市、区）共建共享垃圾焚烧发电设施。因地制宜发展多功能木本生物质能源树种、草本植物，利用荒山荒地、沙化土地大力营造生物质能源林，合理开发木质生物质能源材料。

二　大力培育新能源产业

大力推进风能、太阳能等产业集聚发展。重点突破大型风电场运行维护、变流变桨智能控制、风场大数据管理等关键技术，提升低风速风电机组生产制造水平。支持许昌、安阳、信阳、濮阳等风机主机生产基地扩能提效，带动叶片、轴承、制动器、塔筒等风电配套产业集聚发展，推动风电装备产业链更加完备。推进风电场数字化、智能化建设，加快风电与储能技术融合，提高风电基地消纳利用水平，提升风电稳定性和持续性能力。大力发展先进晶硅电池、高效光伏组件和智能逆变系统，促进太阳能集成应用技术开发，推动高效率、低成本的太阳能利用新技术产业化。积极推动太阳能热利用与建筑一体化发展，促进分布式利用技术与储能技术融合，实现上游制造与下游应用市场协同立体化创新发展和转型升级。突破先进生物质能源与化工技术，培育发展非粮生物质液体燃料多产品联产，探索开展纤维素乙醇、绿色生物炼制产业化示范。大力发展先进地热监测技术、钻井设备、高效热泵、换热器装备，补齐地热装备制造业短板。加强氢能产业自主创新，促进关键核心技术装备自主化发展，加快氢燃料电池系统及相关装备研发，聚焦工业副产氢纯化和绿氢制取、氢气储运及加注、氢燃料电池电堆、燃料电池系统和燃料电池汽车整车集成等领域开展技术攻关。提升氢能供给水平，优化利用工业副产氢资源，开展可再生能源电解水制氢示范。探索氢能应用商业模式创新，发展氢能制取和储运新业态，培育氢能产储运用全产业链。充分利用氢—电转换优势，通过多能互补和智慧微网等手段，因地制宜布局燃料电池热电联供系统，推动在工业园区、矿区、机关、学校、医院、商场等开展以氢为核心的能源综合利用示范，为用户提供电能及高品质热源。

三 大力推进节能降碳增效

持续实施节能降碳增效行动,把节能降碳贯穿经济社会发展各领域、全过程,提升节能降碳管理能力,提高能源利用效率,加快形成节能低碳的能源消费新模式。加强化石能源生产过程碳排放监控,加快应用绿色开采和智能化技术,加大余能、副产品回收利用力度,降低煤炭、油气开采过程中碳排放。加大煤层气(煤矿瓦斯)、油气田甲烷采收利用力度,加快二氧化碳驱油技术推广应用。推广化石能源开采先进技术、装备,加快推进燃油、燃气、燃煤设备等电气化改造。推行煤炭分质分梯级利用,推动煤炭转化向高固碳率产品发展。优化煤炭物流网络,提升铁路、水路、铁水联运等运输比例,发展多式联运等绿色运输方式。利用采煤沉陷区、关停高污染矿区发展风电、光伏或农林生物质产业。探索开发已枯竭或无开采价值油气田、煤炭采空区的二氧化碳地质封存能力。探索开展废弃岩盐钻井、闭坑的金属矿山地下巷道、采空区对二氧化碳的地质收纳封存研究。加强工业领域节能,加快绿色制造体系建设,推广节能低碳工艺、技术、装备,建立以碳排放、化石能源消费控制为约束的减排机制。建立用能预算管理体系,实施能源消费总量预算管理,探索实施区域能评制度。以用能权有偿使用和交易为重点,加快制度突破、机制创新、模式探索,激发市场主体活力,推动能源要素向优质企业、项目流动和集聚。建立智慧节能综合服务平台体系,有效提升节能管理水平。推行综合能源服务模式,实施能源消费集成化、智能化改造和重点用能单位节能降碳改造。扩大利用区外可再生能源来电规模,推行清洁低碳电力调度,对清洁电力给予优先上网、优先购电,提升清洁电力消纳能力。

四 提升生态系统固碳能力

严控生态空间占用,稳定现有森林、草地、湿地、耕地等碳库固碳作用。加强山区生态保护与建设,在豫西南山地丘陵地区实施退耕还林、生态移民、天然林保护,加强长江、淮河流域防护林体系建设,构建伏牛山地生态区、桐柏大别山地生态区。加强太行山区绿化,改善植被和生态现状,构建太行山地生态区。加快长江流域防护林体系、太行山绿化、山区生态体系、农田防护林体系等工程建设步伐。稳步推进生态廊道建设、城市林业建设、村镇绿化等宜居工程。高标准建设南水北调中线干渠沿线林业生态建设工程。建立特色经济林基地、花卉苗木基地。加强森林资源监测、监督和林业执法体系建设，实施森林资源年度动态监测。加快建立和完善森林生态系统以及森林经营成效监测与评价体系。通过完善政策机制，拓展林业发展的领域和空间，积极补充林地数量，增加森林碳汇，确保林地面积和森林覆盖率同步增长。推进人工商品林集约经营、人工公益林近自然经营。精准提升森林质量，提高乔木林单位面积蓄积量，增强森林固碳能力。加强湿地保护与修复，鼓励和支持退耕还湿和对退化湿地进行恢复改造，扩大湿地保护面积，积极构建黄河滩地等一批重要生态涵养带，通过自然修复和人工促进等方式不断增强湿地生态系统的碳汇能力。推广耕地保护性耕作，增强耕地碳汇能力。编制实施森林碳增汇经营方案，实施林业碳增汇重点工程，加强森林抚育经营和低质低效林改造，培育吸收二氧化碳能力强的树种和品种。实施乔灌碳汇造林、乔木森林经营及小规模非煤矿区生态修复等项目，积极开展生态脆弱地区生态修复与建设，逐步优化森林资源结构与分布格局，实现森林蓄积量、森林碳密度、总碳贮量全面增长。推进林草湿碳汇计量监测体系建设，全面掌握碳汇现状、分布。加大林业碳汇的增汇技术、测算技术、碳汇交易技术理论和应用研究力度。完善跨部门、跨区域生态环境保护执法联动机制，加大区域联合执法力度，严厉打击各类生态破坏行为。

五 倡导绿色低碳的生活方式

在全社会倡导节约用能，增强全民节约意识、环保意识、生态意识，引导形成简约适度、绿色低碳的生活方式，坚决遏制不合理能源消费。大力倡导自行车、公共交通工具等绿色出行方式。大力发展绿色消费，推广绿色低碳产品，完善节能低碳产品认证与标识制度，完善节能家电、高效照明产品等推广机制。持续开展低碳试点城市、县（市）、社区、园区和示范工程建设，开展碳普惠、碳捕集封存利用和气候投融资低碳试点，积极推进零碳示范工程。推动有条件的地方编制实施二氧化碳达峰和空气质量达标"双达"规划，打造"双达"典范城市。以化工、有色、电子电器、汽车等行业为重点，将"低碳+"理念融入产业发展全过程、全领域，促进生产、消费、流通各环节低碳化，推进产品设计、生产工艺、产品分销、运营维护和回收处置利用节能降碳。推广节能低碳工艺、技术、装备，建立以碳排放、化石能源消费控制为约束的减排机制，推动钢铁、有色、建材、化工等行业建立绿色用能监测与评价体系，完善绿色能源消费认证标识制度，引导工业企业和园区高效开发利用分布式可再生能源。推动提高建筑节能和绿色建筑标准，大力发展节能低碳建筑，推进城镇既有居住建筑和公共建筑节能改造，降低建筑运行能耗，加强建筑能耗计量、监测、统计，深入推进新建建筑规模化应用太阳能、地热能等可再生能源。全面推进公共机构绿色办公，提高节水节电和办公设备使用效率。实施公共机构能效提升工程，开展照明、供热等基础设施节能升级改造。持续推进清洁取暖，提升现有大型热电联产机组供热能力，积极发展生物质能、地热能供暖，扩大集中供热覆盖区域，增加省辖市城区和具备集中供热条件的县城城区集中供热面积。推进大型农业生产机械电能替代，培育和发展电气化农机服务站点，因地制宜实施农村合作社、家庭农场、现代农业园区电气化改造，推广电气化育苗、种植、畜牧水产养殖技术等。推进家居生活领域电能替代，倡导使用节能高效空调、电冰箱、电厨炊等家用电器，提升电能在农村终端能源消费中的比重。

第十四章　走出内陆大省开放带动新路子

对外开放是中国推动经济社会快速发展的法宝。党的二十大报告明确指出，新时代新征程中国将坚持对外开放的基本国策，坚定奉行互利共赢的开放战略，推进高水平对外开放。河南作为内陆经济大省、人口大省，拥有众多对外交往、开展贸易的通道和国家级平台，既有责任也有条件通过更高水平的对外开放支撑新发展格局，以内陆大省开放带动新路子践行高质量发展，助力中国式现代化的实现。

第一节　深化高水平制度型开放

近年来，河南积极推动对外开放，依托自身的区位、市场、资源和产业优势，实施"海、陆、空、网"四条丝路并进，开放的大门越开越大、步伐越来越快。党的二十大报告提出，推进高水平对外开放，稳步扩大规则、规制、管理、标准等制度型开放。河南要积极把握机遇，加速推进制度型开放，在我国新时期对外开放进程中再绘河南精彩篇章。

一　制度型开放在我国的探索与实践

中国的对外开放是循序渐进的。早期对外开放的重点是大规模引进外资和先进生产要素，以推动国内发展，由此开放步伐主要体现为中国对外交往通道和平台的建设。中国的制度型开放方面的明显实质性进展，是准备加入WTO之际形成的。此后，我国与诸多国家所签订的包括中欧投资协定（CECAI）、《区域全面经济伙伴关系协定》（RCEP）等，以及积极申请加入的《全面与进步跨太平洋伙伴关系协定》（CPTPP）和《数字经济伙伴关系协定》（DEPA），均是我国推进制度型开放的典型代表。

我国真正意义上的制度型对外开放始于 2001 年 11 月，以我国正式加入世界贸易组织（WTO）为标志。世界贸易组织是当时国际上最具影响力的国际经济组织之一，是负责监督成员国之间各类国际贸易协议是否得到充分贯彻执行的国际组织，其成员国贸易额占全球贸易额的近 98%。为了加入这一组织，中国进行了长达十几年的不懈努力。其中最为重要的内容就是，在世界贸易组织框架下学习国际贸易通行规则，与各成员国一道磋商、签订电子商务、服务贸易等国际投资贸易的多双边协定和协议。为更好地适应世界贸易组织规则，中国大力推进相关规制改革，为此中国清理、废止或修订了超过 2000 多部法律法规和部门规章。这些改革，成为中国制度型开放的早期探索。当然，成效是显著的。通过加入 WTO，国际产业分工开始加速向中国转移，推动中国经济高速增长，经济社会发生了翻天覆地的变化。

　　党的十八大以来，我国以更快的步伐推进制度型对外开放。积极推行自由贸易试验区建设，便是其中一项重要举措。我国对自贸区的基本定位是"把握国际通行规则，加快形成与国际投资、贸易通行规则相衔接的基本制度体系和监管模式"。"十三五"期间，国家赋予自贸区累计超过 2800 项的改革试点任务，外商投资准入负面清单特别管理措施大幅缩减，截至 2022 年底，我国签订的自贸协定超过 20 个。① 其中 RCEP 是目前生效的世界最大的自由贸易区。在该协定框架下，成员国超过九成的货物贸易将实现零关税，负面清单管理制度将全面推行，而且还创造性地达成了电子商务开放与合作承诺。通过签订 CECAI，中国在投资保护、市场准入、劳工标准等方面的制度与国际接轨程度达到新的高度。2021 年 9 月，中国正式申请加入 CPTPP，该协议以开放标准高、覆盖范围广、边境后议题多为典型特征，协议覆盖了竞争中性、知识产权保护、政府采购以及技术性贸易壁垒和监管一致性等诸多边境后规则，甚至对政府的透明度与反腐败也做出了明确限定。同年 11 月，我国正式申请加入 DEPA。该协定由新西兰、新加坡和智利在 2020 年发起，旨在推动形成开放、非歧视性和全球化的互联网环境，促进数据自由流动，并强化对个人数据和在线消费者权益

---

① 《商务部召开"十三五"时期自贸试验区建设情况专题新闻发布会》，中国政府网，http://www.gov.cn/xinwen/2021-02/03/content_5584642.htm。

的保护等。

二 当前河南深化制度型开放的战略意义

改革开放以来，注重商品和要素流通的渠道和平台型对外开放是我国对外经贸的主要方式，推动我国成为国际货物贸易第一大国，中国成为140多个国家和地区的主要贸易伙伴。然而随着这种对外开放红利的进一步释放，其对经济的推动难以持续显现正向的边际增长。同时，与世界各国在国际经贸规则、管理和标准等制度方面的差异，越发成为阻碍我国进一步开放的主要障碍。在此背景下，将我国对外开放由一般渠道、平台的建设和打造，转向更深层次和更高水平的制度型开放，成为新时代新征程下的必然选择。面向未来，以河南为代表的内陆省份加快推动制度型开放，既是面对新形势新要求的被动应对之策，也是抓机遇谋求高质量发展主动作为的必然选择。

首先，深化制度型开放是应对国际经贸新形势新挑战的需要。当今世界，虽然遭受单边主义、孤立主义和贸易保护主义等诸多逆全球化思潮的影响，但经济的全球化、各国经贸在世界范围的融合依旧是不可逆的发展趋势。所不同的是，当前全球竞争愈发激烈，更多国家希望通过推动建立明确、完善相关规则来解放、维护和推动世界经贸的运行，以实现公平竞争和稳定发展。近年来，以《区域全面经济伙伴关系协定》（RCEP）和《全面与进步跨太平洋伙伴关系协定》（CPTPP）等为代表的高标准自由贸易协定不断涌现，这些新的协定和规则逐渐显现出更大程度和更深层次的影响力，并正加速重构国际经贸的格局和运行方式，成为主导国际经贸合作的新力量。在此背景下，只能也必须通过积极适应规则、主动践行规则，并适时推动规则创新，才能更好地融入国际经贸体系，应对当前国际经贸格局的新变化和新要求。

其次，深化制度型开放是我国新一轮发展战略的重要方面。近些年，我国经济进入全新的发展阶段，中低速发展将成为我国经济社会发展的新常态，国际总体经济发展形势呈现持续漂移，稳定性降低。随着我国人口、土地等要素红利的逐渐消退，我国参与国际经贸竞争的低成本优势难以持续。面对国际国内两个"大变局"，中央审时度势，做出构建国内国际双循环新发展格局的战略决策，积极推动新一轮高水平对外开放。纵观我国对外开放历程，中国在商品流通、金融互通方面与国际的接轨已经达到较高水平，下一步，我国想发挥好内需潜力，使国内市场和国际市场更好联通，并不断以国内大循环吸引全球资源要素，从而更好地利用国内国际两个市场、两种资源，就必须推动国内规则、规制、管理、标准等制度与国际更好地接轨、融合，这是国家发展战略的明确导向。也正是为了凸显这种战略方向，我国将制度型开放首次写入党代会报告。

同时，深化制度型开放也是河南省深化改革优化经济结构的内在需要。一方面，对外开放作为推动我国经济发展的重要引擎，是经济实现跨越式发展的关键，中国经济奇迹离不开对外开放的支撑和推动。与全国大多数省份一样，近些年河南经济发展进入新常态，经济社会发展也亟须转换动能、发掘新的增长点，须通过更大力度的改革继续释放发展潜力。作为改革的深水区，包含规则、规制、管理、标准等在内的制度型对外开放，成为极具潜力的方向和领域，通过高水平对外开放使河南更好地利用国内国际两个市场，在全球范围内配置资源，为经济社会发展注入新的动能。另一方面，不断优化经济发展环境，尤其是营商环境，是当前各个国家和地区推动经济发展的重要举措。通过营造更为适宜的发展环境，为各类主体提供更加便捷、更为高效、更为公平的市场环境，从而进一步提升发展活力。实施制度型开放，就是要在规则、规制、管理、标准等方面全面与国际接轨，使得外资外企更有信心更为高效地在河南发展、壮大。

三　新时期河南推动制度型开放的战略举措

新时期，推动以制度型开放为特征的高水平对外开放的战略思路，为我国各地推动对外开放工作指明了发展方向和工作重点。未来一段时间内，尤其是"十四五"时期，是河南抢抓机遇、建设更高水平开放型经济新体制的关键阶段，河南应加紧对标对表国际一流，在规则、规制、管理和标准等方面和国际接轨迈出更大更坚实的步伐，以高水平制度建设推进高水平对外开放，更好地利用国际市场和资源，进一步挖掘对外经贸合作潜力，支撑河南高质量发展。

一是要以自贸区为引领，积极对接高标准国际规则。主动对标高标准国际经贸规则，强化对中欧 CAI、CPTPP 以及 DEPA 等具有广泛国际影响力的国际贸易规则的研究与对接，在市场监管、争端解决、电子商务、竞争中立以及知识产权保护等方面强化与相关国际组织的沟通和合作,加快形成与国际通行规则顺畅衔接、高效适应、深度融合的国际经贸规则和标准体系,不断提升国际贸易便利度。充分用好自贸协定规则,进一步发挥区域累积规则和经核准出口商制度等原产地规则的效能,用好自主关税优惠政策,支持鼓励企业与协定国积极开展国际贸易,持续扩大贸易规模,着力推动"买全球、卖全球"扩容提质,探索打造 RCEP 地方开放型经济合作试验区。积极开展制度和规则创新,围绕新技术、新产业和新场景等领域探索建立与之相适宜的新规制,聚焦跨境电商进口药品、航空货运电子化、国际商品期货交易等重点领域持续开展首创性、集成式、差异化制度与规制创新。推动规制在基础领域进行尝试突破,积极争取在教育、医疗、金融、增值电信、数据跨境流动以及文化等领域实现突破性政策和制度支持,强化国际资源对河南基础领域的带动和支持。

二是以服务质量为重点,提升投资贸易自由化便利化水平。持续破除樊篱进一步放宽外商投资准入限制,按照要求在落实好国家准入负面清单制度的基础上,合理推动负面清单缩减,建立健全与负面清单管理方式相适应的事中事后监管制度,严格按照"竞争中立"相关原则要求,依规保障外商外资外企充分享有准入后国民待遇。持续完善企业全生命周期服务体系,加速建立国际投资"单一窗口",支持鼓励郑州、洛阳、南阳、新乡以及信阳等地市设立"单一窗口"分支机构或办事处,全面推行极简审批投资制度,探索"标准制+承诺制"改革,积极依托数字化信息技术探索建立新的服务方式和监管模式,进一步提升对外资企业的服务效能。进一步优化通关流程,缩减通关时耗,加快推进通关口岸数据信息对接互换,各口岸加紧推进监管执法信息互通共享,建立全省统一的企业信用信息库,持续扩大国际贸易"单一窗口"功能及覆盖面。

三是以吸引外资为导向,打造市场化法制化国际化一流营商环境。加快"放管服效"改革,全面落实国家"双随机、一公开"监管要求,推行"证照分离"与证照电子化,积极试行"一枚印章管审批"。强化内外资企业公平对待促进公平竞争,确保外资企业平等享受国内支持企业发展的相关政策举措,在审批、税务、金融支持等方面,不针对任何所有制形式、企业形态、投资来源国进行有区别的对待或设置针对性措施,最大限度实现内外资企业在政府采购方面公平竞争,尽快消除针对内资企业的地方保护和份额保留。着力保障外商合法权益,强化司法保障,同等保护外资企业知识产权,持续开展知识产权保护执法专项行动,以同等保护、公平公正的原则审理涉外知识产权案件,不断完善外资维护其合法权益的救济途径,持续提升国际商事处理与解决效率。着力营造国际化的人文氛围,增进认同互容,推动公共服务国际化发展,建设面向外籍人员的咨询服务中心,加强与国内外优质资源双向协作,以郑州、洛阳、南阳、商丘等中心城市为重点提高河南省国际化管理水平,进一步精简优化外国员工居留许可、工作许可、机动车驾驶证等审批手续,不断优化完善和规范外籍人士公共服务体系。

四是守牢底线思维,强化开放型经济安全保障。妥善化解国际贸易各类争端,引入更多具有影响力和话语权的国际经贸机构,参与协调国际贸易争端的解决,建立健全国际贸易争端协调化解机制,坚定维护河南产业安全和企业合法权益。引导企业加强合规管理,强化对企业就国际贸易中的政治、经济和安全问题帮扶和引导,有效防范企业正常经营中可能触发的各类风险。推动金融机构扩大对出口企业的信用保险的覆盖,支持企业"团体出海""链式出海",提升企业应对主权信用风险的能力。优化完善经贸安全保障机制,强化对重点领域和关键产业的动态监控,健全产业损害预警体系。

第二节　持续提升开放平台载体能级

当前,各类自主开放平台对国家以及区域国际贸易的引领推动作用日益凸显,河南要坚持全省一盘棋,推动各级各类对外开放的平台提质升级、共同协作,着力提升河南对外资的吸引力,为全省高水平对外开放和高质量发展提供强大支撑。

一　加快速度高质量打造河南自由贸易试验区 2.0 版

党的二十大报告明确提出,推进高水平对外开放,实施自由贸易试验区提升战略,扩大面向全球的高标准自由贸易区网络。可以说,无论是过去还是未来,自由贸易区在国家以及区域开放进程中都扮演着极为重要的角色,对河南而言尤为如此。河南省委省政府历来重视推动自贸区的发展，集聚各界智慧共同谋划河南自贸区发展蓝图，配套多种政策措施推动自贸区发展。近期，河南提出打造自贸区2.0版，以期将自贸区建设推向更高水平，使其更有力支撑、带动、引领河南的发展。未来，河南可从以下几方面重点发力，加速打造自贸区2.0版。

一是着力拓展提升自贸区功能能级。持续深化郑州—卢森堡"空中丝绸之路"战略合作，积极争取扩大第五航权配额，持续加密国际航班航线，加快建设卢森堡货航郑州空铁转运中心和专属货站，提升郑州与卢森堡货运吞吐和转运能力。对标国际航空货运标准体系，加速对郑州机场航空物流电子货运信息服务平台等推广应用，不断提升平台的服务规模和能级。持续提升贸易投资的便利化水平，全面深化与RCEP成员国的经贸合作，争取RCEP国际组织和商协会在河南自贸区建设分支机构或办事处，推动金融及机构积极探索离岸转手买卖的真实性管理创新，支持发展离岸贸易，强化对企业的服务。结合河南文化资源优势，支持鼓励各类文化产品"出海"活动，加快打造开封文化产业开放先行区。充分发挥河南在装备制造、新能源材料等方面的产业基础和优势，推动企业积极开拓国际市场。

二是积极开展自贸区相关制度创新。支持符合条件的企业积极申请"经核准的出口商"，健全完善原产地自主声明制度，引导支持企业申请原产地裁定。积极向国家争取开展数字人民币试点、本外币合一银行账户体系试点以及一体化资金池业务试点，不断创新账户体系管理。开展知识产权证券化试点工程，依照产业链条或产业集群对具有较强变现能力的已确权知识产权进行组合，积极探索发行知识产权证券化产品，拓宽企业融资渠道。加大自贸区涉企经营许可事项改革，积极探索实行告知承诺，完善事后备案制度。

三是注重引育重点产业。着力培育外向型产业项目，遴选一批符合河南产业发展基础、代表产业未来发展趋势、技术先进的产业作为重点培育产业，配套出台重点产业专项发展方案和支持政策，整合各类招商力量，持续开展驻点招商、资本招商、以商招商、飞地招商等。持续提升自贸区内先进制造业发展水平，大力发展物流、金融、电子商务等现代服务业。加快培育新能源、人工智能、生物医药、半导体等战略性新兴产业。

二 着力提升郑州航空港经济综合实验区带动能力

郑州航空港经济综合实验区（以下简称"航空港区"）位于河南省郑州市，是中国第一个国家级航空港经济综合实验区，也是我国唯一一个由国务院批准设立的国家级航空港经济发展先行区。获批以来，航空港区逐步由单一机场发展成为名副其实的综合实验区，乃至当前的航空新城，对整个河南的开放发展作出了突出贡献，是河南对外开放极为闪耀的重量级平台。面对新形势、新阶段，河南省委省政府赋予航空港区新的发展使命和任务，希望航空港区拉高标杆，勇担使命，争当航空经济发展的顶梁柱、制度型开放的排头兵，以航空经济高质量发展助力现代化河南建设。

为更好地推动航空港区发展，提升对郑州乃至全省的辐射带动能力，还需奋力前行、持续攻坚克难。扎实强化枢纽功能，加快实施郑州新郑国际机场扩建三期工程，积极推动扩大第五航权，争取第七航权，推动航空+高铁"双枢纽"一体化规划建设，规划建设高铁物流基地，加快推进国际陆港、郑州港（水港）建设。着力提升开放能级，突出"枢纽+开放"，探索制度型开放新路径，放大"空港+自贸+保税+跨境+口岸+航权"集成优势，构建"口岸+枢纽+通道+平台+产业"协调发展格局。奋力提升通关服务水平，全力保障航空口岸"7×24"全天候通关，以随到随检确保"零延时"快速通关，以电子信息、生物医药等产业为试点，率先落实"提前申报"与"极简申报"，推进口岸通关执法的单一功能向服务产业发展的全链条模式转变。构建"三区"协同发展新格局，抢抓航空港区拓展的战略机遇，创新空间组织模式，突出枢纽带动，推进核心区、联动区、协同区错位发展、联动发展、一体发展。强化产业创新发展，聚焦航空港区半导体、新能源汽车、生物医药、数字经济、航空制造、现代物流等主导产业，引培高能级创新平台，支持龙头企业、科研院所、产业园区等牵头建设面向未来产业的专业化众创空间、孵化器，建设一批科技企业加速器。用好国家战略叠加和政策先行先试红利，为国家改革实验探路，打造河南省"三化三制"改革样板和治理现代化示范区，提升数字化治理水平，以优质治理集聚高端要素。

三 协同推进有效推动各类开放口岸换挡升级

口岸是链接国内国际两个市场、两种资源的重要节点，是一个国家或地区对外开放的直接窗口。近些年河南省口岸枢纽通道功能持续强化，在河南对外开放过程中发挥着极为关键的作用。结合新形势，2022年河南省委经济工作会议对口岸工作提出了新要求：要加快发展口岸经济，推动口岸、枢纽、平台和产业协调联动，加快资源整合和功能集成，构建国内国际双循环的重要支点。为此，未来应着力加强基础设施和通道建设，提升服务效率以及增强产业发展能级，积极拓展提升口岸功能，推动口岸经济换挡升级，实现高质量发展。

加快推动全省航空口岸体系建设，持续强化郑州航空口岸枢纽承载能力，加快推动郑州机场三期口岸基础设施建设，持续完善机场口岸的监管场地、查验设施、防疫设施、物流设施等，逐步加大洛阳航空口岸开放力度，鼓励和支持南阳副中心城市以及安阳、商丘区域中心城市适时申请设立航空口岸，推动中欧班列等国际班列扩量提质，提升铁路口岸通货能力，加快内河港口口岸基础设施建设。积极扩展口岸功能，做大做强食品、医药、汽车整车、活体动物等功能性口岸，建成植物种苗口岸，推动航空口岸、铁路口岸、功能性口岸、综合保税区等融合联动发展。着力打造智慧口岸，全面依托大数据、人工智能和新一代信息技术等，进一步提升口岸电子化、智慧化管理服务水平，提高在线业务办理效率，推进口岸部门信息互通共享，实施货物全流程实施跟踪和可视化监管。加快综合保税区、保税监管场所创新升级，争取兼顾公平、相对优惠的税收政策，协同推进保税物流中心差异化、特色化发展，支持"两仓"进出口业务做大做强，统筹推进全省海关特殊监管区域（场所）布局优化。深化口岸国际合作交流，积极主动参与国际多双边口岸合作机制，积极寻求国际海关监管互认，深化与贸易往来国口岸执法组织或机构合作，推进标准互融、信息互通、执法互助，健全完善中欧班列便捷通关协作机制。

四 深化改革优化扎实推进开发区创新突破

经济开发区是我国经济发展的强大引擎，也是我国区域开放的重要载体。经济开发区凭借优良的软硬件设施和优惠支持政策，成为我国吸引外商、吸收外资和开展对外贸易的重要平台。河南经济技术开发区在支撑区域对外开放过程中作出了突出贡献。截至"十三五"末,全省45个经济开发区吸引外资企业逾400家,聚集进出口企业1341家,进出口额年均增长达到16.5%,开放带动作用十分明显。① 未来,经济开发区通过不断创新体制机制,开拓新的招商方式,积极拓宽外资吸引利用渠道,大力发展对外贸易,必将在河南对外开放中再创辉煌,为河南高水平对外开放贡献强大动力。

加快经济开发区高质量发展,加快推进开发区产业转型升级,引导园区企业通过应用新技术、新材料、新工艺,以及通过与大数据、人工智能产业融合,实现动能转换、质量变革,推动园区积极布局新一代信息技术、网络安全、节能环保、生物医药等战略性新兴产业,支持省内经济开发区加速集聚创新要素资源,优化提升创新能力,激发企业创新活力潜力,以高水平创新推动园区高质量发展。持续深化经济开发区体制机制改革,持续优化经济开发区管理架构和管理流程,加快推进"管委会+公司"改革,推行大部制和扁平化管理,支持鼓励经济开发区积极探索市场化开发运行,支持龙头企业以"区中园"等形势进行开发运营,持续推进"三化三制"改革,加快"放管服效"改革,全面落实"双随机、一公开"监管,不断优化园区营商环境。着力提升园区国际化水平,加大境外招商力度,支持在欧美、日韩、东南亚等国家和地区设立代表处或联络处,强化与当地政府、经贸机构和国际型企业的交流与联系,着力引进一批国际产业链关键节点企业和跨国公司地区总部、研发、咨询、采购以及结算等功能性机构,推动建设国际合作园区,鼓励外商投资企业参与区中园、一区多园等建设运营。充分发挥开发区外商投资环境优势,提升经济开发区对外贸易规模质量,不断加大对出口产品的研发投入,提高产品品质,加快培育特色产品、优质品牌,鼓励支持企业积极拓宽对外贸易渠道,利用跨境电商等新方式开拓国际市场,利用好RCEP加强与成员国贸易往来。

---

① 《河南省商务厅关于印发〈河南省"十四五"经济技术开发区发展规划〉的通知》,河南省商务厅官网,https://hnsswt.henan.gov.cn/2022/04-25/2438612.html。

第三节 提高"四条丝路"链接度和影响力

近年来,河南发挥区位优势,成功打造了对外开放"陆、海、空、网"四条丝路,将河南对外开放的水平推向新高度,助力河南省成为全国内陆开放的高地。在我国推进高水平对外开放的背景下,河南仍需牢牢依托"四条丝路",不断优化完善开放通道体系建设,着力提高"四条丝路"链接度和影响力,有效支撑河南高水平对外开放。

一 依托"空中丝绸之路"打造空中经济走廊

巩固提升郑州—卢森堡航空"双枢纽"合作成果,加快推进郑州国际航空货运枢纽建设,着力提升机场货运吞吐能力和集疏功能,不断完善国际航线网络,加密增开至欧美、澳洲、非洲等地货运航线,加快发展国际直航、空中支线、空中快线,以空铁和空路联运方式加速将"空中丝绸之路"对本地经济的带动力向河南其他地市拓展。积极拓展"空中丝绸之路"国际市场和覆盖面,适时谋划举办以"空中丝绸之路"为主题的国际交流合作论坛等,将依托"空中丝绸之路"的经贸合作推向欧洲其他国家和城市,加快提升郑州新郑国际机场海外邮货转运、集疏能力,支持建立海外货站、邮件处理中心、跨境电商分拨中心、物流中心等,加速推进"空中丝绸之路南南合作伙伴联盟"建设,探索与柬埔寨、东盟等建立交流合作。推动国内外大型物流集团公司在郑州航空港区设立区域分拨中心或运营基地,推动本土基地货运航空公司做大做强,积极争取国内跨国型物流公司总部落户郑州。

二 依托"陆、网丝绸之路"提升陆上经济交往

强化中欧班列(郑州)国际大通道战略地位,不断拓展丰富贸易商品种类,适当提升班列频次,推动郑州国际陆港园区扩容升级,将郑州打造培育成为中欧班列枢纽城市。着力提升中欧班列覆盖面,在国外沿线国家建设中国(河南)特色出口农副商品展示中心和境外集散中心、海外仓、创新产业园,着力拓展欧洲、中亚、东盟线路网络,积极开辟西亚线路,加快境外枢纽和节点网络建设,大力发展日韩等亚太中转线路,适时谋划

开行省际省内合作班列，拓展提升国内沿线城市加入中欧班列（郑州）的使用和运维。将中欧班列进口的商品加速向全国展销，谋划举办中国（郑州）中欧班列国际物流博览会，加速交易基地和营销网点在全国的布局，加速打造"郑欧"商品国际品牌。以全产业链思维全方位拓展中欧班列对经济的带动效应，打造中欧班列国际运邮基地和大数据处理中心、技术装备研发中心和运贸交易集散中心，构建更具带动能力和影响力的中欧班列体系。

三 依托"海上丝绸之路"拓宽出海大通道

对于不沿边不靠海、缺少重要港口的内陆省份河南而言，"海上丝绸之路"的探索和建设尤为艰辛，已经取得的成绩弥足珍贵。作为河南对外开放通道的重要补充，推动"海上丝绸之路"越走越宽既是国家战略的指引，又是河南经济发展的需要，更有人民的期盼。持续提速发展铁海联运，尤其需要强化河南与全国各大重要海港的联通、对接，进一步加密至天津、连云港、青岛、宁波的线路，推动开辟至广州和海南等的线路，实施列车公交化开行，探索开行公铁联运"卡车班列"。着力发展内河水运和河海联运，推动周口水陆集成国际陆港提质增效，不断提升货运吞吐能力，加速完善省内巷道与港口布局，支持鼓励信阳港、漯河港和平顶山港进一步完善基础设施建设、提升运力，尽快形成具有市场影响力的地区性港口。推动打造洛阳（东方红）、安阳万庄农资、三门峡矿产、濮阳石化等具有特色的国际陆港体系。

四 大力发展多式联运强化"四条丝路"高效联动

近些年，河南在持续打造打响空中、陆上、网上、海上"四条丝路"各自品牌的同时，还十分注重整体推进"四条丝路"的谋划与建设。2021年10月召开的河南省第十一次党代会就明确提出，要以"空中丝绸之路"建设为引领，推动"四条丝路"融合并进。在省委省政府的谋划和推动下，通过在政策、设施、信息和服务方面的联通互融，目前"四条丝路"已经形成创新集聚发展的良好态势。未来，河南还需进一步发力，努力提升"四条丝路"联动效率，支撑河南在"一带一路"建设中发挥更突出的作用，为河南对外开放提供新的动能。持续完善空陆联运的基础设施，加快枢纽站场和集疏运体系建设，率先围绕郑州新郑国际机场交通综合枢纽，打造公铁空有机结合的立体综合交通运输体系，适时谋划建设郑州新郑国际机场货运铁路线，探索推进"航空+高铁"多式联运。研究制定国际陆路联运规则和机制，探索"一单到底"服务模式。推动国际空港、国际陆港等物流骨干企业的信息平台互通共享，推动跨部门、跨运输方式间的信息对接，建立综合运输服务中心，综合汇聚资源数据，探索实现运力统一调度和配置。

第四节　推动河南外经外贸高质量发展

对外经济贸易是对外开放的重要内容。改革开放以来，河南对外经贸工作取得显著成效。截至2022年底，河南进出口总值位居全国第9、中西部第1。[①] 但由于近年世界经济增速下滑，尤其是新冠肺炎疫情发生以来，国际贸易格局发生了重大变化。新形势下，河南还需积极应对来自国际国内的挑战，着力补短板强优势，不断优化贸易结构，推动对外贸易创新发展，加快建设对外贸易强省。

一　不断巩固扩大对外贸易规模体量

改革开放以来，河南对外贸易稳步增长，贸易顺差持续扩大，取得了骄人成绩。未来，河南还需继续稳固扩大外贸基本盘，持续扩大对外贸易规模。

加强对外贸企业的支持力度，确保重点企业和产品进出口畅通，鼓励、帮助出口企业扩大海外市场，支持民营企业开展国际经营，稳步提升民营企业进出口份额。通过落实减税降费、金融支持等帮扶政策，稳定重点外贸企业运行，支持外贸企业提升国际营销渠道。强化外贸龙头企业的示范带动作用，支持本土企业依据生产链上下游为龙头型进出口企业提供配套产品和服务，不断加大补链强链固链力度，围绕龙头企业聚集上下游关联企业，构建产业链生态体系。着力提升加工贸易规模，推动企业积极

[①] 《河南2022年外贸进出口突破8500亿元》，中国新闻网，http://www.chinanews.com.cn/cj/2023/01-16/9936549.shtml。

拓展加工贸易品类，支持加工贸易企业进入关键零部件和系统集成制造领域，依托综合保税区等平台，着力引进培育一批加工贸易产业链高端的领军型龙头企业，优化加工贸易产业园区布局，充分发挥郑州、洛阳等国家级加工贸易梯度转移重点承接地平台作用。充分发挥河南农业产业优势，加速提升农业产品出口创汇能力，依托"空中丝绸之路"，推动更多瓜果、蔬菜、食用菌、花卉和中药材企业开拓国际市场，依托中欧班列等推动河南芝麻、粮油和棉花等走向世界。

二 加紧优化提升进出口贸易质量

当前，中国经济已由高速增长阶段转入高质量发展阶段，党的二十大报告更是明确指出要推进高水平对外开放。由此，未来提升河南对外贸易质量极为关键。尽管近些年河南对外贸易呈现出持续的贸易顺差，但河南出口贸易产品附加值还有待提升依然是不争的事实。

一方面，需持续优化出口贸易的产品结构，持续扩大精深加工农产品的出口量，积极开拓食品等优势产品的国际市场，不断扩大先进制造业产品出口，努力扩展生物医药、技能环保和新能源等新兴产业产品出口规模；另一方面，需着力提升出口贸易产品的科技含量、创新水平，推动出口企业应用新技术、新设备和新工艺加速转型升级，支持对外出口企业强化对产品的研发投入，鼓励企业开发更多新产品，积极延长拓展产品系列。同时，还要积极扩大优质进口，鼓励企业围绕先进技术装备、关键零部件和战略性资源、紧缺资源等产品积极扩大进口，支持提升质优价廉的生活消费品和民生服务的进口规模，满足国内消费升级需求，培育和提升一批省重点进口平台，加快构建覆盖全国的进口商品采购分拨体系，培育新型进口商品营销模式。

三 加快发展对外贸易新业态新模式

外贸新业态新模式是外贸发展的有生力量，是我国对外贸易最具活力和潜力的部分之一。加快发展对外贸易新业态新模式，可有效增进国际经济合作，有利于培育国际竞争新优势，能够强力支撑对外贸易高质量发展，对服务我国新发展格局有着明显的积极意义。我国十分重视外贸新业态新模式的发展，正积极建立健全促进外贸新业态新模式的体制机制。在中央的指引下，河南积极谋划布局，推动更多新业态新模式在区域对外贸易中落地、壮大。

为更好地促进外贸新业态新模式的发展，河南还可以从以下几个方面重点发力。一是加速发展跨境电商，加速打造跨境电商综合试验区，依托郑州区位优势、通道优势和平台优势，建立跨境电商运营中心和物流中心，支持郑州开展跨境电商零售进口药品时点。二是不断优化跨境电商综合试验区空间布局，支持洛阳、南阳副中心城市跨境电商提质扩容，推动区域中心城市打造建设跨境电商平台、通道。三是加快推动跨境电商公共海外仓发展，培育一批优秀海外仓企业，推动跨境电商企业在重点市场、国际枢纽节点以及"一带一路"沿线国家共同建设布局海外仓，利益共享、风险共担，针对海外仓制定出台省级层面政策措施，打造覆盖全球的海外仓网络。四是支持鼓励发展特色对外贸易，加快郑州二手车出口试点建设，推动许昌发制品市场采购贸易试点优化升级。五是鼓励转口贸易、离岸贸易等新型贸易方式发展壮大。

四　推动服务贸易创新发展

与一般商品贸易不同，在对外贸易中服务贸易有其明显的特殊性。相较于商品贸易，由于交付过程便捷，服务贸易受外部环境变动影响较小，是对外贸易中相对稳定的部分。同时，服务贸易还有高附加值、知识密集以及绿色环保的特点。随着中国开放进程的加速，服务贸易也呈现迅猛发展的态势，截至 2021 年，中国服务贸易已连续 8 年稳居世界第二位。可以说，服务贸易已经成为我国对外经贸合作的重要内容。近年来，河南十分重视服务贸易的发展，不断出台支持政策，推动对外服务贸易稳健发展。服务贸易日益成为河南对外贸易发展的新引擎、对外开放深化的新动力。

为推动河南对外服务贸易更上一个台阶，还需加速持续完善促进服务贸易发展的机制，推动相关部门建立服务贸易发展厅级联席会议制度，在省级层面强化对服务贸易工作的协调和支持。不断优化河南服务贸易结构，巩固提升交通运输、文化商旅、工程建造、金融保险等传统服务贸易国际竞争力，着力推动知识产权保护使用、信息服务、创意设计等新兴知识密集型服务贸易发展壮大。推动贸易服务产业延链补链。高质量建设郑州、洛阳国家服务外包示范城市，加速推进郑州软件园、洛阳 863 创智广场以及焦作城乡一体化示范区等13个省级服务外包示范园区升级提质。申建、打造一批特色服务贸易出口基地，引育一批贸易服务旗舰型、龙头型企业，打造形成"河南服务"产业集群。推动服务外包转型升级，支持发展云外包、众包众创、平台分包、数字制造外包、生物医药研发外包等新型服务外包。

第五节　加快建设更具竞争力的开放强省

当前，世界经济一体化的纵深发展，导致全球范围经济竞争的加剧，通过开放实现自身发展也面临新的挑战。在我国加快构建双循环新发展格局的背景下，河南要通过更高层次更大范围的对外开放支撑经济稳健发展，就必须在对外开放中凸显自身优势，力争在世界分工体系中占有一席之地，以开放强省带动高质量发展。

一　做大做强开放主体

市场主体是经济发展的微观基础，区域开放过程中的影响力和竞争力归根结底取决于开放型市场主体的强弱。在我国对外开放的过程中，党中央、国务院向来十分重视培育和壮大对外开放型市场主体，通过做优做强市场主体，提高我国参与国际分工的水平和层次。开放型市场主体一直是河南对外开放的中坚力量，在对外开放的过程中，河南省委省政府以超常规举措推动市场主体各项工作落实落细，千方百计充分激发市场主体活力，鼓励支持企业扩大国际业务，不断提升产业国际竞争力。面向未来，为帮助企业更好地应对复杂的国际形势，提高企业国际化发展过程中应对各种风险的能力，强化河南企业在国际分工中的地位，并最终提升河南对外开放主体整体水平，还可以在以下方面积极作为。

一是推动重点产业加速开放，引导鼓励具备条件的农业技术企业向"一带一路"沿线相关国家积极输出技术、开展农业投资合作，加速制造业领域对外开放，有效吸引外商投资高端制造、智能制造、绿色制造等领域，聚焦新一代人工智能、新材料、生物医药、智能网联汽车和网络安全等新兴产业，引进落地一批带动效应强的龙头型旗舰型企业、项目，前瞻性招引未来产业的高增长科技型企业和重大平台。二是积极开展精准招商引资，依托河南产业基础，聚焦延链补链强链和打造完整产业链生态，助力引进"三类500强"、细分行业领军企业以及"独角兽"、"小巨人"、"瞪羚"和"隐形冠军"等优秀企业，积极创新招商方式，推行市场化、专业化、精细化招商新模式新机制。三是大力支持市场主体不断扩展境外市场，推动省域内有潜力的制造业、批发零售业、电商等领域企业开展国际经营，实施"破零倍增"行动，提高大型客车、机电装备、工程轮胎、食品等行业整体国际化水平，强化行业龙头的带动作用，引导对外投资合作健康有序发展，拓展对外劳务合作市场，促进境内外产业协同联动。四是提升供应链企业竞争能力，围绕研发设计、检验检测、供应链管理和集成总包等供应链关键环节，引育一批具有国际影响力的大型企业，鼓励流通型企业与生产型企业合作建设供应链协同平台，引导商贸企业、物流企业、商品市场等向供应链综合服务商转型。

二 优化开放布局

改革开放以来，我国对外开放从东部沿海率先起步，并逐步向内陆地区拓展、延伸，最终推动全国各个地区的全面开放，使全国各省、区、市都能享受到对外开放带来的发展机遇。我国40多年的开放历程表明，对外开放并非一域之事，而是一个国家或地区全盘考虑。高水平对外开放更应该是全域的对外开放。对河南省而言，开放不能只是局部性开放，而应依托全省资源优势推进国际化进程，通过在各个地市打造开放平台和通道，推动豫企全面走出去，使全球高端要素得以在中原大地各处"开花绽放"，坚持龙头的带动与整体联动相结合，形成层次清晰、功能完善、渠道丰富的对外开放格局。

一方面，要继续提升省会郑州在对外开放中的龙头地位，强化带动、辐射能力。郑州作为国家中心城市，在参与全球竞争、集聚高端要素方面具有明显的基础和优势，要推动郑州坚持国际化、现代化的发展方向，积极承接国家重大生产力布局，积极争取更多创新要素和平台落地郑州，做大做强枢纽经济，不断推动区位优势向开放优势转变，将郑州打造成为"一带一路"重要枢纽城市，将郑州建设成为综合性国际消费中心城市，不断增强郑州的国际竞争力和影响力。

另一方面，强化郑州都市圈城市在对外开放中的协同与联动。近些年，河南通过打造郑州都市圈，将整个都市圈区域内交通、产业、文旅等进行了深度融合，正逐步形成错位发展、相互补充、高度协同的一体化经济体系。依托这个体系，发挥郑州航空港区对外开放综合枢纽作用，打造郑汴许对外开放核心引擎，并联动圈内其他城市，加速建设全省开放发展引领区。同时，还要加速推动洛阳和南阳副中心城市的国际化进程，支持洛阳加快建设国际文化旅游名城和国际人文交往中心，推动南阳加强与长江经济带对接协作，建设豫南高效生态经济示范区。此外，积极推动其他地市的对外开放，鼓励支持三门峡、济源与洛阳协同发展，支持安阳、鹤壁、濮阳融入京津冀协同发展。

三 强化对外合作交流

对外合作交流是对外开放的必要内容，可以有效提升一国的世界影响力和竞争力。特别是党的十八大以来，在习近平总书记的指引下，我国各个领域对外合作与交流工作展现出全新的面貌，极大地提高了中国的国际影响力、感召力和塑造力。河南省委省政府照习近平总书记系列重要指示和批示精神，带领河南人民，以开放促发展，以合作求共赢，在对外合作交流中积极探索尝试，取得了很多有益成果，收获了明显的经济和社会效益。河南梨园春、少林文化等已风靡全球，河南也成为全球华人寻根问祖的圣地。随着河南开放的大门越开越大，走向世界的步伐越来越快，对外合作交流也需提速扩彩。

一是更大力度引育国际人才，聚焦重点领域、重点产业，引育一批管理型、技术型、复合型海内外高端人才，面向全球定期发布人才需求预测预警和引才目录，制定实施更加开放便利的人才政策，为海外人才提供出入境和停居留便利，不断提升干部队伍的全球视野和国际化水平，打造一支外向型、国际化企业家队伍。二是促进科技领域的开放合作，加快建设郑洛新国家自主创新示范区，主动融入国家"一带一路"科技创新行动计划，持续办好开放创新暨跨国技术转移大会，以世界视野、开放姿态加快建设嵩山实验室、神农种业实验室、黄河实验室，集聚高端创新资源要素。三是加快教育对外开放与合作，着力推进来豫留学生教育规模质量双升级，推动中外合作办学提质增效，支持省内高校参与国际科技交流合作，实施高校学科创新引智计划，定期开展高等教育国际化评价，建立国际化年度报告制度。四是积极推动文化旅游交流，以"少林""太极"功夫为抓手，打造中国武术走出去"河南名片"，持续办好"世界古都论坛""世界旅游城市市长论坛""全球文旅创作者大会"等具有世界影响力的全球性交流会，与海外知名旅行商开展多种形式的合作，积极宣传展示河南省文旅品牌形象。五是加强医疗卫生合作，加强与俄罗斯、以色列等国在中医、康复、医养结合、疫苗研发等方面的合作，提升省内一流医院的国际化水平，鼓励支持河南省人民医院、郑州大学第一附属医院和郑州大学第二附属医院与国际知名医院开展对口合作，加强中非公共卫生和疫情防控合作，鼓励境外资本来豫投资设立国际医院、康复中心、养老院等机构。

第十五章　确保中国式现代化
　　　　　河南实践落地见效

要深刻理解把握中国式现代化的中国特色、本质要求和重大原则，增强历史主动，铸牢政治忠诚，坚定道路选择，强化系统观念，砥砺斗争精神，毫不动摇坚持和改善党的领导，保持战略清醒和战略主动，尊重人民群众的主体地位和首创精神，在积极有效应对风险挑战中提升能力、改善作风，在统筹协调和深化改革中释放活力、激发动能，以实绩实效落实好党中央决策部署，坚定扛牢现代化河南建设的历史重任，更加奋发有为地推进中国式现代化的河南实践。

第一节　坚持和改善党的领导

中国式现代化是强国建设、民族复兴的唯一正确道路，必须毫不动摇坚持和改善党的领导，把坚决拥护"两个确立"作为最高政治原则和根本政治规矩，把全党牢固凝聚起来，进而把全省人民紧密团结起来，形成万众一心、无坚不摧建设现代化河南的磅礴力量，确保现代化建设始终沿着正确方向前进。

一　坚持党中央的集中统一领导

党中央的集中统一领导是党的领导的最高原则，加强和维护党中央的集中统一领导是全党共同的政治责任。要增强"四个意识"，确保全党前进的方向正确、立场坚定，局部和整体协调一致，队伍整齐有力。增强政治意识，把好政治方向，坚决听从党中央指挥，主动作为，把党的方针政策和中央的决策部署落到实处。增强大局意识，心怀"国之大者"，识大体、顾大局，自觉站在党和国家全局想问题、办事情、作决策、抓落实，把自身工作放在党和国家大局中去谋划、去推进,跳出一域促全局、站位全局谋一域。增强核心意识,坚决维护习近平同志党中央的核心、全党的核心地位。增强看齐意识,自觉向党中央看齐,向党的理论和路线方针政策看齐,向党中央决策部署看齐,保证全党在政治立场、政治方向、政治原则、政治道路上同党中央保持高度一致。

二 坚决做到"两个维护"

要坚持党内重大问题、重要事项的请示报告制度。党内重大事项、重要问题的请示报告,是党的优良传统。党的十二大党章到党的十九大党章,都明确规定党的下级组织要向上级组织请示和报告工作,从而维护党中央的集中统一领导,确保党中央政令畅通。要健全党中央对重大工作的领导体制。强化党中央决策议事协调机构职能作用,完善推动党中央重大决策落实机制。健全维护党的集中统一的组织制度,形成党的中央组织、地方组织、基层组织上下贯通、执行有力的严密体系,实现党的组织和党的工作全面覆盖和有效覆盖。各级党组织和广大党员要把维护党中央权威和集中统一领导具体体现到实际工作和实际行动中,领导干部要时刻保持高度的政治清醒和政治自觉,增强政治领悟力、政治判断力、政治执行力,把好政治方向,听从中央指挥,通过主动作为,创造性地开展工作,把党的路线方针政策和中央的决策部署落到实处。

三 完善党的民主集中制度

坚持党的领导,必须不断改善党的领导,让党的领导更加适应实践、时代、人民的要求。要完善发展党内民主和实行正确集中的相关制度,既要充分发扬党内民主,尊重党员主体地位,保障党员知情权、参与权、选举权、监督权,充分发挥各级党组织和广大党员的积极性创造性,又要实行正确的集中,保证全党的团结统一和行动一致,保证党的决定得到迅速有效的贯彻执行。完善党的集体领导和个人分工负责相结合的制度,凡属重大问题都要按照集体领导、民主集中、个别酝酿、会议决定的原则,由党的委员会集体讨论,做出决定;委员会成员要根据集体的决定和分工,切实履行自己的职责;领导干部要熟悉民主集中制的规矩,懂得民主集中制的方法,自觉按照民主集中制办事。要发扬党内民主,营造民主讨论的良好氛围，鼓励讲真话、讲实话、讲心里话，允许不同意见碰撞和争论，同时善于进行正确集中，防止议而不决、决而不行。

四 完善党的领导方式和执政方式

实现民主执政、科学执政、依法执政，更好发挥党总揽全局、协调各方的领导核心作用。要健全党总揽全局、协调各方的党的领导制度体系，建立健全党的领导的组织体系、制度体系和工作机制，增强党的政治领导力、思想引领力、群众组织力、社会号召力。要完善党领导人大、政府、政协、监察机关、审判机关、检察机关、武装力量、人民团体、企事业单位、基层群众自治组织、社会组织等制度，健全党委、党组工作制度，确保党在各种组织中发挥领导作用。完善党和国家机构职能体系，把党的领导贯彻到党和国家所有机构履行职责全过程。完善党领导各项事业的具体制度，把党的领导落实到统筹推进"五位一体"总体布局、协调推进"四个全面"战略布局各方面。

第二节 保持战略清醒和战略主动

奋进新时代、开启新征程。充分认识中国式现代化在中华民族伟大复兴和我国发展进程中的重大意义，认清发展大势，保持战略清醒，增强战略主动，在把握大局中谋好一域，在为政一方中服务全局，进一步增强责任感和紧迫感，在推进中国式现代化河南实践中，以新气象新作为创造新伟业。

一 保持战略清醒和战略定力

中国式现代化是一个系统的理论体系，回答了关于中国式现代化的科学内涵、本质特征和重大原则等一系列理论和实践问题，阐明了我们党关于现代化强国建设的政治立场、价值导向、发展模式、发展道路等重大政治问题，是习近平新时代中国特色社会主义思想的重要组成部分，彰显了我们党强大的战略定力。我们要进一步拓宽视野，跳出河南看优势，抓住机遇求突破，不断把比较优势、后发优势变成产业优势、竞争优势，实现直道冲刺、弯道超车、换道领跑，在现代化建设新征程中以"快步"确保

"同步"。制约河南发展的结构性、体制性、素质性问题仍然存在，不充分、不平衡、不协调问题特征明显。全国各地百舸争流、千帆竞发，河南不进则退，慢进亦退，不创新必退。对此，我们必须保持足够的战略清醒和警觉。我们要正确把握"危"与"机"，准确识变、科学应变、主动求变，在新一轮的重塑和竞争中，以奋勇、精进的姿态迎接挑战、战胜挑战，赢得机遇、用好机遇，既要做"有心栽花花要开"的事，又要做"无心插柳柳成行"的事，推动河南在新发展阶段行稳致远。

二 增强战略自觉和战略主动

中国式现代化是强国建设、民族复兴的唯一正确道路。要坚持统筹兼顾、系统谋划、整体推进，抓住短板弱项重点推进，进一步解决好影响高质量发展的突出问题，牢牢把握推进中国式现代化河南实践的战略主动。紧扣战略目标、狠抓战略执行，以改革创新精神全面落实"两个高质量""四个强省、一个高地、一个家园"的社会主义现代化河南的战略定位和使命任务；坚持两点论和重点论相统一，紧盯高质量发展这个首要任务，服务和融入新发展格局，实现科技自立自强、创新创业蓬勃发展，重点领域关键核心技术实现突破，经济实力、综合实力大幅提升，发展质量和效益大幅提升，现代化基础设施体系更加完善，构建形成现代化经济体系。社会主义精神文明和物质文明协调发展，公民素质和社会文明程度达到新高度，推动文化旅游全面深度融合，黄河文化传播力和影响力更加广泛深远，文化软实力显著增强。在黄河流域率先实现生态系统健康稳定，绿色生产生活方式广泛形成，碳排放达峰后稳中有降，生态环境根本好转，生态经济优势彰显，基本实现人与自然和谐共生的现代化。

第三节 相信和依靠广大人民群众

"中国共产党根基在人民、血脉在人民、力量在人民。"贯彻群众路线，充分相信和依靠广大人民群众，是我们保持和人民群众血肉联系的前提条件，也是我们建成社会主义现代化强国，实现中华民族伟大复兴的必要条件。

第十五章 确保中国式现代化河南实践落地见效

一 坚持发展为了人民

马克思主义认为,生产力决定生产关系,经济基础决定上层建筑。中国式现代化是新发展理念引领下的目标与过程相互统一的高质量发展,是合目的性与合规律性动态协调的过程。坚持以人民为中心谋项目、谋发展,统筹推进河南现代化建设布局以及政策、项目、人才、平台等支撑措施,真正践行"发展是执政兴国的第一要务"。建设中国式现代化,促进人的全面发展、逐步实现全体人民共同富裕是一个长期渐进的过程,等不得也急不得,最重要的是首先把蛋糕做大,然后再考虑把蛋糕切好。但是,任何时候任何情况下,与人民群众同呼吸共命运的立场不能变,全心全意为人民服务的宗旨不能忘,坚信群众是真正英雄的历史唯物主义观点不能丢。坚持人民至上是中国共产党的执政根基,成为我们党百年奋斗的历史经验之一,是我们党永葆旺盛生命力和强大战斗力、始终立于不败之地的根本所在。

二 坚持发展依靠人民

人民是历史的创造者,是真正的英雄。在推进中国式现代化的河南实践中,要准确把握人民群众追求美好生活的共同愿望,坚持党的群众路线,相信依靠人民群众,把人民主体地位贯穿治国理政各方面,广泛集中民智民力,充分调动人民的积极性、主动性和创造性,把以人民为中心的发展思想落到实处,不动摇不折腾,不断深入探索经济社会发展规律,使制定的规划和政策体现时代性、把握规律性、富于创造性。要善于通过互联网等各种渠道问需于民、问计于民,更好倾听民声、尊重民意、顺应民心,始终坚持以人民为中心,不断在总结群众经验、汇聚群众智慧中获得新认识、作出新概括、形成新成果、推动新发展,使作出的决策和决策的执行充分体现民心民意。

三 坚持人民共享发展成果

人民是现代化发展成果的创造者,发展成果理应由全体人民共同享有。中国式现代化是惠及十几亿人口的规模巨大的现代化,发展红利不能只惠及少数人,更不能为了少数人的利益而损害大多数人的利益,要让全体人民分享现代化建设的物质和精神成果。一方面，坚持共建共享，注重机会公平，保障基本民生，着力增进人民福祉。在幼有所育、学有所教、劳有所得、病有所医、老有所养、住有所居、弱有所扶上持续用力，着力解决好人民群众急难愁盼的物质生活问题。另一方面，大力培育社会主义先进文化，以马克思主义的真理力量引领社会主义精神文明建设，弘扬中华优秀传统文化，践行社会主义核心价值观，注重人的全面发展，切实解决广大人民更加关注的精神生活贫乏问题，推动现代物质文明和精神文明协调发展，实现同步富裕。

第四节　鼓励市县和基层大胆创新

基层是创新的源头活水，是改革千帆竞发、百舸争流的动力之源。改革终究是人民的事业，改革创新最大的活力发源于基层，鼓励基层改革创新、大胆探索是中国式现代化河南实践落地推行的重要方法。激活改革创新活力，最大限度凝聚基层的智慧、人民的力量，才能让现代化强省建设更加精准地对接发展所需、基层所盼、民心所向，更好造福群众。

一　发挥顶层设计的引领作用

要发挥顶层设计对基层实践的引领、规划、指导作用，鼓励各地从实际出发进行探索，因地制宜，聚焦具体问题，细化措施，细分责任，细排时间，把握好政策界限范围、尺度、节奏。建设中国式现代化新河南，要鼓励和允许地方进行差别化探索。坚持问题导向，着力解决好政策方案同实际相结合的问题、利益调整中的阻力问题、推动现代化河南落实的责任担当问题，把推动现代化河南落准落细落实。制定政策不搞"一刀切"，给基层充分留有创新实践的余地。市县根据当地实际情况，研究制定具体实施方案要及时总结经验，把基层改革创新中发现的问题、解决的方法、蕴含的规律及时形成理性认识，推动面上的制度创新。要针对基层工作特点和难点，推动职能下沉、人员力量下沉，努力为基层减负松绑，让其能把时间与精力从烦冗过多地应对上级检查中解脱出来，转而专心致志为基层办好事办实事、为群众提供优质高效服务。建立与基层改革实际需要相匹配的权责体系，完善考核评价和激励机制，既鼓励创新、表扬先进，也允许试错、宽容失败，营造想改革、谋改革、善改革的浓郁氛围。

二 突出"四敢"导向

全面建设社会主义现代化河南迫切需要干部、地方、企业、群众广泛深度参与，迫切需要敢于担当、勇于负责，敢想敢为、善作善成，知难而进、锲而不舍。要坚持真抓实干，激发全社会干事创业活力，让干部敢为、地方敢闯、企业敢干、群众敢首创。作为关键少数，各级领导干部敢为，才能以上率下，各方面才能紧紧跟随上，才能给予各方信心、凝聚多方力量，也才能尽快打开发展新局面。各级各地都是抓发展、稳增长的前沿阵地，只有敢闯敢试、埋头苦干，主动作为、善谋善为，勇于扛起历史责任，才能闯出一片新天地。企业是市场经济的主体，有效应对需求收缩、供给冲击等压力，尤其需要发挥企业和企业家能动性，让各类企业敢干、敢闯、敢投。新征程上，经济社会发展任务更重、挑战更多，我们必须始终保持想为、敢为、善为的精气神，大力发扬"敢为天下先、爱拼才会赢"的闯劲，从鲜活的基层实践中汲取智慧，坚持眼睛向下、脚步向下，充分尊重和发挥基层在现代化建设过程中的主体地位和首创精神。

第五节 坚持统筹兼顾和协调发展

推进中国式现代化是一个系统工程，需要统筹兼顾、系统谋划、整体推进，正确处理好顶层设计与实践探索、战略与策略、守正与创新、效率与公平、活力与秩序、自立自强与对外开放等一系列重大关系，促进现代化建设各个方面、各个环节相协调，促进生产关系与生产力、上层建筑与经济基础相协调。

一 坚持统筹兼顾

统筹国内国际两个大局，统筹战略策略、守正创新、效率公平、发展安全。要坚持和完善社会主义基本经济制度，毫不动摇巩固和发展公有制经济，毫不动摇鼓励、支持、引导非公有制经济发展。充分发挥市场在资源配置中的决定性作用，更好发挥政府作用，构建全国统一大市场，深化要素市场化改革，建设高标准市场体系，营造市场化、法治化、国际化一流营商环境，着力提高全要素生产率。从战略上谋布局，从策略上解难题，通过扩大内需和深化供给侧结构性改革，不断提高供给体系质量水平，建立完善扩大居民消费的长效机制，着力扩大内需，塑造发展新动能新优势，在统筹好战略与策略关系中推进各项工作。要积极识变应变求变，实现更多突破，把创新摆在国家发展全局的突出位置，顺应时代发展要求，着眼于解决重大理论和实践问题，大力推进改革创新，不断塑造发展新动能新优势，拓展发展新空间，完善发展新机制，不断扩大高水平对外开放，深度参与全球产业分工和合作，用好国内国际两种资源，拓展中国式现代化的发展空间。

二 坚持协调发展

继续实施城镇化带动战略、黄河流域河南率先的区域发展总体战略，高水平建设郑州、洛阳和南阳三大城镇协同区。推进信阳践行生态文明绿色发展示范区、驻马店国际农都建设，加强与长江经济带对接协作，加快建设南部高效生态经济示范区。支持商丘建设新兴工业城市和区域商贸物流中心，推进周口新兴临港经济城市、漯河国际食品名城建设，对接长三角一体化发展，加快建设东部承接产业转移示范区。支持安阳建设区域先进制造业中心和区域交通物流中心，推进鹤壁高质量发展城市、濮阳新型化工基地建设，融入京津冀协同发展，加快建设北部跨区域协同发展示范区。深化晋陕豫黄河金三角区域经济协作，支持三门峡建设省际区域中心城市。推动建设郑（州）洛（阳）西（安）高质量发展合作带，协同推进汉江生态经济带、淮河生态经济带建设。健全城乡发展一体化体制机制，坚持工业反哺农业、城市支持农村，推进城乡要素平等交换、合理配置，实现基本公共服务均等化，努力实现基本公共服务常住人口全覆盖，促进农业发展、农民增收，提高社会主义新农村建设水平。坚持经济建设与社会建设同步发展，着力推动经济建设与社会建设等领域的整体平衡。坚持物质文明和精神文明协调发展，两轮驱动、双翼共振，促进"硬实力"和"软实力"一起增强，用中国梦和社会主义核心价值观凝聚共识、汇聚力量，团结全国各族人民同呼吸、共命运、心连心，更好建设社会主义现代化强国。

第六节 深化改革释放社会活力

改革是解放和发展社会生产力的关键,是推动国家发展的根本动力和释放体制活力的源泉。随着我国迈入新发展阶段,改革也面临新的任务,必须拿出更大的勇气、更多的举措破除深层次体制机制障碍,依靠改革应对变局、开拓新局,依靠改革破除发展瓶颈、汇聚发展优势、增强发展动力,推动改革更好服务中国式现代化大局。

一 全面深化改革

全面深化改革是一项宏大工程,零敲碎打调整不行,碎片化修补也不行,必须是全面的系统的改革和改进,是各领域改革和改进的联动和集成,在国家治理体系和治理能力现代化上形成总体效应、取得总体效果。要在改革的深层次重点问题上精准发力,要突出重点,对准焦距,找准穴位,击中要害,推出一批能叫得响、立得住、群众认可的硬招实招。要敢于涉深水区、啃硬骨头,敢于向积存多年的痼疾开刀,敢于触及深层次利益关系和矛盾,坚决冲破思想观念束缚,坚决破除利益固化樊篱,坚决清除妨碍社会生产力发展的体制机制障碍。推动中国特色社会主义制度更加成熟、更加定型,完善和发展中国特色社会主义制度,为党和国家事业发展、为人民幸福安康、为社会和谐稳定、为国家长治久安提供一整套更完备、更稳定、更管用的制度体系。坚持和完善中国特色社会主义制度,推进国家治理体系和治理能力现代化,长期保持并不断发展我国国家制度和治理体系的显著优势,为我们党团结带领人民奋进新征程、夺取新胜利提供坚强的制度保障。

二 释放社会活力

坚持在创新中解放和发展生产力,让人民共享改革发展成果。要不断从人民群众中寻求智慧和突破口,把改革的顶层设计与人民群众创新精神有机结合起来,让人民共享改革发展成果,真正起到调动和激发人民群众创造性的目的。要聚焦正在做的事,用心用力推动原创性原动力改革攻坚。要因地制宜,根据不同地区不同发展阶段、发展基础条件和资源禀赋的特征，针对不同问题，分类施策；要开放包容，打破思维定式，在坚持原则的基础上解放思想，与时俱进看问题，改革创新解决问题；要深化各方面的体制机制改革，加强政策配套，形成鼓励基层改革创新的合力，采取切实有效措施解决不愿担当、不敢担当、不善担当等问题，最大限度调动地方、基层以及各方面的积极性、主动性、创造性，形成劳动创造财富、实干创造业绩、奋斗创造幸福的正确导向，充分激发全社会创造活力，为高质量发展汇集强大的奋斗力量，推进中国式现代化河南实践全面见效、行稳致远。

第七节　深化能力和作风建设

深化能力和作风建设，关乎党的二十大精神和河南现代化建设决策部署落地见效，关乎推动河南高质量崛起发展，关乎践行初心使命增进民生福祉。我们要站在坚定拥护"两个确立"、坚决做到"两个维护"的政治高度，持续巩固拓展能力作风建设成果，强化能力培训和实践锻炼，以履职能力的全面提升、精神状态的全面提振、工作效率的全面提速确保中国式现代化的河南实践开好局、起好步。

一　深化履职能力建设

立足发展大势、行业走势和科技趋势，紧扣河南"十大战略"，开展业务知识大学习、大提升活动。按照标准化建设要求，根据岗位职责，围绕重点工作任务和行业发展需求，采取线上线下相结合形式，开展精准化专题培训，全面提高领导干部专业化水平。坚持问题导向、目标导向、系统思维，实行领导包课题、干部下基层，走出去学习、深下去蹲点，分专题开展调研，既善于借鉴他山之石，又深入一线"解剖麻雀"，全面了解掌握存在的突出问题和短板弱项，找准问题症结，拿出务实举措，提高把握新发展阶段、贯彻新发展理念、构建新发展格局的能力，提升攻坚本领。紧盯信访维稳、自然灾害、舆情处置等重点领域，深入开展自查自纠，建立风险点清单，完善风险预判、应急处突机制，加强实战演练，提升应急处突能力。持续开展"我为群众办实事"实践活动，制定"我为群众办实事"项目清单，发挥"领导干部领办实事"以及"机关联系基层、干部联系群众"双联系机制作用，引导全省各基层党组织和广大党员干部走基层、接地气，及时收集服务对象和基层群众的意见和建议，集中推出一批为民惠民便民的实招硬招，解决一批涉及群众利益的矛盾纠纷，持续推动问题解决，切实提升群众满意度。

二 转变工作作风

紧紧围绕现代化河南的中心任务，落实全面从严治党主体责任。坚持问题导向，注重从思想深处提升、以具体行动改进，推行"四不两直"工作法，把"两个维护"转化为推动高质量发展的实际行动。紧盯"怕、慢、假、懒、乱"现象，聚焦工作思路措施不当、指导推动不力，不敢面对问题、触及矛盾，工作长期没有实质性进展、群众反映强烈且长期得不到解决等问题，深入查找精神不振、不担当、不作为等的具体表现，组织开展内部巡察、定期开展约谈提醒、常态落实廉政教育、举办纪检监察干部讲座、参观廉政教育基地等，教育引导党员干部做到事不避难、义不逃责。持续为基层减负增能，查找空耗精力的会多文多、名目繁杂的督查检查考核多、流于表面的痕迹管理多，开展工作简单搞层层加码、责任甩锅，追责问责泛化简单化等问题，加强源头治理和制度建设，实行清单管理，切实精简会议和文件，进一步优化整合督查检查事项。着力提高文件、会议质量，开务实管用、高效率的会议，发能解决实际问题、推动工作落实的文件。不断改进督查检查方式方法，更多关注改革发展、政策落地情况和群众获得感满意度，充分运用信息化手段，优化第三方评估，提高督查检查考核的质量和效率。紧盯"放管服效"改革不彻底，市场主体普遍关注、反映强烈的损害营商环境的腐败和作风问题，以"零容忍"态度加快查处涉企不正之风、腐败行为，构建亲清新型政商关系。

第八节 注重营造良好发展环境

开启河南全面建设中国式现代化，既要解决"态度恶劣""吃拿卡要""庸懒散怠"等问题，更要解决各类市场主体的实际法律地位不平等、社会创新活力不足、行政机关过多依赖行政化手段管理企业、市场主体诚信守法意识不强等体制机制性问题，更加着力营造风清气正、公平正义、开放文明、服务高效的良好发展环境。

一 营造风清气正公平正义的发展环境

聚焦突出问题，紧盯关键岗位、重点部门、涉企行为、服务窗口和关键人，提升营商环境窗口单位管理水平和服务质量，定期对首问负责制、一次性告知制、限时办结制等制度执行情况进行暗访，加强窗口工作人员作风纪律检查，进一步增强窗口工作人员服务意识，有效提升窗口服务行业服务质量和工作水平。严格执行合法性审查制度，把规范性文件合法性审查结果、评估结果纳入政府年度考核标准，督促各地加强"红头文件"的合法性审查，加强"红头文件"制定的科学性、可行性和合法性。更加严格规范执法程序，制定具体执法细则、裁量标准和操作流程，切实做到步骤清楚、要求具体、期限明确、程序公正。推行行政许可、非许可审批标准化管理，健全行政执法调查取证、告知、听证、集体讨论决定、罚没收入管理、执法争议协调等制度，规范行政执法文书，充分保障行政管理相对人的知情权、表达权、参与权、申请回避权、监督权、救济权，切实维护企业合法权益。提升涉企案件审判执行质效，加大对长期未结涉企案件的清理力度，提高法定审限内结案率，保护企业和群众的合法权益。

二 营造开放文明服务高效的发展环境。

加强政务诚信建设，健全完善政府失信责任追究制度和责任倒查机制，开展"新官不理旧账"问题排查整治，有效解决以政府换届、人员更迭、行政区划或政策调整等为借口不兑现承诺、不履行合约等问题。规范中介机构执业行为，清理滥收费，严禁征收"过头税"，推进综合执法改革和严格控制行政执法部门到企业检查；全面开放公共资源领域，全面实行项目业主招标，公开、公平、公正选择投资者。持续推进政务信息公开，从有选择公开走向严格依法公开，促进政府决策和公共管理更为科学化、民主化，减少"暗箱操作"。推进部门审批向一个处（科）室集中和审批处（科）室向政务服务中心集中的"双集中"工作模式，实现一个窗口受理、一个处室审核、一个领导审批、一个公章办结，确保现场办结率和按时办结率。深化网络平台及业务系统的应用，实现政府内部的跨部门系统协同，提高行政审批效能。全面实施行政许可事项清单化管理，确保

"清单之外无审批"。全面落实涉企经营许可事项"证照分离"改革全覆盖,"证照分离"改革事项全部纳入一体化政务服务平台办理,有效解决企业"准入不准营"的问题。推进"一件事一次办""跨地区通办"等改革,进一步深入推进"放管服"改革,完善政务服务"好差评"制度,推进更多事项就近办、"掌上办"、马上办。

参考文献

[1] 钱乘旦：《世界现代化历程》（总论卷），江苏人民出版社，2012。

[2] 徐冬青：《世界发达国家现代化的经验及启示》，《世界经济与政治论坛》2012年第6期。

[3] 罗荣渠：《现代化新论——世界与中国的现代化进程》，北京大学出版社，1993。

[4] 何传启：《世界现代化的事实和原理》，《中国科学院院刊》2010年第3期。

[5] 隋秀英：《世界现代化进程的特点及其启示》，《理论与现代化》2005年第3期。

[6] 贾建芳：《世界现代化进程的基本经验》，《江汉论坛》2003年第10期。

[7] 当代中国研究所：《中华人民共和国简史（1949~2019）》，当代中国出版社，2019。

[8] 中共中央文献研究室编《毛泽东传》（第三册），中央文献出版，2011。

[9] 中共中央文献研究室编《建国以来重要文献选编》（第四册），中央文献出版社，2011。

[10] 沙占华、乔正悦：《中国共产党探索中国式现代化的历程及基本经验》，《党政干部学刊》2022年第11期。

[11] 张来明、侯永志：《中国共产党现代化思想历程》，《管理世界》2021年第10期。

[12] 石仲泉、沈正乐、杨先材：《中共八大史》，人民出版社，1998。

[13] 刘景泉、杨丽雯：《中国共产党为中国式现代化的不懈奋斗——

从一大到二十大》,《南开学报》(哲学社会科学版) 2023 年第 1 期。

[14] 张亚光、毕悦:《中国式现代化的百年探索与实践经验》,《管理世界》2023 年第 1 期。

[15] 中共中央文献研究室编《邓小平思想年谱(1975~1997)》,中央文献出版社,1998。

[16] 习近平:《决胜全面建成小康社会 夺取新时代中国特色社会主义伟大胜利——在中国共产党第十九次全国代表大会上的报告》,人民出版社,2017。

[17] 习近平:《在庆祝中国共产党成立 100 周年大会上的讲话》,《人民日报》2021 年 7 月 2 日。

[18] 郭玉坤:《守正与创新:新中国成立以来中国式现代化的演进之路》,《改革与战略》2023 年第 1 期。

[19] 习近平:《高举中国特色社会主义伟大旗帜 为全面建设社会主义现代化国家而团结奋斗——在中国共产党第二十次全国代表大会上的报告》,人民出版社,2022。

[20] 本报评论员:《推进中国式现代化需要处理好若干重大关系——论深入学习领会习近平总书记在学习贯彻党的二十大精神研讨班开班式上重要讲话》,《人民日报》2023 年 2 月 13 日。

[21] 本报评论部:《处理好顶层设计与实践探索的关系——推进中国式现代化需要处理好若干重大关系①》,《人民日报》2023 年 2 月 21 日。

[22] 本报评论部:《处理好战略与策略的关系——推进中国式现代化需要处理好若干重大关系②》,《人民日报》2023 年 2 月 22 日。

[23] 本报评论部:《处理好守正与创新的关系——推进中国式现代化需要处理好若干重大关系③》,《人民日报》2023 年 2 月 23 日。

[24] 本报评论部:《处理好效率与公平的关系——推进中国式现代化需要处理好若干重大关系④》,《人民日报》2023 年 2 月 24 日。

[25] 本报评论部:《处理好活力与秩序的关系——推进中国式现代化需要处理好若干重大关系⑤》,《人民日报》2023 年 2 月 27 日。

[26] 本报评论部:《处理好自立自强与对外开放的关系——推进中国式现代化需要处理好若干重大关系⑥》,《人民日报》2023 年 2 月 28 日。

[27]《党的二十大报告辅导读本》,人民出版社,2022。

[28]《党的二十大报告学习辅导百问》,学习出版社、党建读物出版社,2022。

[29] 何虎生、张林:《我们党领导中国式现代化建设的重要方法论之一——正确处理好顶层设计与实践探索的关系》,《北京日报》2023年2月27日。

[30] 李昌禹、张天培、杨昊、金歆:《推进中国式现代化需要处理好若干重大关系》,《人民日报》2023年3月4日。

[31] 罗建文、杨希双:《论中国式现代化的本质特征和整体要求》,《理论探讨》2022年第6期。

[32] 马建堂、赵昌文:《党领导人民创造了人类文明新形态》,《人民日报》2022年2月9日。

[33] 王新生:《丰富人民精神世界是中国式现代化的本质要求》,《红旗文稿》2023年第4期。

[34] 王一鸣:《科学把握推动高质量发展的着力点》,《光明日报》2022年12月6日。

[35] 习近平经济思想研究中心:《深刻领会中国式现代化的本质要求》,《习近平经济思想研究》2022年第7期。

[36] 人民教育出版社历史室编著《世界近代现代史》,人民教育出版社,2000。

[37] 陈典平、贾爱青:《试论新文化运动在中国文化现代化中的作用》,《山西师大学报》(社会科学版)2006年第S1期。

[37] 范恒山:《国家区域发展战略的实践与走向》,《区域经济评论》2017年第1期。

[38] 高国力:《加强区域重大战略、区域协调发展战略、主体功能区战略协同实施》,《人民论坛·学术前沿》2021年第14期。

[39] 孙久文、蒋治:《新发展格局下区域协调发展的战略骨架与路径构想》,《中共中央党校(国家行政学院)学报》2022年第4期。

[40] 孙久文、张皓、蒋治:《区域经济运行:"十四五"开局与展望》,《中国国情国力》2022年第3期。

[41] 孙久文:《论新时代区域协调发展战略的发展与创新》,《国家行政学院学报》2018年第4期。

[42] 王玉海:《人地关系地理基础与中国区域发展战略演进》,《郑州航空工业管理学院学报》(社会科学版)2022年第2期。

[43] 张军扩:《中国区域政策回顾与展望》,《管理世界》2022年第11期。

[44] 易炼红:《奋力谱写中国式现代化浙江篇章》,《学习时报》2023年3月8日。

[45] 谭炳才:《谱写中国式现代化的广东新篇章》,《南方日报》2022年11月15日。

[46] 中共广东省委理论学习中心组:《以高质量发展为牵引 高水平推进现代化建设 奋力推动广东在新征程中走在全国前列创造新的辉煌》,《光明日报》2023年1月6日。

[47] 薛泽洲:《中国中部地区现代化发展战略研究》,博士学位论文,中共中央党校,2004。

[48] 李庚香:《中原再出发》,河南人民出版社,2022。

[49] 中共河南省委宣传部、中共河南省委党史研究室编著《简明河南党史》,河南人民出版社,2020。

[50] 刘元春:《2022年中国经济形势分析与预测》,《经济研究参考》2022年第2期。

[51] 张宇燕、徐秀军:《2022~2023年世界经济形势分析与展望》,《当代世界》2023年第1期。

[52] 王跃生、马相东、刘丁一:《建设现代化经济体系,构建新发展格局与推进中国式现代化》,《改革》2022年第10期。

[53] 尹飞:《中国特色社会主义乡村振兴的理论逻辑与制度优势研究》,《农业技术经济》2023年第2期。

[54] 王孝松、常远:《制度型开放与企业创新——来自中国工业企业数据的经验证据》,《学术研究》2023年第1期。

[55] 曾金华:《"真金白银"支撑乡村振兴》,《经济日报》2023年3月2日。

[56] 平卫英、肖秀华:《中国数字经济核心产业规模的地区差距、空间效应和动态演进》,《调研世界》2022年第7期。

[57] 戴若尘、王艾昭、陈斌开:《中国数字经济核心产业创新创业:

典型事实与指数编制》,《经济学动态》2022年第4期。

［58］赵滨元:《数字经济核心产业对区域创新能力的影响机制研究——数字赋能产业的中介效应》,《科技进步与对策》2022年第15期。

［59］晋浩天:《发展面向乡村振兴的职业教育:人才如何"向农而行"》,《光明日报》2023年2月28日。

［60］康艳青、李春荷、朱永明:《黄河流域城市群高质量发展评估与空间分异研究》,《生态经济》2023年第2期。

［61］郭进、兰叶凡:《省际环境治理能力现代化水平的测度与评价》,《统计与决策》2023年第2期。

［62］王志刚、胡宁宁:《国家治理研究进展、热点探析与趋势展望（1989~2022）》,《哈尔滨工业大学学报》（社会科学版）2023年第1期。

［63］胡思洋、张世璟:《数字政府在国家治理中的作用》,《西安财经大学学报》2022年第6期。

［64］何丽君:《中国建设世界重要人才中心和创新高地的路径选择》,《上海交通大学学报》（哲学社会科学版）2022年第4期。

［65］田建民:《河南建设种业强省:优势、短板与路径》,《中国农村科技》2022年第2期。

［66］河南日报课题组:《中国式现代化的河南路径》,《河南日报》2023年1月28日。

［67］胡祖才:《构建优势互补、高质量发展的区域经济布局和国土空间体系》,《经济日报》2022年11月9日。

［68］王圣志、孙清清:《河南:稳住"双千万"就业,托起农民增收基本盘》,《新华每日电讯》2023年2月17。

［69］喻晓雯、喻新安:《中国式现代化河南实践的着力点》,《郑州日报》2023年1月9日。

［70］夏先清、杨子佩:《加快打造一流创新生态》,《经济日报》2022年1月5日。

［71］赵姗、魏际刚、胡敏、张厚明:《"十四五"现代产业体系如何构建》,《中国经济时报》2021年3月23日。

［72］李同新、陈明星、宋彦峰:《河南农业农村发展报告（2023）》,社会科学文献出版社,2022。

［73］王曙光：《农业农村优先发展与中国经济高质量均衡增长》，《人民论坛·学术前沿》2020年第24期。

［74］高强、薛洲：《以县域城乡融合发展引领乡村振兴：战略举措和路径选择》，《经济纵横》2022年第12期。

［75］燕连福、毛丽霞：《县域公共服务均等化推动乡村振兴的目标旨归、面临问题和实践路径》，《兰州大学学报》（社会科学版）2022年第5期。

［76］黄振华：《县域、县城与乡村振兴》，《理论与改革》2022年第4期。

［77］袁梦、杨华：《农民县域城镇化的实践逻辑与社会风险》，《城市问题》2022年第7期。

［78］张占仓：《河南乡村产业振兴的典型地域模式探析》，《区域经济评论》2021年第3期。

［79］迟福林、郭达：《统筹粮食安全与发展问题研究》，《中州学刊》2022年第7期。

［80］梅星星：《为建设农业强省架梁立柱》，《河南日报》2023年2月3日。

［81］李铜山：《树立践行与大食物观相吻合的六大观念》，《河南日报》2023年1月4日。

［82］王新涛：《以人为核心的新型城镇化普惠城乡》，《河南日报》2022年10月14日。

［83］李小云：《巩固拓展脱贫攻坚成果的政策与实践问题》，《华中农业大学学报》（社会科学版）2021年第2期。

［84］《河南省人民政府关于印发河南省"十四五"文化旅游融合发展规划的通知》，《河南省人民政府公报》2021年12月31日。

［85］《浙江省人民政府关于印发浙江省诗路文化带发展规划的通知》，《浙江省人民政府公报》2019年10月1日。

［86］赵西三：《塑造"奇妙中原·老家河南"新形象》，《顶端新闻》2022年12月3日。

［87］喻新安：《持续叫响"老家河南"区域文化品牌》，《顶端新闻》2023年1月20日。

［88］张敬艳：《以文旅文创深度融合赋能国家中心城市建设质的提升》，《郑州日报》2023年2月20日。

［89］中共中央、国务院：《黄河流域生态保护和高质量发展规划纲要》，2021年10月8日。

［90］河南省人民政府：《河南省"十四五"自然资源保护和利用规划》，2022年2月14日。

［91］河南省人民政府：《河南省"十四五"生态环境保护和生态经济发展规划》，2022年2月23日。

［92］河南省人民政府：《河南省"十四五"现代能源体系和碳达峰碳中和规划》，2021年12月31日。

［93］福建省人民政府：《福建省"十四五"生态省建设专项规划》，2022年4月27日。

［94］安徽省人民政府：《安徽省"十四五"生态环境保护规划》，2022年1月27日。

［95］赵伟洪、张旭：《中国制度型开放的时代背景、历史逻辑与实践基础》，《经济学家》2022年第4期。

［96］庞中英、杜海洋：《区域或跨区全面经济伙伴关系：全球经济治理的重要趋势》，《当代世界社会主义问题》2022年第1期。

［97］《河南省人民政府关于印发河南省"十四五"开放型经济新体制和开放强省建设规划的通知》，2021年12月31日。

［98］《河南省商务厅关于印发〈河南省"十四五"经济技术开发区发展规划〉的通知》，2022年4月16日。

［99］河南省委直属机关工委：《以制度型开放推动经济高质量发展》，2022年5月15日。

［100］《安晓明：筑牢郑州在"一带一路"中的重要节点地位》，大河网，https://theory.dahe.cn/2022/11-23/1138074.html。

后 记

概括提出并深入阐述中国式现代化理论，是党的二十大的一个重大理论创新，是科学社会主义的最新重大成果。

事实证明，一个国家走向现代化，既要遵循现代化的一般规律，更要符合本国实际，具有本国特色。推进中国式现代化，必须既集中各国现代化的共同特征，更有基于自己国情的鲜明特色。

党的二十大报告深刻揭示了中国式现代化的科学内涵，指出中国式现代化是人口规模巨大的现代化、是全体人民共同富裕的现代化、是物质文明和精神文明相协调的现代化、是人与自然和谐共生的现代化、是走和平发展道路的现代化。

中国是一个发展中的大国，发展不充分不平衡是基本国情，践行中国式现代化，全国各地不能齐步走、"一刀切"，而应立足省情市情县情，把中央的要求与本地的实际结合起来，创造性地开展工作，探索中国式现代化的不同路径、不同模式。

河南是经济大省、人口大省、文化大省，中国式现代化的重要特征在河南有着更为集中的体现，河南的现代化建设在全国现代化建设"一盘棋"中具有重要的典型意义。当前，河南发展到了由大到强、实现更大发展的重要关口，站上了可以大有作为，为全国大局作出更大贡献的新起点。河南省委顺应时代要求，把河南放在全国大局中来谋划，放在实现"两个一百年"奋斗目标和实现中华民族伟大复兴中国梦中来定位，作出了锚定"两个确保"、实施"十大战略"，大力推进中国式现代化河南实践的决策，正带领一亿河南人民奋发努力，在现代化强国建设的历史进程中作出河南的独特贡献。

中国式现代化的河南实践是一篇大文章，需要深化研究，厘清思路，统筹谋划，分步实施。为了深刻理解中国式现代化的重大理论与实践问题，推动中国式现代化河南实践稳步前行，我们组织编写了《中国式现代化的河南实践》一书。本书在撰写过程中，认真学习领会习近平总书记在新进中央委员会的委员、候补委员和省部级主要领导干部学习贯彻习近平新时代中国特色社会主义思想和党的二十大精神研讨班开班式上发表的重要讲话精神，努力体现河南省委关于推进中国式现代化河南实践的基本思路和工作部署。全书包括三个部分，前言和第一章至第五章，为现代化的一般问题；第六章至第九章，为中国式现代化河南实践的基本问题；第十章至第十五章，为中国式现代化河南实践的路径与保障措施。

  我们在研究和撰稿过程中，得到了河南省委常委、宣传部部长王战营同志的关心和指导，参考和借鉴了省内外一些专家的相关研究成果，在此一并表示衷心的感谢！

  本书由河南省社科联策划出版。李庚香担任本书主编，喻新安、李新年担任执行主编，宋淑芳、于广超、王中亚担任副主编。各部分执笔人如下：前言喻新安，第一章金东，第二章温佳楠，第三章喻晓雯、王中亚，第四章王一乔，第五章安晓明、郭志远，第六章王中亚，第七章李斌，第八章武文超，第九章杨梦洁，第十章韩鹏，第十一章宋彦峰，第十二章刘晓萍，第十三章田文富，第十四章赵中华，第十五章马欣、田文富。魏征、张勇、李宁、栾俊毓等做了大量技术和服务保障工作。

  由于水平有限，书中难免有疏漏和谬误之处，敬请读者批评指正。

编　者
2023 年 5 月

图书在版编目(CIP)数据

中国式现代化的河南实践/李庚香主编. -- 北京：社会科学文献出版社，2023.6
 ISBN 978-7-5228-1932-7

Ⅰ.①中… Ⅱ.①李… Ⅲ.①现代化建设-研究-河南 Ⅳ.①D676.1

中国国家版本馆 CIP 数据核字（2023）第 106202 号

中国式现代化的河南实践

主　　编 / 李庚香

出 版 人 / 王利民
组稿编辑 / 任文武
责任编辑 / 刘如东
责任印制 / 王京美

出　　版 / 社会科学文献出版社·城市和绿色发展分社（010）59367143
　　　　　 地址：北京市北三环中路甲 29 号院华龙大厦　邮编：100029
　　　　　 网址：www.ssap.com.cn

发　　行 / 社会科学文献出版社（010）59367028
印　　装 / 三河市东方印刷有限公司

规　　格 / 开　本：787mm×1092mm　1/16
　　　　　 印　张：19.5　字　数：317 千字
版　　次 / 2023 年 6 月第 1 版　2023 年 6 月第 1 次印刷
书　　号 / ISBN 978-7-5228-1932-7
定　　价 / 88.00 元

读者服务电话：4008918866

版权所有 翻印必究